Treppen

Christian Peter
Christine Peter
Daniel Reisch
Katinka Temme

DETAIL Praxis

Autoren

Christian Peter, Prof. Dipl.-Ing. Architekt
Christine Peter, Dipl.-Ing. Architektin BDA
Daniel Reisch, Dipl.-Ing. (FH) Architekt
Katinka Temme, Prof. M. Arch. Architektin

Verlag

Redaktion und Lektorat:
Steffi Lenzen (Projektleitung);
Eva Schönbrunner, Sophie Karst

Redaktionelle Mitarbeit:
Michaela Linder, Duy Mac, Katrin Pollems-Braunfels, Jana Rackwitz

Zeichnungen:
Marion Griese

Herstellung / DTP:
Simone Soesters

Reproduktion:
ludwig:media, Zell am See

Druck und Bindung:
Grafisches Centrum Cuno GmbH & Co. KG, Calbe

Ein Fachbuch aus der Redaktion **DETAIL**
DETAIL Business Information GmbH, München
Hackerbrücke 6, 80335 München
www.detail.de

Bibliografische Information der Deutschen Nationalbibliothek
Die Deutsche Nationalbibliothek verzeichnet diese Publikation in der Deutschen Nationalbibliografie; detaillierte bibliografische Daten sind im Internet über http://dnb.d-nb.de abrufbar.

ISBN: 978-3-95553-372-4 (Print)
ISBN: 978-3-95553-373-1 (E-Book)
ISBN: 978-3-95553-374-8 (Bundle)

FSC www.fsc.org
MIX
Papier aus verantwortungsvollen Quellen
FSC® C043106

Inhalt

Vorwort

Ein neues Buch über Treppen?

Bücher über Treppen sind in den Handbibliotheken zahlreicher Architekturbüros ein wichtiger Bestandteil. Jedes Jahr erscheinen viele neue Publikationen zu diesem Thema mit Sammlungen von aktuellen und/oder historischen Projektbeispielen verbunden mit einer rasch wachsenden Bilderflut.

Dieses Buch stellt zu dieser Art »Bilderbücher« eine Alternative dar – es nähert sich durch eine neue Herangehensweise dem symbolisch, räumlich und konstruktiv sehr spannenden Thema »Treppe«:

Wird ein neues Gebäude mit Treppe konzipiert, stellt sich zunächst die Frage nach deren räumlich gestalterischem Ausdruck. Konstruktionsart und Material treten zuerst zurück. Bei der Betrachtung von Referenzobjekten stehen im ersten Schritt also Entwurfsprinzipien und räumliche Aspekte im Fokus, beispielsweise »Wie steht die Treppe im Raum?«, »Ist die Treppe ein Werk für sich oder tritt sie demütig zurück, um den Raumeindruck und die Harmonie nicht zu beeinträchtigen?«, »Führt die Treppe hinsichtlich Material und Form das Konzept des Gebäudes weiter oder soll sie als ›Fremdkörper‹ bzw. eigenständiger Körper den Raum dominieren?«.

Diese und weitere Fragen führen unmittelbar zu einer »Typologie der Treppe« nach Kategorien, die sich zunächst auf den Entwurf fokussieren. Dabei neu ist die Zuordnung in fünf Begriffspaare, die sich dialektisch entwickeln und dabei helfen, die Typologien stärker voneinander abzugrenzen, um so eine klare Zuordnung zu ermöglichen. Die Entwurfs- und Konstruktionstypologien werden zu Beginn in eigenen Kapiteln genauer differenziert und in ihrer Entwicklung historisch erläutert.

Dem Abschnitt zur Theorie folgt eine Sammlung von zehn Projekten, die jeweils eine Treppe jeder Kategorien exemplarisch im Detail darstellen. Eine Matrix summiert die fünf Paare und zeigt leicht nachvollziehbar weitere Referenzen auf.

Die Treppe als raumgestaltendes Element trägt maßgeblich zur wahrgenommenen Atmosphäre bzw. zum Raumeindruck bei. Für die Projektauswahl des Buchs war wichtig, dass Treppe und umgebender Raum harmonieren und gemeinsam diese Atmosphäre transportieren. Bewusst wurden nicht die aktuellsten Beispiele ausgewählt, sondern diejenigen, in denen Treppe und Gebäude sinnvoll und qualitativ stimmig zusammenwirken.

Das Buch schließt mit einem Planungsleitfaden, der logisch aufeinander aufbauend die verschiedenen Treppenteile, Bauelemente, die Konstruktionsarten sowie Materialien für den tragenden Teil der Treppe, aber auch für Materialien des Belags und des Handlaufs erläutert.

So entsteht ein praxisnahes Handbuch, das mittels gestalterischer und konstruktiver Fragen schrittweise den Planungsablauf skizziert und so eine didaktische Lücke schließt.

Christian Peter, Christine Peter,
Katinka Temme, Daniel Reisch

München, im August 2017

Methodik

1 

2 

An die Planung von Treppen werden im Normalfall weitreichende, zum Teil hochgradig komplexe Anforderungen gestellt. Neben funktionalen, konstruktiven und bauphysikalischen Grundvoraussetzungen (siehe »Planungsleitfaden«, S. 94ff.) stehen hier vor allem die entwerferischen und gestalterischen Aspekte im Vordergrund.

Lage und Konzeption einer Treppe haben vielfältige Auswirkungen auf den Raum. Deshalb kann von der Treppe zu Recht als maßgeblichem, aber auch als maßgebendem Raumgestalter gesprochen werden. Bei Treppen spielen darüber hinaus mehr als bei allen anderen raumwirkenden Elementen auch mathematische Grundregeln eine Rolle, d. h. das der Treppe zugrunde liegende Steigungsverhältnis bestimmt die Erscheinung und damit den umgebenden Raum.

Durch ihre dreidimensionale Anordnung dominieren Treppen den Raum. Auch wenn Türen und Fenster eine Tiefenwirkung aufweisen können, sind diese weniger raumhaltig, da sie an den Außenkonturen angeordnet sind und damit als Teil der Raumhülle wirken. Treppen bestimmen, insbesondere in einer zentralen Anordnung, nachdrücklicher den Gesamteindruck. In einem meist orthogonalen Gefüge prägen sie die Atmosphäre durch ihre diagonal wirkende Körperlichkeit.

Welche Auswirkungen diese individuelle Maßstäblichkeit auf das eigene Empfinden hat, konnten die Besucher exemplarisch auf der Architekturbiennale in Venedig 2014 auf einer sogenannten Laurin-Treppe (Treppe mit nach oben zunehmender Steigungshöhe) erfahren: Je nach Steigung der Stufen stellen sich – verbunden mit einer unterschiedlichen körperlichen Belastung – automatisch verschiedene Gangarten ein (Abb. 1). Dies zeigt deutlich, dass die Treppe für den Nutzer ein unmittelbar am eigenen Körper erfahrbares bauliches Element ist.

Aufgrund der unter Umständen sehr dominanten räumlichen Wirkung sowie der unmittelbaren körperlichen Erfahrung für jeden Nutzer ist die Treppe maßgeblich für die Konzeption von Räumen. Um dem Planer im Entwurfs- und Konstruktionsprozess eine Zuordnung zu ermöglichen, erfolgt in dieser Publikation eine Kategorisierung in unterschiedliche Typen.

Die Treppe als Teil des Gebäudeentwurfs unterliegt unzähligen Abhängigkeiten. Die für das Buch ausgewählten Projektbeispiele zeigen, dass Treppen entsprechend unterschiedliche Wirkungen erzielen und eine Vielzahl an Raumeindrücken erzeugen können. Der Orientierung halber lässt sich diese Vielfalt grundlegend in fünf dialektische Begriffspaare kategorisieren: Himmelsleiter und Skulptur (S. 8ff.), Bühne und Landschaft (S. 18ff.), Technische Ästhetik vs. Sehnsucht nach dem Urtyp (S. 26ff.), Raumkörper vs. körperlose Treppe (S. 34ff.) sowie Möbel und Bestandsergänzung (S. 40ff.), wobei diese Grundformen in der Praxis häufig auch in kombinierter Art und Weise auftreten und eingesetzt werden.

1 Laurin-Treppe, Biennale Venedig (IT) 2014, Institut für Scalalogie OTH Regensburg
2 Treppentypologie, Biennale Venedig (IT) 2014, Institut für Scalalogie OTH Regensburg

Himmelsleiter und Skulptur

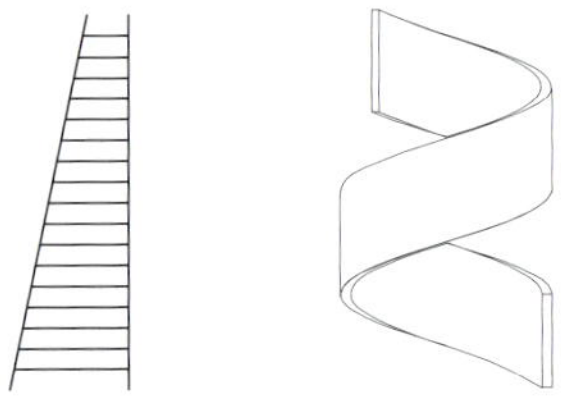

1 Himmelsleiter, Marokko (MA) 1984, Hansjörg Voth
2 Himmelsleiter Halde Norddeutschland, Neukirchen-Vluyn (DE) 2009
3 Himmelsleiter Halde Beckstraße, Bottrop (DE) 1995, Wolfgang Christ
4 Die Treppe als Treppe an sich. Endless Stair, London Design Festival 2013, London (GB) 2013, dRMM Architects
5 Kukulcán Pyramide, Chichén Itzá (MX) 8.–11. Jh.
6 Brücke, Treppe, Aussichtsplatform: Treppenskulptur, Rotterdam (NL) 2013, Next architects

1

2

3

Historisch betrachtet dienen Treppen zunächst der rein funktionalen, vertikalen Verbindung zweier oder mehrerer Geschosse. Bei der »Treppe an sich« geht es in erster Linie stets um einfache konstruktive Ansprüche (siehe auch »Die Sehnsucht nach dem Urtyp«, S. 30ff. sowie »Konstruktionstypologie«, S. 48ff.). Ebenso wichtig ist eine »Ökonomie des Raums«, also der Anspruch, durch die Treppe möglichst wenig Platz zu verlieren. Schnell wird die Funktion der Treppe jedoch symbolisch überhöht. Sie gilt fortan im Kirchenbau als Metapher für die Verbindung zwischen dem Irdischen, Säkularen und dem Himmlischen, Sakralen. Im Profanbau repräsentiert sie Reichtum und Macht. Mit dieser Aufwertung einhergehend etablieren sich im Treppenbau ein großer Formenreichtum sowie schmuckvolle Ausgestaltungen im Detail.

Zahlreiche Arbeiten aus dem Bereich der bildenden Kunst zeigen, welche transzendente Kraft der Treppe auch heute noch innewohnt und wie wesensverwandt die Kategorien »Himmelsleiter« und »Skulptur« sind. Der deutsche Künstler Hansjörg Voth greift diese Themen in seinen Himmelsleiter-Skulpturen in der Wüste Marokkos auf und übersetzt sie in einen beeindruckenden künstlerischen Ausdruck (Abb. 1).

Das Motiv, die Treppe als Spannungselement zwischen zwei Ebenen einzusetzen, funktioniert aber auch besonders gut in der Landschaftsgestaltung, wie beispielsweise auf der Halde Rheinelbe und der Halde Norddeutschland (Abb. 2). Auch der Tetraeder »Haldenereignis Emscherblick« auf der Halde Beckstraße (Abb. 3) symbolisiert gut den Wunsch der Menschen, das Allerheiligste im Himmel zu erreichen, zumindest aber den Wolken näher zu kommen. Dieser Aussichtspunkt wurde als Landmarke während der Internationalen Bauausstellung (IBA) Emscher Park (1989–99)vom Architekten Wolfgang Christ aus Darmstadt in enger Zusammenarbeit mit dem Tragwerksplaner Klaus Bollinger konzipiert.
Tatsächlich aber sind diese Himmels»leitern« alles andere als Leitern: Die Treppen werden zu eigenständigen künstlerischen Objekten, zu begehbaren Skulpturen und damit zu »Landmarks« einer ganzen Region.
Spätestens hier ist erkennbar, dass das architektonische Element »Treppe« über die reine Erschließungsfunktion hinaus auch im Dialog Kunst – Architektur – Metaphysik stehen kann. Die Treppe hat die Funktion der Verbindung, sie ist ein eigenständig zu detaillierendes »Objekt« und ein Raumkörper, sie dient aber auch als Sehnsuchtsort, um ans Licht oder auf eine höhere Ebene zu gelangen (Abb. 4, 6).
Sprachlich existiert der Begriff der Karriereleiter, die man zu erklimmen hat; in der populären Musik charakterisieren Titel wie »Stairway to Heaven« diese uralten Sehnsüchte.

Himmelsleiter

Himmelsleitern haben in verschiedenen Kulturkreisen eine lange, besonders vom Glauben geprägte Tradition. Trotz der verschiedenen religiösen Hintergründe werden sie jedoch grundlegend ähnlich eingesetzt. Dabei repräsentieren sie zumeist durch ihre lang gezogene und aufstrebende Linearität die Zugewandtheit zum Göttlichen. Aus diesem Grund enden diese inszenierten Stufenformationen oft an einem für den Glauben besonderen, zumeist geweihten Ort oder aber in der »Verkörperung des Göttlichen«, dem Himmel. Zusätzlich soll in vielen Fällen die körperliche Anstrengung bei der Begehung dieser Treppenanlagen auch eine Geste der Demut und der Reinigung durch den Besteigenden bekunden.

4

5

Die Stufenpyramiden der Maya
Die Pyramiden der Maya sind mehrfach gestuft und beinhalten in ihrem Inneren einen Tempelraum. Durch die Pyramiden zelebrierten die Maya die Nähe zu ihren Göttern. Der Vorplatz wurde für Zeremonien und Spiele genutzt. In der Gestaltung der Maya-Pyramiden erkennt man zudem die eingangs erwähnte Wirkung der Treppe als Maß aller Dinge im Raum (Abb. 5). Um die Anzahl der Treppenstufen sowie um das Verhältnis der Tritthöhe zur Stufentiefe wird viel spekuliert, häufige Deutungen sehen eine kalendarische Beziehung zum Maßverhältnis der Treppe. Hier wird die mathematische Berechnungsgrundlage einer Treppe deutlich, denn nachweislich geht es vor allem darum, eine Harmonie zwischen Stufenanzahl und dem Steigungsmaß herzustellen, die sowohl statisch als auch ästhetisch wirkt.

Himmelsleitern im asiatischen Raum
Die Heiligen Berge in China sind einer der zentralen Bestandteile der religiösen Tradition des Taoismus und des Buddhismus: Der Berg ist ein kosmisches Grundelement und stellt die Verbindung zwischen Himmel und Erde dar, dies zeigt auch das Trigramm im »Buch der Wandlungen« [1]. Das chinesische Wort für Pilgerreise »cháobài shèngshān«, bedeutet wörtlich »einem heiligen Berg seine Referenz erweisen«. Der Aufstieg ist also ein bewusster religiöser Akt, eine Treppe in diesem Sinne die Annäherung des Menschen an das Himmlische. Manche dieser heiligen Berge sind sogar nur durch steile Leitern oder Stiegen zu erklimmen (Abb. 7), die den Abstand zwischen dem Irdischen und dem Göttlichen betonen.
Im Buddhismus dagegen stellt die Treppe die Schwelle einer bewusst

6

zu übertretenden Grenze zwischen der realen und der göttlichen Welt dar. Sie ist damit ein wichtiger symbolischer Bestandteil des »o-mairi« (des Schrein-Gehens bzw. Tempel-Besuchens). Alle Teile einer Schreinanlage sind rituell. Die Treppen dienen, ebenso wie die Tore, als Markierung dieser Schwelle (Abb. 8).

Die heilige Treppe – Die Himmelsleiter in der christlichen Tradition
Ursprung der metaphysischen Treppe in der christlichen Welt ist die Jakobsleiter. Sie ist Sinnbild für den Auf- und Abstieg zwischen Erde und Himmel. Das alte Testament schildert im 1. Buch Mose, Genesis, Kapitel 28 die Geschichte von Jakob, der bei seiner Flucht vor seinem Bruder Esau auf dem Weg nach Haran im Traum eine Leiter erblickt, die auf der Erde steht und bis zum Himmel reicht und auf der Engel Gottes auf- und niedersteigen. Ganz oben sieht er den Herrn selbst stehen, der sich ihm als Gott Abrahams und Isaaks vorstellt und ihm Land und Nachkommen verheißt. Auch wenn in der abendländischen Bildtradition das Motiv der Leiter überwiegt, kann das hebräische Wort »sullām« auch mit Treppe, Stiege oder Rampe übersetzt werden und bietet damit mehrdeutige Auslegungen des Begriffs Jakobsleiter. Die Bildvorstellung, die der biblischen Erzählung zugrunde liegt, ist wahrscheinlich an der Tempeltreppe einer altorientalischen Zikkurat angelehnt, die vom Erdboden zum Allerheiligsten emporführt [2] (Abb. 9).

Im Sakralbau findet sich eine Vielzahl von Jakobsleitern, die den biblischen Text in gebaute Form umgesetzt haben. Auf Grund ihrer besonderen Bedeutung ist hier vor allem die Scala Regia zu nennen (Abb. 10). Sie verbindet den Petersdom

7

8a

a Tor (Torii)
b Steintreppe (Kaidan)
c Weg zum Hauptschrein (Sandō)
d Brunnen zur Mund- und Handreinigung (Chōzuya oder Temizusha)
e (Tōrō)
f Bühne für Kagura-Aufführungen (Kagura-den)
g Verwaltungsbüro (Shamusho)
h Ema
i Zweigschrein (Setsumatsusha Sessha / massha)
j Löwenhunde (Komainu)
k Gebetshalle (Haiden)
l Zaun / Einfriedung des Schreins (Tamagaki)
m Hauptschrein (Honden)

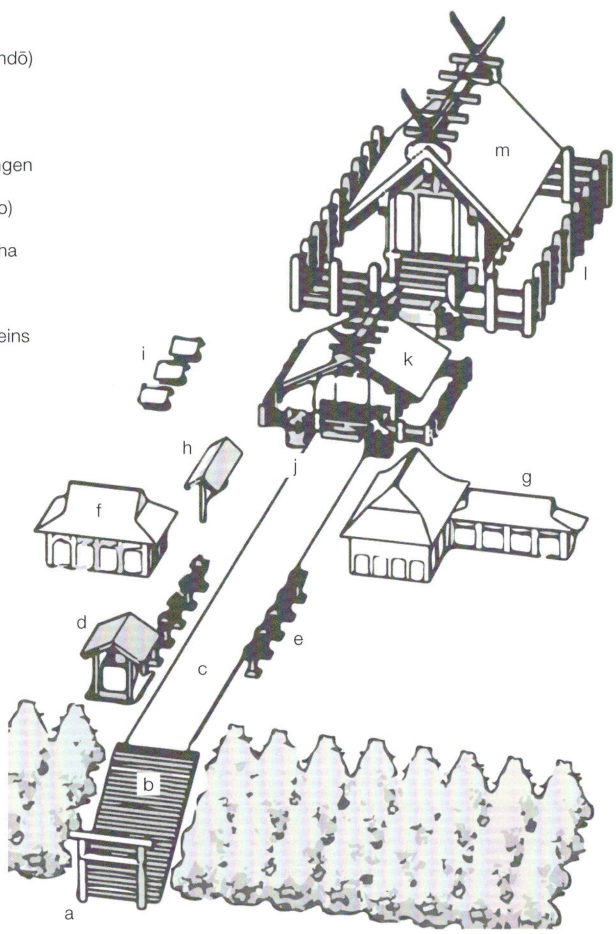

8b

7 Hua Shan – Heiliger Berg, Shaanxi (CN)
8 Die Treppe im Buddhismus
a Engaku-Ji Tempel, Kita-Kamakura (JP) 1282
b musterhafter Aufbau einer Shintō-Schreinanlage
9 Jakob sieht im Traum die Himmelsleiter, Holzschnitt von Julius Schnorr von Carolsfeld (1860), Berlin, Sammlung Archiv für Kunst und Geschichte
10 historisches Foto der Scala Regia, Rom (IT) 1663–1666, Gian Lorenzo Bernini

9

in Rom mit den Stanzen und der Sixtinischen Kapelle. Im 16. Jahrhundert von Antonio da Sangallo dem Jüngeren errichtet, wurde diese 1663–1666 von Gian Lorenzo Bernini erneuert. Bernini verjüngte die Treppenanlage nach hinten, um den Raum optisch zu verlängern. Dieses Thema der Manipulation der Raumwahrnehmung taucht im christlich-religiösen Kontext des Vatikans wiederholt auf: Die trapezförmige Anlage des Petersplatzes mit vierfacher Säulenreihe der Kolonnaden (1656–1667) von Bernini unterstützt ebenfalls die trichterförmige Wirkung des Platzes hin zum Petersdom.

Ein weiteres herausragendes Beispiel der Umsetzung der biblischen Vorlage ist die »Heilige Treppe«(Scala Santa) oder »Heilige Stiege« von Baumeister Domenico Fontana, die sich ebenfalls in Rom befindet. Sie führt hinauf zur Kapelle Sancta Sanctorum auf dem Areal des Laterans und stammt angeblich aus dem Palast von Pontius Pilatus, Jesus soll sie bei dem Prozess vor seiner Kreuzigung betreten haben. Der Überlieferung nach ist sie von der Mutter Konstantins, der heiligen Helena, 326 aus Jerusalem nach Rom gebracht worden. In Erinnerung an die Leiden Christi soll die Treppe nur kniend betreten werden. Bereits seit 1723 schützt eine Holzbekleidung die Marmorstufen vor Abnutzungen. Um einen Ablass zu erhalten, muss der Pilger, der die Stufen auf Knien erklimmt, pro Stufe ein Vaterunser beten [3].

Symbolik historischer Treppen
Zusammenfassend lässt sich sagen, dass diese historischen Treppen vor allem symbolisch eingesetzt wurden, um einen Abstand zwischen zwei Ebenen bewusst zu thematisieren und damit eine Atmosphäre der Distanz, Achtung und Macht zu erzeugen. Gleichzeitig steht die Treppe für die Verbindung zweier Niveaus, mit der gewünschte Überwindung einer »Schwelle« einhergeht. Die Raumwirkung dieser hierarchisierenden Treppen wird mit kompositorischen Tricks untermauert, wie beispielsweise der bereits erwähnten verstärkten Verjüngung sowie einer »falschen« Perspektive, die durch eine Reihung von vertikalen Elementen, wie beispielsweise Säulen, erzeugt wird. Ebenso wird häufig das Steigungsmaß (d. h. die Schritthöhe) übertrieben, sodass der Mensch bei der Überwindung eine körperlich anstrengende und bewusste Bewältigung auf sich nehmen muss.

Ähnlich wie in Rom verhält es sich mit den bereits genannten Pyramiden der Mayas, die die Gottheiten durch eine extrem steile Treppe mit großer Steighöhe nicht nur ideell überhöhten.

Zeitgenössische Himmelsleitern
Obwohl unser Zeitalter weitgehend säkularisiert ist, werden Himmelsleitern nach wie vor für besondere Bauaufgaben eingesetzt. Steven Holl nutzt dieses Motiv für die Treppenerweiterung der Philosophischen Fakultät der New York University ganz bewusst: Das Licht bricht spektral und durch die perforierten Handläufe,

10

12

11

wodurch der Raum geradezu metaphysisch aufgeladen und die »Philosophie« baukonstruktiv versinnbildlicht wird. Die Treppe windet sich leicht versetzt zueinander, sodass ein Positionswechsel stets einen interessanten Perspektivwechsel mit sich bringt. Damit werden im übergeordneten Sinne die verschiedenen Standpunkte in der Philosophie metaphorisch umgesetzt (Abb. 11).

Kontinuität und die Orientierung hin zum Licht sind auch im zeitgenössischen Kontext die herausragenden Merkmale der Himmelsleitern. Im Wohnhaus von Hiroyuki Arima (Abb. 12) läuft eine durchgehende Treppe durch das gesamte Gebäude. Diese nimmt, ebenso wie der in den Hang eingeschobene Wohn-, Ess- und Schlafbereich, durch großzügige Öffnungen Bezug nach Außen, ja sogar zum Himmel, auf. Die Treppe selbst ist ein weißer monolithischer Körper, der exakt mit der Deckenebene endet. Danach folgen einige Glasstufen, die den auf dem Dach des Hauses befindlichen Musikpavillon erschließen. Es findet also eine klare Trennung zwischen dem weißen Raum und dem gläsernen Himmel, also dem Erdverbundenen (dem Wohnen) und dem Entmaterialiserten (der Musik) statt.

Im Wohnhaus in Estrela von Aires Mateus spannt sich die Treppe linear in den Raum und nimmt so Bezug zu den beiden Längsfassaden auf, um von dort Licht zu schöpfen. Der zu erschließende Raum tritt dabei in der Bedeutung zurück, der Spannungsmoment liegt in der Bewegung von unten nach oben. Das Licht der gegenüberliegenden Fassadenöffnungen leitet den Nutzer in die Höhe (Abb. 13). Auch im Haus in Fontinha, ebenfalls von Aires Mateus, ist Licht das elementare Gestaltungsmittel. Die Treppe ist derart lichtdurchflutet, dass sie als logische

11 »Himmelsleiter« im Philosophy Department der New York University (NYU), New York (US) 2007, Steven Holl Architects
12 »Himmelsleiter«, Wohnhaus, Dazaifu (JP) 1995, Hiroyuki Arima
13 Wohnhaus, Estrela (PT) 2016, Aires Mateus
a Schnitt, Maßstab 1:400
b Treppe im räumlichen Kontext
14 Wohnhaus, Fontinha (PT) 2013, Aires Mateus
a Schnitt, Maßstab 1:400
b Treppe im räumlichen Kontext
15 Steinhaus, Brione (CH) 2005, Wespi/de Meuron
a Schnitt, Maßstab 1:400
b Belichtung über das Oberlicht
16 Haus mit einer Wand, Zürich (CH) 2007, Christian Kerez
a Grundrisse (EG und OG), Maßstab 1:400
b Hierarchie im Raum

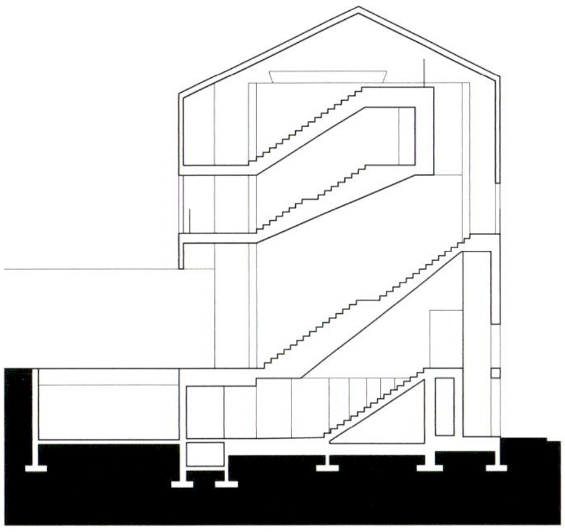
13a

b

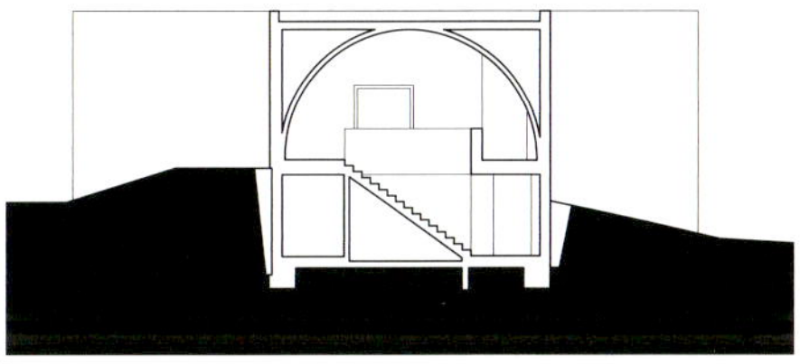
14a

b

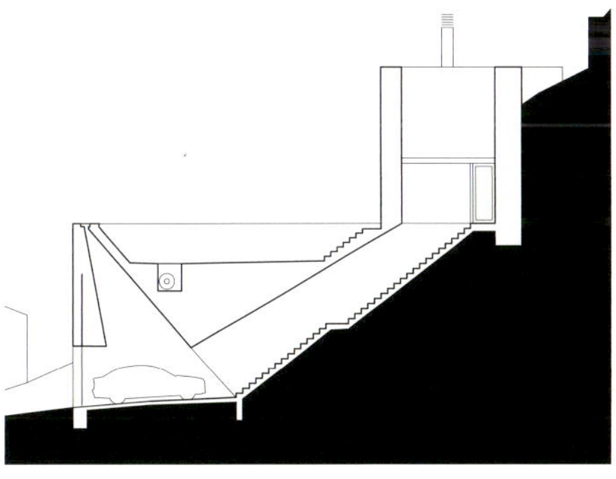
15a

b

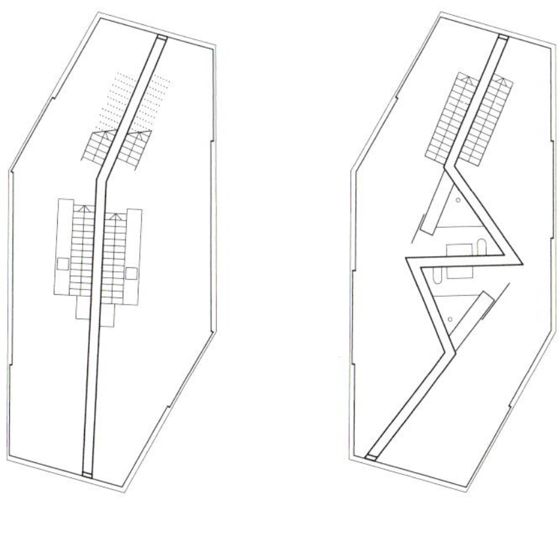
16a

b

Folgerung der räumlichen Durchwegung wirkt. Die Treppe und der dazugehörige Raum scheinen wie aus dem Gesamtvolumen entnommen. Dadurch entsteht ein äußerst spannungsvoller Raumeindruck (Abb. 14).

Die Treppe als Himmelsleiter verdeutlicht ganz besonders gut die Beziehung der Treppe zum Raum: Das Spiel zwischen der Treppe als positivem, weil additivem Raumelement und dem dadurch negativen Treppenraum kann entwerferisch inspirieren. Ähnlich den durch die Schnittfigur bestimmten Entwürfen von Aires Mateus entsteht im Steinhaus in Brione von Wespi de Meuron ein beeindruckender, trichterförmiger Raum, der sich vor allem aus der Form und der Zuspitzung zum Oberlicht definiert (Abb. 15). Die Treppe und das Haus sind in ihrer Materialität derart archaisch, dass der Raum wie aus Stein gehauen erscheint.

Die Treppe im »Haus mit einer Wand« von Christian Kerez gehört zur Kategorie der Himmelsleitern, weil sie kaskadenförmig durch das ganze Haus führt und mit der Wand, die namensstiftend für das Bauwerk steht, das Haus »organisiert«. Die Treppe dominiert den ansonsten loft-ähnlich freien Raum. Sie ist allerdings so eng mit der Wand verbunden, dass nicht von Eigenständigkeit und daher einer Zuordnung als Skulptur gesprochen werden kann (Abb. 16). Tatsächlich ist die Treppe jedoch auch hier wichtige Orientierungshilfe und raumordnendes Prinzip und führt linear zum Licht.

Die Treppe als Himmelsleiter zeigt also Kontinuität und eine Orientierung nach oben, oftmals auch zu einem Lichtband oder Oberlicht. Im Wohnhaus von Buchner Bründler Architekten ist die Treppe schon am äußeren Volumen ablesbar (Abb. 17 a). Die Orientierung Richtung

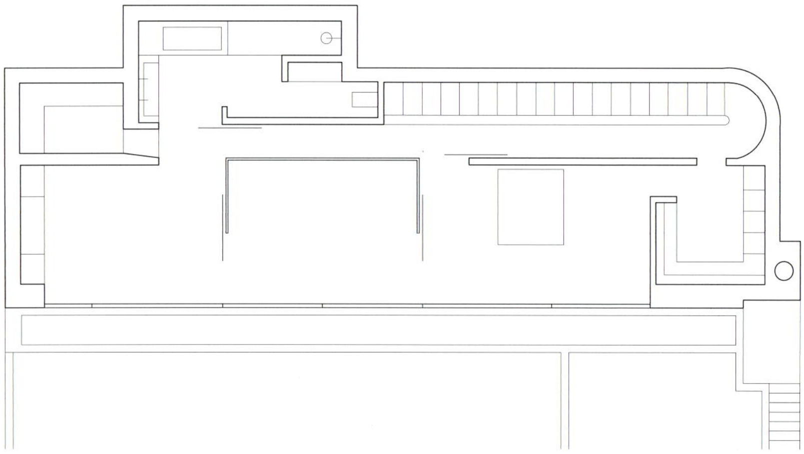

17

Licht wird durch die Rundung des Raums am oberen Podest noch verstärkt (Abb. 17); das Licht wirkt dadurch sphärisch und geheimnisvoll, die Treppe selbst überzeugt durch eine anmutige Nüchternheit (Abb. 18b).

Skulptur

Der Kategorie Skulptur lassen sich Treppen zuordnen, die eine starke Eigenständigkeit hinsichtlich ihrer Form, Materialität, Konstruktion und Konzeption aufweisen, die also im deutlich wahrnehmbaren Kontrast zu dem übrigen Raumkonzept stehen. Die Treppe wirkt dabei als einzelner Körper, ohne jedoch den Raum zu trennen (siehe »Raumkörper vs. körperlose Treppe«, S. 34ff.).

Die Inszenierung der Macht

Geschichtlich lässt sich die Kategorie Skulptur stark auf die Entwicklung des Treppenraums im Profanbau zurückführen, die eng verbunden ist mit der Weiterführung der simplen Stiege zur metaphysisch aufgeladenen Himmelsleiter im Sakralbau. An Stelle der Gottheiten treten nun aber allmächtige Herrscher. Diese nutzen die Treppe als Mittel der Macht- und Statusdemonstration und setzen hierfür pompöse und ausladende Treppenanlagen in ihren Wohnsitzen um. Opulente Prachttreppen benötigen viel freien Raum, um wirken und sich entfalten zu können. Damit sind diese skulptural anmutenden Stufenkompositionen aufgrund des verschwenderischen Umgangs mit Ressourcen vor allem wohlhabenden Bauherren vorbehalten. Sie dienen der Inszenierung des Spektakels, wobei der Weg zugleich das Ziel darstellt. Diese Ansätze finden in den Treppenräumen des Barocks ihre beinahe idealtypische Umsetzung.

Treppenräume des Barocks

Im Gegensatz zu den Wendeltreppen mittelalterlicher Schlösser und den schon aufwendigeren, aber räumlich immer noch beschränkten Stiegenanlagen der Renaissancepaläste wird das Treppenhaus im Barock mehr und mehr als prunkvoller Empfangsraum gestaltet. Als architektonischer Höhepunkt dieser Entwicklung kann die Residenz in Würzburg mit ihrem Treppenhaus angesehen werden (Abb. 3, S. 49). Hofarchitekt Balthasar Neumann stellt hier unter ein beeindruckendes Gewölbe eine dreiläufige Treppenanlage mit Umgang. Ein riesiges Deckenfresko von 1752/53, gemalt vom Venezianer Giovanni Battista Tiepolo, schmückt das Gewölbe. Durch die Raumgeometrie im Zusammenhang mit der Bemalung der Decke entsteht der Eindruck einer unendlichen Weite, der eine Verbindung zu den Charakteristika der

18a

b

17 Grundriss, Maßstab 1:200, Wohnhaus Chienbergreben, Gelterkinden (CH) 2012, Bucher Bründler Architekten
18 Wohnhaus Chienbergreben
a Außenansicht
b Innenraum
19 Innenansicht Treppenanlage Palazzo De Sinno, Neapel (IT) 18. Jh., Fernando Sanfelice
20 Palazzo Sanfelice, Neapel (IT) 18. Jh., Fernando Sanfelice
a vierläufige Treppe
b Zwillingswendeltreppe

19

a

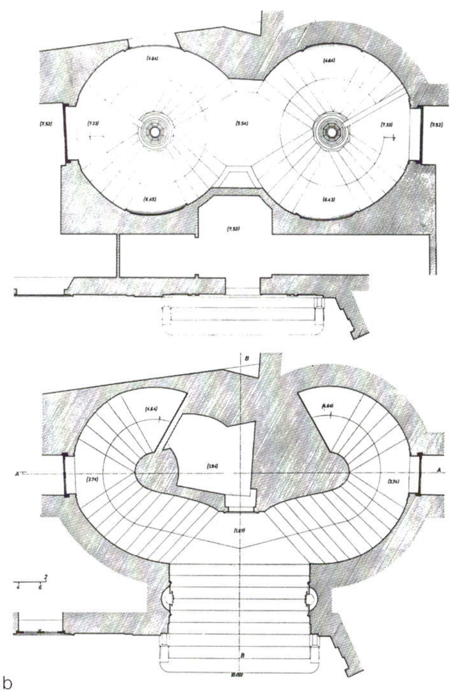

20b

sakralen Himmelsleiter deutlich erkennen lässt. Als Vorbild bei der Konzeption des Treppenhauses in der Würzburger Residenz dient Balthasar Neumann das Schloss Weißenstein in Pommersfelden, das zwischen 1711 und 1718 von Johann Dientzenhofer als private Sommerresidenz für den Bamberger Fürstbischof und Kurfürst von Mainz erbaut wurde. Das dortige Treppenhaus ist mit einem Deckenfresko von Johann Rudolf Byss geschmückt. Ebenso wie in der Würzburger Residenz ist die Treppenanlage durch eine Aneinanderreihung von Stufenfolgen bestimmt und beide Treppen liegen nicht direkt an der Fassade, sondern sind von den Fensteröffnungen durch einen Umgang getrennt. In Pommersfelden nimmt der Umgang die Form einer Loggiengalerie an, in Würzburg ist er zusammen mit der Treppe Teil einer riesenhaften Halle [4].
Während die zwei zuvor benannten Beispiele im Inneren von eigens dafür konzipierten Treppen»häusern« untergebracht sind, markieren im Gegensatz dazu die Treppenanlagen vieler barocker neapolitanischer Pallazzi den Übergang zwischen dem Innen- und Außenbereich. Aufgrund des engen Straßennetzes in Neapel entwickelt sich dort eine Bebauung mit in die Höhe wachsenden Blocks und sich verengenden Innenhöfen, in denen Treppenhäuser mit nach außen offenen Bögen in Form von Hofloggien angeordnet wurden. Diese übernehmen eine wichtige Rolle der Kommunikation und des Austauschs innerhalb der städtischen Gesellschaft und sind auch in der Bürgerschicht verbreitet und nicht nur absolutistischen Herrschern vorbehalten. Auf vergleichsweise engem Raum werden räumlich komplexe Formationen wie gegenseitig laufende, in sich verzahnende und mehrläufige Treppen realisiert. Der Formenreichtum dieser Bauwerke ist beeindruckend umfangreich.

Beispielhaft seien hier die Arbeiten von Fernando Sanfelice (1675–1748) genannt, der zunächst als Maler ausgebildet wurde und dann als Architekt tätig war. Seiner Feder entstammt die Treppenanlage des Palazzo De Sinno in der Via Roma (Abb. 19), dessen Treppenhaus am Ende eines engen Hofes liegt und von außen kaum sichtbar ist. Im Inneren entwickelt sich aber ein faszinierender Weg in die Vertikale, der durch den dramatischen Wechsel zweier Treppenläufe, dem Bezug der Treppen zueinander, aber auch dem zugleich spannungsvollen Bezug nach außen gekennzeichnet ist. Als Hauptwerk von Sanfelice gelten jedoch die beiden Treppenanlagen in seinem eigenen Wohnhaus. Bei der einen handelt es sich um zwei vierläufige Treppen, die sich im Gegensinn bewegen und den ganzen Flügel eines Palastkarrees einnehmen (Abb. 20a). Räumlich beinahe spannender ist jedoch die versteckte und bescheidener anmutende Treppe im seitlich angrenzenden Teil des Palastes. Diese betritt man über einen einläufigen Antritt, der in die Form einer Zwillingswendeltreppe überleitet (Abb. 20b). Durch die Abfolge von dunkleren, tunnelförmigen Abschnitten und lichteren, nach oben sich öffnenden Teilen erfährt der Begehende einen abwechslungsreichen und beeindruckenden Gang durchs Gebäude [5].

Die Treppenhallen des 19. Jahrhunderts
Im Laufe des 19. Jahrhunderts gewinnen bei der Planung von Treppen neben der Aufgabe der Repräsentation auch funktionale Aspekte wieder stärker an Bedeutung. Bei den großformatigen Treppenanlagen der zu dieser Zeit entstehenden Theaterbauten, wie z.B. der von Charles Garnier gestalteten Pariser Oper (Abb. 21), steht beispielhaft die praktische Frage im Mittelpunkt, wie eine große Zahl an Besuchern in kurzer Zeit

21 Treppenanlage Opernhaus, Paris (FR) 1862–1874, Charles Garnier
22 Treppenskulptur Landmarke Lausitzer Seenlandschaft, Senftenberg (DE) 2008, Stefan Giers
23 Innentreppe XXS House, Ljubljana (SI) 2004, dekleva gregorič arhitekti
24 Informations-, Kommunikations- und Medienzentrum (IKMZ) der BTU Cottbus (DE) 2003, Herzog & de Meuron
25 Mumuth Musiktheater, Graz (AT) 2009, UN Studio
26 Einsatz traditioneller Materialien im digitalen Entwurf, Detail der Treppenanlage, Opernhaus, Harbin (CN) 2015, MAD Architects
27 Design Collective, Qingpu (CN) 2012, Neri & Hu

durchs Haus geleitet werden kann. Hinzu kommen Überlegungen, wie sich einzelne Bauteile durch die Positionierung einer Treppenanlage logisch miteinander verknüpfen lassen. Trotz der funktionalen Aspekte wird der repräsentative und feierliche Charakter der umgesetzten Treppen nicht vernachlässigt. Dies zeigt sich in Paris in der skulpturalen Ausformung der Treppenanlage, aber auch durch die Sorgfalt der Ausgestaltung bei den zahlreichen Schmuckelementen im Bereich des Treppenlaufs und der Brüstungselemente.

Die skulpturale Treppe im zeitgenössischen Kontext
Trotz eingeschränkter Ressourcen sind skulptural ausgeformte Treppen heute weiter von großer Bedeutung, auch wenn sie in ihrer Ausformulierung inzwischen meist weniger opulent ausfallen. Auch aus diesem Grunde steht in dieser Kategorie nicht mehr ausschließlich das Volumen im Vordergrund, wie dies zum Beispiel bei Stefan Giers begehbarer Treppenskulptur in der Lausitzer Seenlandschaft der Fall ist (Abb. 22). Diese erfüllt im Gegensatz zu den zuvor beschriebenen »skulpturalen« Treppen keine Erschließungsfunktion im Sinne von Verbindung oder Erreichen anderer Ebenen bzw. Räume, sondern dient ausschließlich dem (künstlerischen) Selbstzweck: Zum Sedlitzer See zeigt sich ihr imposanter Baukörper mit seinen geschlossenen Flächen als einfache Stele; zur Landseite hingegen öffnet er sich und lässt seine skulpturalen Treppenläufe erkennen.

21

Dekleva gregorič arhitekti zeigen im XXS Haus in Ljubljana, dass auch eine komplexe, dabei aber äußerst feingliedrige Konstruktion als Skulptur wirken kann (Abb. 23). Im 43 m^2 kleinen Ferienhaus im Zentrum Ljubljanas war die Gebäudedimension durch ein Bestandsgebäude vorgegeben. Trotzdem sollten sämtliche Wohnfunktionen für zwei Personen integriert werden. Die Materialität orientiert sich im Charakter am traditionellen Nachbarhaus, das sich durch eine raue, unverfälschte Oberflächenmaterialität auszeichnet. Aus diesem Grund dominieren Beton, Terrazzo, Sperrholz, Eisen und Filz den Innenraum. Die Treppe braucht keine besondere materielle Überhöhung, beansprucht wenig Platz und entspricht dabei eher einer steilen Stiege. Trotz der räumlichen Enge schafft sie es jedoch, frei und skulptural zu wirken und verleiht dem Raum so eine überraschende Großzügigkeit.

Wie eingangs definiert, sind die Treppen in der Kategorie der »Skulptur« meist als eigenständige Volumen ausdifferenziert. Dadurch ist die Grenze zum künstlerischen Objekt fließend. Die skulpturale Treppe muss dabei als ein starkes Element wirken, und dementsprechend ordnen sich alle Bestandteile dieser Idee unter: Als »Handlauf« dient meist eine geschlossene Wand, die Fügung von Stufen und Wandanschluss ist nicht sichtbar, die Konstruktion nach außen nicht erkennbar.

Die Treppe wirkt meist als Gesamtkunstwerk, sodass die einzelnen Teile oft stark zurücktreten. Häufig bedarf es für die Inszenierung der Treppe im Raum handwerklicher Fertigkeiten, um das gewünschte Erscheinungsbild überhaupt zu realisieren. Beim Museum Küppersmühle in Duisburg von Herzog & de Meuron wurde die Treppe in einem eigenständigen Treppenhaus untergebracht – ähnlich wie bei den zuvor beschriebenen barocken Anlagen –, um frei von Zwängen und Abhängigkeiten zu sein. Erst dadurch kann die geplante Wirkung zutage treten: Durch die bildhauerische Erscheinung der Treppenanlage fügt sie sich nun fast wie ein Ausstellungsgegenstand in die Abfolge der Ausstellungsräume des umgebauten Altbaus ein (Abb. 38, S. 107).

In den Gebäuden von Herzog & de Meuron, wie z. B. dem Laban Dance Theater in London oder der Bibliothek der BTU Cottbus, spielt die Treppe oft eine bedeutende Rolle, die dementsprechend herausgearbeitet wird, häufig durch bildhauerische Handwerkskunst. Dabei sind besonders die Treppen der Bibliothek interessant, da der Innenraum sich durch die kurvende Fassade als äußerst komplex darstellt. Ordnung schaffen hier vertikale Lufträume und farbig gestaltete Bücherregalzonen. Massive Kerne, aber vor allem auch die frei spiralenden Wendeltreppen verbinden alle Geschosse miteinander. Diese Bereiche sind farblich und formal sehr markant und haben eine deutliche Signalwirkung (Abb. 24).

Ebenfalls farblich auffällig gestaltet ist die Treppe im Mumuth Musiktheater in Graz. Dort wird die »Black Box« des Theaters mit einer Reihe von öffentlichen Bewegungsräumen (Foyer und Erschließung) kombiniert. Um diese Verbindung und den dort stattfindenden Bewegungsfluss

22

23

24

zu thematisieren, folgt die Gestaltung der Treppe dem fluiden Moment und entwickelt sich durch die Spiralform geradezu dramatisch in die oberen Geschosse. Dabei erfährt der Besucher auch durch die knallrote Farbe Orientierung (Abb. 25) und wird zu den Proberäumen und dem Musiksaal geleitet. Ben van Berkel bezeichnet den Neubau als »eine klassische Beziehung zwischen Musik und Architektur – klassisch, aber mit Schwung« [6].

Die Arbeiten von MAD Architects stehen exemplarisch für eine ganze Generation junger Architekten, für die digitale Medien nicht nur Umsetzungswerkzeuge darstellen, sondern auch entwurfsgenerierend eingesetzt werden können. Zugleich ist die Hingabe an Detaillierung und handwerkliche Ausarbeitung außerordentlich – wie z. B. bei der Treppenanlage im Opernhaus der nordchinesischen Stadt Harbin – und zeigt trotz »moderner« Formensprache eine hohe Wertschätzung traditioneller Materialien und Fügungstechniken (Abb. 26). Einmal mehr zeigt sich, wie die digitalen Werkzeuge es ermöglichen, tradierte Materialien neu zu denken: Die Skulptur im Opernhaus von Harbin lässt innehalten, wirft Fragen auf und generiert neue Sehgewohnheiten. Diese Skulptur kann damit Anlass einer bewussten Auseinandersetzung mit dem Raum und dem Betrachter sein – genauso wie jedes künstlerische Werk dies für sich in Anspruch nehmen würde.

Programmatisch fällt auf, dass die Skulptur-Treppe zwar nicht ausschließlich, aber doch besonders häufig in kulturellen Einrichtungen vorkommt. Hier wird die Treppe inszeniert. Ein Beispiel für den Einsatz dieser Kategorie in anderen Bereichen ist das von Neri & Hu in einem Vorort von Shanghai gestaltete Geschäft für den avantgardistischen Möbelladen Design Collective. Der Zugang zum Gebäude erfolgt über einen stählernen Trichter, der den Übergang vom urbanen zum Ausstellungsraum symbolisiert. Auch diese Treppe wirkt wie ein Teil der Ausstellung, da sie sich sowohl in Farbigkeit als auch in Materialität und Form stark von dem weißen Innenraum abhebt (Abb. 27). Die Treppe erzeugt einen extrem spannungsvollen Raum: Man lenkt den Blick nach oben oder unten und erfährt durch diesen veränderten Blickwinkel neue Perspektiven. Solch eine dramatische »Skulptur« zieht an und weckt fast automatisch Neugierde. Wer und vor allem, was ist da oben?

Die Beispiele zeigen, wie Treppen sich von vermeintlichen räumlichen, formalen und / oder organisatorischen Zwängen des Gebäudes befreien können. Farbe, Form, Materialität sowie die Herstellung können unabhängig von der Gesamtkonstruktion sein. Dadurch wirkt eine solche Treppe meist sehr autonom bzw. »selbstbewusst«. Diese Art von Skulptur nimmt – obwohl sie sich aus der Tradition der metaphysischen Himmelsleiter entwickelt hat – Abschied vom Sakralen, um nur sich selbst zu genügen. Dabei muss die Skulptur aber nicht wie ein Fremdkörper im Raum wirken. Die Treppe als Skulptur ist an sich schon Gesamtkunstwerk und emanzipiert sich dadurch fast automatisch vom übrigen Raumgeschehen.

Anmerkungen

[1] I Ging: Das Buch der Wandlungen, Übersetzung von Richard Wilhelm. Düsseldorf 1999
[2] https://de.wikipedia.org/wiki/Jakobsleiter_(Bibel), Stand 02.05.2017
[3] https://de.wikipedia.org/wiki/Heilige_Stiege, Stand 05.05.2017
[4] Mielke, Friedrich: Handbuch der Treppenkunde. Hannover 1993, S. 64
[5] Daidalos, Nr. 9 Treppen, September 1983
[6] www.baunetz.de/meldungen/Meldungen-Musiktheater_in_Graz_von_UN_Studio_fertig_742494.html, Stand 05.05.2017

25

26

27

Bühne und Landschaft

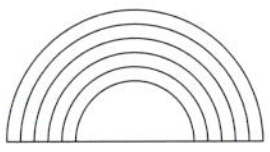

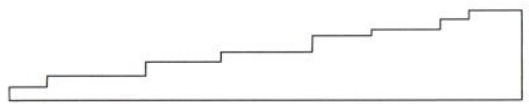

1 Kultur für das Bürgertum, Altes Museum, Berlin (DE) 1825–30, Karl Friedrich Schinkel
2 Die Treppe als Bühne in »Die Verachtung – Le Mépris«, Jean-Luc Godard, STUDIOCANAL / COMPAGNIA 1963
3 Ein von M.C. Escher inspirierter »Treppenraum« in »Die Reise ins Labyrinth«, Jim Henson, TriStar Pictures 1986
4 Der Schwindel wird symbolisiert durch die Treppe in »Vertigo«, Alfred Hitchcock, Paramount Pictures 1958

1

2

Die Kategorien Bühne und Landschaft weisen, ähnlich dem Begriffspaar Himmelsleiter und Skulptur, eine Vielzahl an Gemeinsamkeiten auf. Mit ihnen werden zumeist Treppenanlagen bezeichnet, die der Inszenierung des täglichen Lebens im Außen-, aber auch im Innenraum dienen. Die soziale und räumliche Interaktion spielt dabei stets eine große Rolle. Während bei den Treppen der Kategorie Bühne der Schwerpunkt insbesondere auf dem Auf- und Abtritt der Nutzer liegt, steht bei den Treppen der Kategorie Landschaft das Aufgreifen, die Weiterentwicklung oder die Neudefinition bestehender Topografien zu raumbestimmenden Atmosphären im Vordergrund.

Die Treppe als Bühne

Spielt geschichtlich gesehen die göttliche und feudale Repräsentanz bei Himmelsleiter und Skulptur noch eine große Rolle, bildet die Kategorie Bühne die Demokratisierung der Treppe im öffentlichen Raum ab. Denn mit dem Untergang des Ancient Regime wird die opulent ausgeformte Treppe auch für den Normalbürger ein realer, weil nun zugänglicher Ort.
Ein Beispiel hierfür ist Karl Friedrich Schinkels Altes Museum in Berlin. Im Zuge der Verbreitung des Gedankens einer kulturellen Bildung breiter Schichten im Sinne des Humboldtschen Bildungsideals setzt der preußische König Friedrich Wilhelm III. eine Reihe von Neubauten durch, die die feudalen Grenzen der Institutionen zugunsten eines öffentlichen Angebots aufheben sollten. Die klassizistische Freitreppe betont die Öffnung der Bildungseinrichtungen für einen umfassenden Personenkreis und bildet somit eine Bühne für das erstarkte Bürgertum (Abb. 1). Im Alten Museum wird durch die Öffnung der Fassade und der Beziehung des Treppenraums zum Außenraum eine Weiterführung dieses neuen bürgerlichen Lebens erzielt und damit ein öffentlich zugänglicher Raum errichtet, in dem ein kultureller Austausch mit Blick auf die urbane Landschaft stattfinden kann. Schinkel zitiert bewusst Elemente der Architektur des antiken Griechenlands, die insbesondere durch die Agora das Leben einer aufgeklärten Gesellschaft versinnbildlichten.

Die inszenierte Treppe
Das breite Spektrum des gestalterischen Potenzials der Treppe als Bühne lässt sich in der Betrachtung von Filmen und Bühnenwerken analysieren, da Treppen hier durch den dramaturgischen Einsatz oft ein überhöhtes Abbild der Realität darstellen. Im Vergleich der beiden Medien stellt insbesondere der Film ein interessantes Anschauungsobjekt dar, weil er aufgrund seiner meist realistischeren und weniger abstrahierenden Art den Ansprüchen breiter Bevölkerungsschichten gerecht wird und damit dem Grundverständnis der Treppe als Bühne für alle noch stärker entspricht.
Ob Scarlett O'Hara in »Vom Winde verweht« (1939) Rhett Buttler entgegenschwebt oder Brigitte Bardot die durch den Film berühmt gewordene Treppe der Casa Malaparte in Jean-Luc Godards »Die Verachtung« (1963) herabschreitet (Abb. 2) – die Treppe wirkt als Bühne der ursprünglichen Verbindung zweier konträrer Pole symbolisch nach. In beiden Filmen dominiert das Spiel über die Macht der Liebe. Dabei betont die Treppe das Auf und Ab der Beziehungen zwischen den Protagonisten (Scarlett zu Rhett und Ashley bzw. Camille zu Paul und Jeremy), aber auch die wachsende Unabhängigkeit der Frau findet eine symbolische Entsprechung.
Neben dem Sinnbild für die Ambivalenz menschlicher Beziehungen findet die Treppe im Film nicht nur Anwendung als Metapher für den angestrebten oder bereits erreichten sozialen Aufstieg, sondern

auch als Motiv in Thrillern oder Horrorfilmen. Sie wird als mystisches Element eingesetzt wie in Jim Hensons Fantasyfilm »Die Reise ins Labyrinth« (1986), in dem David Bowie als Koboldkönig auf einer Treppe ähnlich einer Konstruktion von M. C. Escher sein Unwesen treibt (Abb. 3) oder in der Verfilmung von Umberto Ecos »Der Name der Rose«, bei dem die Treppenanlage einem klaustrophobischen Labyrinth ähnelt. In Alfred Hitchcocks Thriller »Vertigo« (1958) ist die Angst vor der Höhe bereits titelgebend. Die Turmtreppe illustriert die damit verbundene Panik dramatisch (Abb. 4).
Allen Filmtreppen ist gemein, dass sie einen starken kontextuellen Bezug zu ihrer Umgebung und der zu erzählenden Geschichte aufweisen. Dieser Bezug wird stets subtil in Szene gesetzt, um von der eigentlichen Geschichte nicht abzulenken. Darüber hinaus weisen die Treppen zumeist eine Übergröße in Breite und Länge auf, um als Bühne wirken zu können. Eine geschickte Lichtführung und Wahl der Perspektive laden die Szenerie zusätzlich dramaturgisch auf.

Die Treppe als Bühne sozialer Interaktion
Das Motiv der Inszenierung kommt auch in vielen Innenräumen real existierender Bauwerke zum Tragen. Die Treppe wird zur Bühne sozialer Interaktion, wie beispielsweise bei den Apollo-Schulen von Herman Hertzberger (Abb. 5). Der Architekt demonstriert mit seinem Bauwerk aus den späten 1970er-Jahren die Umsetzung eines neuen Verständnisses von Bildung. Die Schule sollte nicht mehr disziplinarische Verwahrungs- und Erziehungsanstalt sein, sondern die Schüler auf dem Weg zu einem mündigen, selbstkritischen und politischen Menschen begleiten. Nicht nur die Lehrpläne werden reformiert, auch die Schulgebäude: Es entstehen viele Konzepte für »freiere« Schulen mit offenen, interaktiven und inte-

3

4

5

6

grativen Räumen. In den Apollo-Schulen in Amsterdam findet dieser freie Austausch im Treppenhaus statt. Dabei handelt es sich nicht um einen abgeschlossenen Raum, sondern um ein großzügiges Atrium, das von mehreren Ebenen aus einsehbar ist und in dem Versammlungen stattfinden. Bänke sind in die Absturzsicherungen integriert und Betonbrüstungen wechseln sich ab mit Holzelementen, die zum Auf- oder Anlehnen einladen. Die Treppe ist zweigeteilt: eine schnell zu beschreitende schmale Treppe im angemessenen Schrittmaß sowie eine Podiumstreppe, die jede zweite Stufe auslässt, dafür aber mehr Tiefe zum Sitzen bietet. Die Agora als Versammlungsort, die Schinkel bereits in das Museum holte, etabliert sich im Schul- und Verwaltungsbau.

Die Treppe von Diller Scofidio + Renfro/FX Fowle in der renommierten Juilliard School, Musikkonservatorium und Schauspielschule in New York, entspricht ebenfalls diesem Verständnis von Pädagogik und Raum. Sie ist Treffpunkt aber auch Aufenthaltsort und ermöglicht, mehr oder weniger beiläufig, den wichtigen Austausch unter den Musikern und Schauspielern. Um den Bühnencharakter der Treppe räumlich zu unterstützen, sind die Brüstungen wandartig ausgebildet und verbinden das untere mit dem oberen Stockwerk in räumlich dynamischer Trapezform. Zusammen mit den Stufen bilden sie einen farblichen Kontrast zum umgebenden Raum (Abb. 6).

Ähnlich der Villa Malaparte setzen Vector Architects bei ihrer »Seaside Chapel« einen besonderen landschaftlichen Kontext außergewöhnlich in Szene. Die spektakuläre Lage am Strand wird beinahe theatralisch mit einem ungewöhnlichen, formal überhöhten Gebäude und einer großen Freitreppe inszeniert (Abb. 7).

Das Gebäude steht in logischer Fortsetzung der Treppe, die sich durch das Gebäude hindurch bis zur Terrasse mit freiem Meerblick erstreckt. Die Besucher der Kapelle können die Stufenanlage hinauf- oder herabschreiten oder einfach als Sitzfläche nutzen. Indirekt einfallendes Licht lädt den Innenraum der Kapelle atmosphärisch auf.

Neben den genannten öffentlichen Gebäuden findet sich die bühnengleiche »Event-Treppe« als Ort des sozialen Austauschs auch in zahlreichen Firmensitzen, Geschäften und Konzepten für die Gastronomie wieder. Hier verschmilzt der Wunsch nach einem urbanen Treffpunkt mit einem cleveren ökonomischen Konzept (Abb. 8).

7

5 Apollo-Schulen, Amsterdam (NL) 1980–83, Herman Hertzberger
6 spontaner sozialer Treffpunkt, Alice Hall/Juilliard School, New York (US) 2009, Diller Scofidio + Renfro/FXFowle
7 sowieso eine Bühne, Kapelle in Qinhuangdao (CN) 2015, Vector Architects
8 Die Treppe als Lounge. Showroom der Firma síclo, Mexico City (MX) 2015, Rojkind Arquitectos + Cadena y Asociados
9 bewohnte Treppe, Inszenierung des Raums, Wohnhaus, Tokio (JP) 2008, Atelier Bow-Wow
10 Die monolithische Treppe benötigt den Nutzer als Inszenator. Haus Fabrizzi, Conthey (CH) 2014, savioz fabrizzi architectes
11 Die Treppe als Bühne. Therme Vals (CH) 1996, Peter Zumthor

8

9

10

11

Eine Bühne im kleinen Maßstab findet sich im Wohnprojekt Machiya von Atelier Bow-Wow. Dort ist die Treppe interner Begegnungsraum für die Hausbewohner und erweitert so den knapp bemessenen Wohnraum eines ehemaligen Teehauses. Auf den Stufen können Gegenstände abgelegt oder bewusst platziert werden, zudem bietet die Treppe einladende Sitzmöglichkeiten und funktioniert auf diese Weise neben der Verbindung von zwei Ebenen zugleich auch als platzsparendes Möbel (Abb. 9).

Im Wohnhaus von savioz fabrizzi architectes lässt sich die monolithisch-skulpturale Ausformulierung der Treppe ebenfalls mit einer Bühne assoziieren. Sie trennt die intimeren Schlafbereiche von der gemeinschaftlich genutzten Wohnhalle. Das Hinuntergehen oder Hinaufsteigen vom einen zum anderen Bereich kann von dem über Split-Level verbundenen Koch-, Ess- und Wohnbereich spannungsvoll beobachtet werden (Abb. 10).

Der Schweizer Architekt Peter Zumthor schafft im Thermalbad Vals den kontinuierlichen Übergang von Innen nach Außen durch die konsequente und fast ausschließliche Verwendung eines Materials: des lokalen Valser Gneiss. Die flachen Stufen, die von der Zugangs- und Umkleideebene zur Thermallandschaft führen, wirken wie aus dem Berg gehauen. Die langen Tritte erzeugen die Illusion einer Landschaft, sodass der Eintritt in die Therme fast bühnenbildhaft wirkt. Das Baden wird dabei als sinnliches Vergnügen inszeniert (Abb. 11).

All diesen Bühnentreppen ist gemein, dass der umgebende Raum sich sehr offen zu diesen Treppen ausrichten muss. Die Treppe ist in voller Ansicht erkennbar und liegt meist an einer Wand, der Raum orientiert sich in diese Richtung. Zugleich fällt konstruktiv auf, dass die Treppen mit ihrer homogenen Materialität sich ähnlich wie im Film sehr bewusst zurücknehmen, um dem Nutzer die gesamte Aufmerksamkeit zu überlassen oder eine (vermeintliche) Einfachheit des Hauses zu unterstreichen. Erst mit dem Bewohner werden die Räume inszeniert; ansonsten verharren sie abstrakt nüchtern, fast wie ein »Objet d'art«.

Die Freitreppe als Bühne

Das Motiv der Treppe als Bühne tritt auch im Außenraum auf, insbesondere bei Freitreppen wie z. B. der Spanischen Treppe von Francesco De Sanctis in Rom. Sie dient zwar in erster Linie als Verbindung zwischen der Piazza di Spagna und der Kirche Santa Trinità dei Monti, besitzt darüber hinaus jedoch enorme Aufenthaltsqualitäten und ist dadurch ein wichtiger Bestandteil des städtischen Lebens: Der urbane (Frei-)Raum wird zum »place to be« und »place to meet«. Dafür spricht auch die Inszenierung dieser Treppe in einer Vielzahl von Filmen, wie z.B. »La Dolce Vita« von Federico Fellini (1960), »Der talentierte Mr. Ripley« (1999) bis hin zu »To Rome with love« (2012) von Woody Allen. Städtebaulich ist hier die Verbindung der zwei Sichtachsen eine gestalterische Herausforderung, die De Sanctis mit einem zentralen Aufgang und zwei parallelen seitlichen Läufen meisterte. Als Symbol für die Heilige Dreifaltigkeit (Trinità) vereinigen und teilen sich die Treppen dreimal, ehe sie die Kirche erreichen.

Aber nicht nur an urbanen Plätzen gelegene Treppen erfreuen sich großer Beliebtheit, sondern auch solche am Wasser. Hier wird zwar der Natur gehuldigt, also dem Blick auf das Wasser und

12

13

gegebenenfalls die umgebende (Stadt-)Landschaft sowie dem Blick auf ein attraktives Panorama auf der anderen Flussseite, wie z. B. in Basel, Köln oder Dresden (Abb. 12). Genauso wichtig ist jedoch die freiräumliche Erweiterung der Stadt sowie die Ausformulierung einer Plattform für das städtische Treiben. Außerdem erfüllen diese Abstufungen zum Wasser funktionale Aspekte und dienen beispielsweise als Schutzmaßnahme vor Hochwasser.
Alle diese Anlagen erinnern durch ihre Eigenschaften oft an die antiken Amphitheater, die tatsächlich die ersten freiraumplanerischen Treppen mit einem zusätzlichen Mehrwert für den Nutzer bzw. das Publikum waren. Viele dieser Bauten, wie die Amphitheater in Taormina oder Delphi, liegen landschaftlich sehr malerisch und bieten neben dem reinen Blick auf die Theaterbühne eine beeindruckende Aussicht auf die umgebende Landschaft (Abb. 13).
Zusammenfassend lässt sich sagen, dass gerade in dieser typologischen Kategorie die Grenzen sehr fließend sind: Das Amphitheater zeigt, wie eine Landschaft zur Bühne und eine Bühne zur Landschaft werden kann.

Die Treppe als Landschaft

Mit der Typologie »Treppe als Landschaft« sind nicht Treppen gemeint, die lediglich in der Landschaft stehen. Es geht vielmehr um die Konzeption der Treppe selbst als Landschaft. Das kann zum einen bedeuten, dass die Landschaft weitergeführt bzw. betont wird, oder dass die Landschaft durch eine Treppe erst künstlich erzeugt wird. Reiulf Ramstad inszenierte in der fantastischen Fjordlandschaft des Trollstigen Plateaus in Norwegen eine Treppe und Besucherplattform aus vorpatiniertem Stahl, die aber eher als Skulptur in einer beeindru-

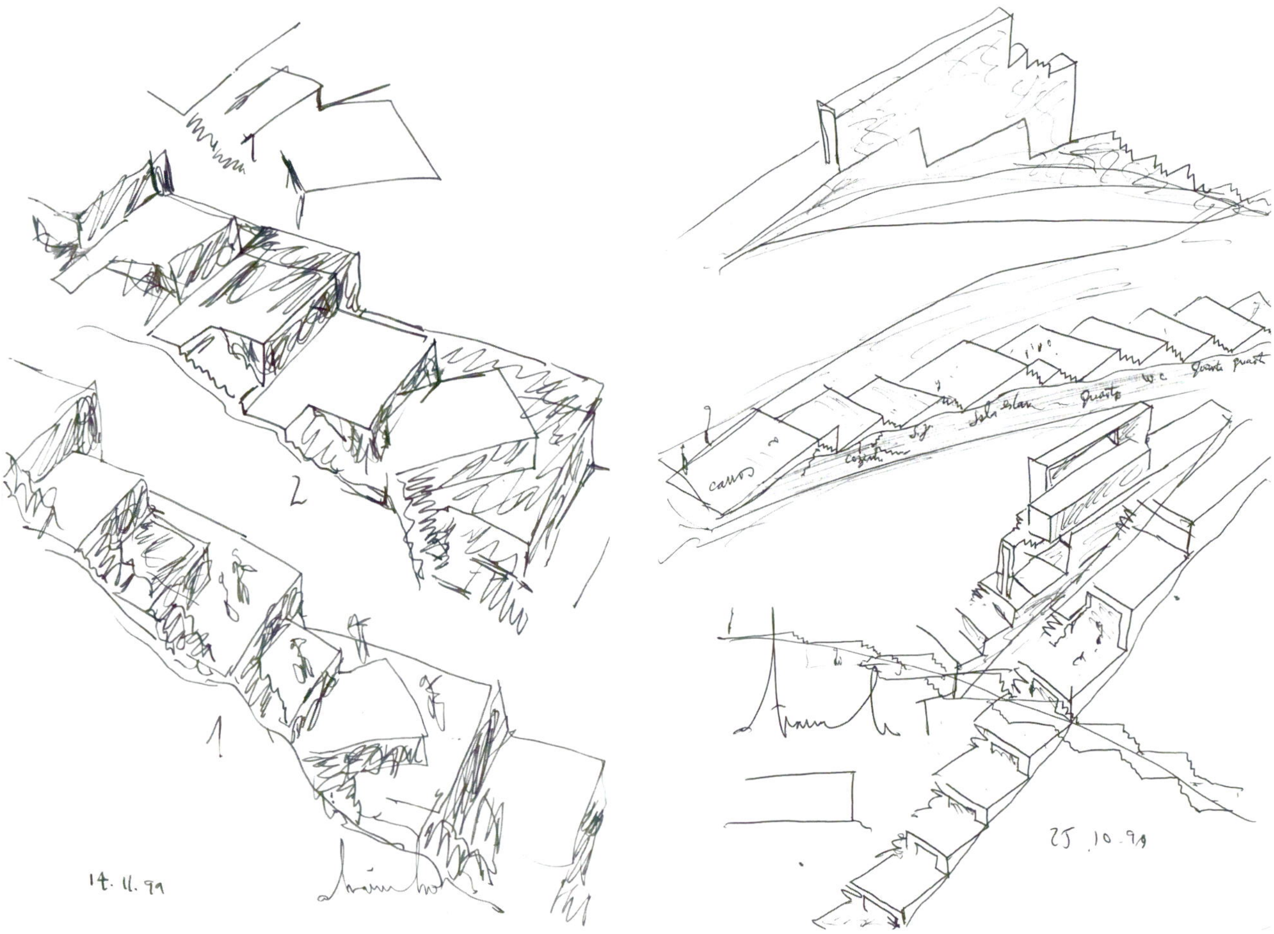

14

12 Abendstimmung im erweiterten öffentlichen Raum in Köln (DE)
13 inszenierte Landschaft im Amphitheater in Delphi (GRI) 4. oder 3. Jh. v. Chr.
14 Skizze, die den topografischen Entwurf verdeutlicht, Casa Tóló, Ribeira da Pena (PT) 2005, Álvaro Leite Siza Vieira
15 Die Treppe »architektonisiert« den Hang. Casa Tóló
16 Die Treppe vereint sich mit der Landschaft, ehe das Meer beginnt. International Passenger Terminal, Yokohama (JP) 2002, Foreign Office Architects (FOA)
17 Die Landschaftsscholle wird zur öffentlichen Bühne. Norwegische Nationaloper Oslo (NO) 2007, Snøhetta

15

cken landschaftlichen Kulisse angesehen werden kann (siehe »Himmelsleiter und Skulptur«, S. 8ff.).

16

Inzenierung der Topografie
Häufig greift die Treppe als Landschaft als Hauptmotiv die umgebende Topografie auf. Bei der Casa Tóló in Portugal entwarf Álvaro Leite Siza ein Gebäude, das sich in Treppenform in den Hang integriert und mit der Topografie verschmilzt (Abb. 14). Gleichzeitig formt die Treppe das gesamte Gebäude, das fast komplett hinter dieser gebauten Topografie zurücktritt (Abb. 15).

Im Fährterminal in Yokohama von Foreign Office Architects wird dagegen eine Topografie erst durch das Gebäude künstlich ausgebildet. Das gesamte Bauwerk erscheint mit seinen Treppenanlagen als eine am Wasser gelegene ausschweifende Hügellandschaft, die durchwandert werden kann – Steigungen werden dabei in Stufenformationen umgesetzt. Zum Betreten des Gebäudes sind Öffnungen in die »Landschaft« eingelassen, durch die der Nutzer in das Innere des Bauwerks eintauchen kann (Abb. 16).

17

Ähnlich zeigt die Oper in Oslo von Snøhetta, dass die Treppe neben der Verbindung von zwei und mehr Ebenen auch der Überwindung von städtebaulichen oder landschaftlichen Niveauunterschieden dienen kann (Abb. 17). Sie veranschaulicht zudem, dass der Entwurfsgedanke einer zunächst sehr abstrakt erscheinenden Idee verschachtelter Eisschollen den Freibereich der Oper gelungen gliedern und gestalten kann.

In den Arbeiten von Carlo Scarpa nimmt das Beziehungsgeflecht aus natürlicher Landschaft, Wasser und künstlich gestufter Treppenanlage ebenfalls eine wichtige Rolle ein. Dabei nutzt er zumeist die

18

19

20

21

Treppe, um einen Bezug zwischen dem Ort und dem übergerordneten Entwurfskonzept herzustellen. So versinnbildlicht die helle Marmortreppe in der Fondazione Olivetti metaphorisch den Bezug Venedigs zum Wasser: Die Stufen schweben auf dem Mosaik des Fußbodens, verschieben sich schollenartig und türmen sich schließlich bis zur oberen Geschossebene auf (Abb. 18). Das Glasmosaik des Fußbodens folgt einer gewollten Unregelmäßigkeit, und erzeugt damit den »Effekt einer bewegten Oberfläche [...], als ob der Boden immer unter Hochwasser stünde«[1].

Das niederländische Architekturbüro OMA bedient mit seiner Erweiterung des ursprünglich von Ludwig Mies van der Rohe geschaffenen Areals des Illinois Institute of Technology in Chicago das demokratische und insbesondere nordamerikanische Ideal eines offenen Campus, der ähnlich einem Marktplatz Anlaufstelle für alle Studierenden sein soll. Rem Koolhaas konzipiert das Gebäude als Stadt in der Stadt, die sich lediglich durch geringe Niveauunterschiede in verschiedene, aber stets öffentlich zugängliche Bereiche wie Mensa, Copyshop, Buchladen, soziale Dienste usw., differenziert. Das Motiv der Freitreppe ist zwar zunächst ein landschaftsplanerisches Element, bietet mit vielfältigen Blickachsen und Öffnungen aber Beziehungen und Anknüpfungspunkte, die man sonst aus einem urbanen Kontext kennt (Abb. 19). Die Treppe unterstützt die Aufenthaltsqualität und Kommunikation der Studierenden durch die flache Steigung und die langgezogenen Stufen. Das verlangsamte Steigungstempo greift das Motiv Heideggers eines »philosophischen Spaziergangs« auf. Die physische Betätigung unterstützt dabei die geistige. Aus dem Campus wird eine Wissenslandschaft mit »urbanem Angebot«.

Der belgische Architekt Stéphane Beel greift die Idee einer verbindenden Treppenlandschaft innerhalb eines städtischen Geflechts in seinem Projekt für das Stadtmuseum Leuven auf. Mit der Erweiterung um zwei Neubauten verknüpft er nicht nur das Neue mit dem Alten, sondern fügt das Museum wieder sinnvoll in den städtischen Kontext ein, indem er mehrere neue Zugänge und öffentliche Außenterrassen schafft. Des Weiteren integriert Beel einen Fußgängerweg durch das Museum und den Garten, sodass sich das Areal in den Alltag der Stadt fügt. Die Treppen sind dabei sanfte Vermittler zwischen den städtischen und den musealen Räumen. Die flache Steigung erlaubt die Kombination mit einer behindertengerechten Rampe, sodass diese Erweiterung der Stadt für alle Bewohner zugänglich ist (Abb. 20).

Auch Zaha Hadid zeigt im Heydar Aliyev Cultural Centre, wie die Treppe als eine Fortführung der urbanen Landschaft funktionieren kann. Das Gebäude ist geprägt von weich geschwungenen Formen. Es greift den natürlichen Geländeversprung auf und führt ihn im Inneren fließend fort. Aus diesem Grund ist der Aufgang eine bewusst niedrig gehaltene Schwelle: Anstelle eines steilen Aufstiegs ist die Treppe als Landschaft auch inhaltlicher Mediator (Abb. 21).

Die Bauten von Sou Fujimoto beweisen, wie die Treppe fast alleiniges, raumbestimmendes Element sein kann. Sein »Final Wooden House« beispielsweise, ein quadratisches Ferienhaus mit einer Kantenlänge von 4 m, besteht aus gestapelten Zedernholzbalken mit identischen Querschnitten. Das Gebäude wird selbst zur Treppe und die Treppe ist Raum und Möbel, Konstruktion, Landschaft und Bühne in einem (Abb. 22).

22

23

24

Ebenfalls aus Holz konstruiert, zeigt der Hakusui Kindergarten in Sakura sehr eindrücklich, wie die äußere Landschaft als Spiel- und Aufenthaltsraum für die Kinder im Inneren fortgeführt werden kann. Hier ist die langgezogene, flache Treppe nicht Bühne, sondern bietet räumliches, pädagogisches und spielerisches Potenzial (Abb. 23).

Leselandschaften
Ähnlich wie die »Lern-Bühne« in den Apollo-Schulen von Hertzberger sind auch Leselandschaften multifunktionale Treppen. Sie dienen einerseits als herkömmliche Treppe, bieten andererseits zusätzlich Platz für Sitzflächen, sind Beobachtungsposten und Orte für Begegnungen. Viele dieser Treppen kombinieren zwei unterschiedliche Steigungen und nehmen damit das Motiv des Zuschauerraums auf. Im Gegensatz zur Bühne ist die Sitzfläche jedoch nicht für ein Publikum bestimmt, das z. B. einer Veranstaltung beiwohnt, sondern bietet Raum für eigene Aktivitäten des Nutzers – hier des Lesens (Abb. 24).

Die Bibliothek in Liyuan von Li Xiadong Atelier ist nur Treppe und Hülle. Aus dem Dialog zwischen der zur Leselandschaft geformten Treppe und dem Nutzer ergibt sich eine ganz spezielle räumliche Atmosphäre. Dabei ruft die Wahl von natürlichen Materialien für die Fassade, die Bekleidung der stählernen Tragstruktur und die Treppe selbst mit deren volumetrischen Präsenz einen angenehm warmen und einladenden Raumeindruck hervor (Abb. 25). Damit offenbaren besonders die Leselandschaften die vielfältigen Möglichkeiten, die Treppen als Raumelement mit sich bringen und demonstrieren den potenziellen Mehrwert, den sie übernehmen können.

Anmerkung
[1] Los, Sergio: Carlo Scarpa. Köln 1994, S. 96

18 Die Treppe schwebt auf dem Wasser Venedigs. Fondazione Olivetti, Venedig (IT) 1958, Carlo Scarpa
19 Campus – Landschaft, IIT McCormick Tribune Campus Center, Chicago (US) 2003, OMA / Rem Koolhaas
20 Treppe und Rampe verschmelzen zu einem abstrakten Kunstwerk. Barrierefreier Zugang, »M Museum« Leuven (NL) 2009, Stéphane Beel
21 Treppe wird Landschaft, Gebäude wird Stadtlandschaft. Heydar Aliyev Center, Baku (AZ) 2012, Zaha Hadid Architects
22 Haus aus hölzernen Modulen, Treppe als Raum, Möbel, Konstruktion, Landschaft und Bühne, Kumamoto (JP) 2006, Sou Fujimoto
23 abgetreppte Spiel-Landschaft im Sakura Kindergarten, Sakura (JP) 2014, Yamazaki Kentaro Design Workshop
24 Bibliothek am Strand (Seashore Bibliothek), Qinhuangdao Shi (CN) 2015, Vector Architects
25 Die Treppe als multifunktionale Bühne, Leselandschaft und strukturgebendes Element. Liyuan Bibliothek, Huairou bei Peking (CN) 2011, Li Xiaodongs Atelier

25

Technische Ästhetik vs. Sehnsucht nach dem Urtyp

1 Die Treppe dominiert den Raum und wertet die profane Nutzung auf. Livraria Lello e Irmao, Porto (PT) 1906, Xavier Exteves
2 Grundriss Mezzanin, Wohnhaus Moller, Wien (AT) 1927, Adolf Loos
3 Der kühle Rationalismus von Walter Gropius. Bauhaus Dessau (DE) 1926
4 Crown Hall IIT, Chicago, IL (US) 1956, Ludwig Mies van der Rohe

1

Technische Weiterentwicklungen trieben die Evolution des Treppenbaus in der Vergangenheit beständig voran. Dabei wurden neuartige Konstruktionsmethoden zunehmend auch zum zentralen Gestaltungsthema von Treppen. Die Zurschaustellung der technischen Ästhetik findet Ende der 1990er-Jahre ihre Blütezeit in den High-Tech-Gebäuden vor allem britischer Architekten wie Norman Foster oder Richard Rogers. Zeitgleich setzt eine gegenläufige Bewegung ein, die bei der Planung von Treppen wieder einen roheren, archaischeren Ausdruck anstrebt. Mit ihr verbindet sich die Sehnsucht nach einfach nachvollziehbaren Konstruktionen – der Sehnsucht nach dem Urtyp der Treppe. Dieser neue Ansatz zeigt deutlich, wie sich ein Wertewandel in der Gesellschaft sogar in der Gestaltung von Treppen widerspiegeln kann. Befindet sich eine Gesellschaft im positiv gestimmten Aufbruch, so wird dieser zumeist durch eine vorwärtsgewandte, kühne und progressive Architektursprache begleitet. In Zeiten der Unsicherheit gewinnt hingegen historisch Tradiertes und Bewährtes an Bedeutung.

Technische Ästhetik

Über Jahrhunderte hinweg waren insbesondere solche Konstruktionen von Interesse, die es durch technische Mittel möglich machten, Treppenkörper beinahe schwerelos erscheinen zu lassen. Diesem Bestreben standen mit der einsetzenden Industrialisierung neue Werkstoffe und Fertigungstechniken unterstützend zur Seite. Äußerst filigrane Stahlkonstruktionen prägen die Treppenarchitektur des Fin de Siècle und des aufkommenden Jugendstils. Vor allem in den Beneluxländern und in Frankreich entwickelte sich damit eine neue, raumwirkende Treppenästhetik.

Kühnheit versus Pragmatismus

Die Livraria Lello e Irmao in Porto dient als gutes Beispiel dafür, dass eine kühn konstruierte Treppe als raumbestimmendes und die Atmosphäre maßgeblich prägendes Element einen Entwurf dominieren kann (Abb. 1). Die Treppe überhöht mit ihrer ausdetaillierten Opulenz und der gestalterischen Vielfalt den Raum. Die Konstruktion ist atemberaubend und ruft aufgrund der gewagten Statik Staunen hervor. Der rote Treppenläufer krönt das zentral angeordnete Element zusätzlich. Dadurch wirkt die Buchhandlung nicht mehr wie ein profaner Laden, sondern verzaubert als »Bücherpalast«.
Auch Victor Horta verhilft im Hôtel Tassel in Brügge durch die Detailverliebtheit seiner geschwungenen Treppenläufe dem Erschließungsraum zu spezieller Bedeutung (Abb. 13, S. 51). Die Treppe in den beiden historischen Beispielen ist also Mittel, den Raum aufzuwerten und durch Ornamentik zu prägen.

Die Kühnheit der technischen Revolutionen stachelt nicht nur die Gestalter an, sondern begleitet die politische Stimmung vom Ersten Weltkrieg über die Weltwirtschaftskrise bis zum Zweiten Weltkrieg. Mit der Notwendigkeit, sich in Kriegs- und Wiederaufbauzeiten auf Pragmatisches zu besinnen, reduziert sich auch der Detaillierungsgrad von Treppen. Diese Herangehensweise sieht man jedoch nicht als Mangel an, sondern sie wird als Teil einer neuen Ästhetik begriffen, die die Schlichtheit des Handwerks in den Mittelpunkt stellt. Die Wechselwirkung zwischen Licht, Raum, Form und Farbe erfährt so eine konzentrierte Auseinandersetzung und erreicht damit gestalterisch neue Dimensionen.

In den Arbeiten von Adolf Loos nehmen Treppen und Treppenabsätze, obwohl

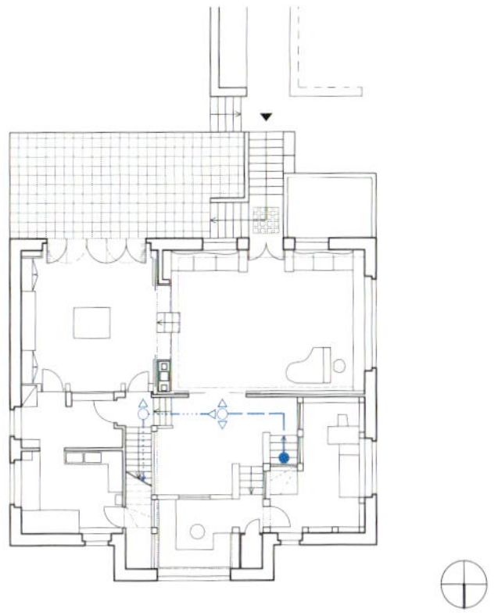

2

3

weitgehend schmucklos und ornamentbefreit ausgeführt, eine zentrale Bedeutung ein. Sie waren grundlegende Voraussetzung seines »Raumplans«. In diesem architektonischen Konzept strebt Loos nach äußerster Rationalität bei gleichzeitig eleganter Ausstattung. Das Entwurfsprinzip besteht darin, die Einzelräume je nach ihrer Bedeutung in unterschiedlichen Höhen auszuführen und »im Raum« über- und nebeneinander anzuordnen. Er »komponiert« die Räume also in dem durch die Außenmauern vorgegebenen Volumen rund um die zentrale Kaminachse. Die sich ergebenden unterschiedlichen Niveaus ziehen zwangsläufig eine Vielzahl an Treppen nach sich, die raum- und rhythmusbestimmend sind (Abb. 2).

Die Treppenräume des Bauhauses in Dessau und Weimar bestechen ebenfalls durch ihre sorgfältige Komposition und ihre technische Ästhetik. Materialität und Farbe, Reduktion der Ornamentik, klare konstruktive Details und großzügige Raumanordnungen bestimmen hier die Erschließungsflächen, die als Versammlungsorte und Orte der Begegnung unterschiedlicher Disziplinen genutzt wurden (Abb. 3). Die soziale Komponente, die die Bauhausphilosophie verdeutlicht, aber auch die gestalterisch-künstlerische Ebene wird ebenso in den malerischen Kompositionen von Oskar Schlemmer deutlich, als auch in den Fotografien von Lux Feininger.

Die Raffinesse des Schwebens

Im Einklang mit der Bauhaus-Lehre und dem dort geführten Diskurs zwischen Handwerk und Industrieller Serienproduktion erkennt man bei Ludwig Mies van der Rohe ebenfalls das Streben nach einer die Konstruktion in den Vordergrund stellenden, technischen Ästhetik. Bei Mies van der Rohe wird der Raum jedoch nicht mehr als Volumen, so wie bei Adolf Loos, verstanden, sondern als eine Folge aufgelöster Scheiben, die vertikal oder horizontal geschichtet subtil den Raum begrenzen. Mies van der Rohe löst dadurch feste Raumgrenzen auf und befreit dadurch das tektonische Gefüge. Diese Wirkung bestimmt auch die Gestaltung der Treppen. Bei der Crown Hall am IIT in Chicago, seiner Wirkungsstätte nach dem Bauhaus, wird das Campusgelände förmlich in das Gebäude hineingezogen. Die Treppe dient dabei als kaum zu erkennendes Bindeglied zwischen Innen und Außen, bei dem die einzelnen Stufen in ihrer Erscheinung sehr behutsam und filigran aufliegen. Ähnlich wie bei Schinkel (Abb. 1, S. 18) wird hier durch die technischen Möglichkeiten des Stahls ein Raumfluss in Gang gesetzt (Abb. 4).

4

5

6a

b

Die Treppe als Mittel der Transparenz

In der Postmoderne wird, ähnlich wie im Jugendstil, ein spielerischer Umgang mit Form und Farbe wieder bedeutsamer. Man bedient sich des Klassizismus, wagt aber auch Experimente in den Bereichen Raum und Material. Neue Verbundwerkstoffe und Kleber sowie moderne, fortschrittliche Methoden zur Glasherstellung bereichern den Markt und damit auch die Vielfalt der Treppenkonstruktionen. Durch den gesellschaftlichen Wunsch nach »Transparenz« gewinnt insbesondere das Material Glas zunehmend an Bedeutung. Allerdings lässt sich auch durch den geschickten Einsatz nicht-transparenter Materialien eine Durchlässigkeit erzeugen. Die Treppe im Institut für Molekulare Genetik in Prag beispielsweise erscheint auch ohne die Verwendung von Glas in ihrer konstruktiven Detaillierung wie aufgelöst (Abb. 5).

Mit zunehmendem Wachstum und Wohlstand trauen sich immer mehr Konzerne, ihre unternehmerischen Visionen auch baulich darzustellen. Das bedeutet jedoch nicht unbedingt eine Rückkehr zu Ornament und Dekor, sondern resultiert in einer neu entdeckten Kühnheit der Form, der Gestalt und der Konstruktion. Unternehmen passen ihre Marktstrategien fortlaufend an. Die Apple Stores zeigen exemplarisch, wie sich ein zeitgemäßes, innovatives Unternehmen mithilfe von Architektur und Design stetig neu definiert. Die komplett aus Glas bestehende Treppe des Apple Stores in der Regent Street in London entspricht in der konstruktiven Eleganz und technischen Raffinesse der zur Entstehungszeit (2004) vorherrschenden Philosophie der Marke (Abb. 6a). 2015 wurde diese durch eine geschlossene Treppe aus natürlichen Materialien mit ergonomisch geformten, hölzernen Handläufen ersetzt. Die Inszenierung der technischen Möglichkeiten wird abgelöst durch das

7

5 Transparenz und doch kein Glas, Institut für Molekulare Genetik, Prag (CZ) 2008, deyl-šešták-architekti
6 Apple Store Regent Street, London (GB)
a alte Treppe, 2004, Bohlin Cywinski Jackson
b der neue Geist im Apple Store, 2016, Foster & Partners
7 Die gefaltete Stahltreppe wird zum eigenständigen Gestaltungsmerkmal. Wohnhaus Tokio (JP) 2007, Claus en Kaan Architecten
8 Die Treppe weist wie ein Kunstobjekt auf das bisher unbetonte Potenzial der hohen Räume im historischen Haus hin. House C, Mailand (IT) 2010, Francesco Librizzi studio
9 Die Zurückhaltung im Denkmal. Mahnmal & Museum Judenplatz Wien (AT) 2000, Jabornegg & Palffy
10 Kunststoff als Fassade, Treppe und Lamelle, eine neue Transluzenz. Plastic House, Tokio (JP) 2002, Kengo Kuma & Associates

8

Zeitgeschehen bestimmende Themen wie Ergonomie und Nachhaltigkeit (Abb. 6b).

Die durch Technik minimierte Treppe
Technische Neuerungen und die zunehmende Akzeptanz des Materials Metall ermöglichen auch im Wohnbereich neue Treppenformen. Bei Toru Murakamis Wohnhaus in Imabari tritt der tragende Holm der Stahltreppe durch eine mittige Anordnung in der Erscheinung wesentlich zurück und vermindert dadurch bedeutsam die Materialstärke in der Ansicht. Das an sich archaische Material der dunkleren Teakholzstufen greift durch den warmen Charakter des Holzes der Wohnnutzung der oberen Geschosse vor und fügt sich mit der feingliedrigen Detailierung in die moderne Ästhetik des Hauses (Abb. 33, S. 106).
Auch bei Claus en Kaan begründet sich die technische Ästhetisierung aus dem Wunsch nach einer Einfachheit in der Erscheinung, die jedoch in Wahrheit eine hohe konstruktive Komplexität aufweist. Der scheinbaren Simplizität stehen aufwendig hergestellte Konstruktionsdetails und komplexe Fertigungsprozesse der gefalteten Stahltreppe gegenüber. Da die Handläufe ebenfalls äußerst reduziert und nahezu unsichtbar gestaltet sind, präsentiert sich die architektonische Sprache völlig frei von jedem Dekor. Die Verbindung zwischen Wand und Treppe wird derart negiert, dass die Treppe in einer fast künstlerischen Abstraktion aufgeht (Abb. 7).

Viele Treppen der Kategorie »Technische Ästhetik« sind bestimmt durch eine raffinierte Reduzierung der Materialstärke, verbunden mit einer komplexen Durcharbeitung der architektonischen Details von Handlauf, Stufe oder Podest. Durch die Behutsamkeit im Umgang mit diesen Details sind diese Architekturen ideologisch sehr nah an der Formensprache Carlo Scarpas (Abb. 15, S. 24).

Francesco Librizzi studio nehmen einen Engriff in einem historischen Mailänder Stadthaus aus dem Jahr 1900 vor, ähnlich wie es Scarpa in einer Vielzahl seiner Bauten tat. Die zur Verfügung stehende Fläche im Grundriss ist gering, die Raumhöhe dafür imposant. Auf diese Besonderheit der Raumproportionen reagieren die Architekten mit einer minimalen, aber deutlichen Intervention. Die neue Treppe betont das Potenzial des Raums, obwohl sie ihn an sich unberührt lässt (Abb. 8).

Tatsächlich werden diese technisch scheinbar einfachen und minimalistisch anmutenden Treppen oft im musealen Kontext angewandt, um durch die gestalterische Zurückhaltung, verbunden mit einer detailverliebten Handwerkskunst, vielleicht einer raffinierten Ausstellungsvitrine zu ähneln: in Gestalt, konstruktivem Detaillierungsgrad und Wirkung. Aber auch in anderen kulturaffinen Bereichen sind solche Treppen als Leitbilder der umfassenden Entwurfsidee raumwirkend. Dies zeigen beispielsweise die Treppe im Museum Judenplatz in Wien (Abb. 9) oder im »Plastic House« für einen Fotografen in Tokio (Abb. 10).

Die technischen Errungenschaften zeigen selbst in der minimalistischen Architektur noch neue Gestaltungspotenziale auf: Handläufe werden auf dünne Rohre reduziert und das Ornament tritt sachlich und kühl zurück. Der Leitgedanke des Bauhauses, handwerklich hochwertig, aber materialgerecht und ressourceneffizient zu planen, setzt sich weiter durch – und zwar bis heute.
War dies während der Bauhaus-Zeit vor allem eine wirtschaftliche Entscheidung, ist es heute eine Frage der Ökologie und Nachhaltigkeit. Die Besinnung auf kluge, scheinbar einfache Konzepte und Konstruktionen ist sicher weiterhin zielführend und damit zukunftsfähig.

9

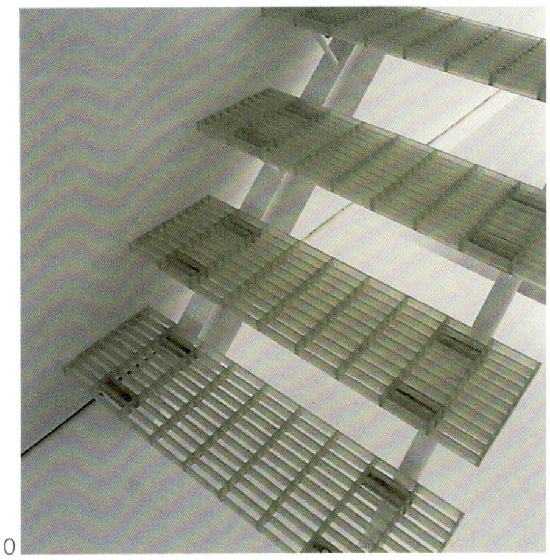
10

11 

12 

13 

Die Sehnsucht nach dem Urtyp
Das Element der originär einfachen Leiter ist auch in der Architektur der Gegenwart bedeutsam. Während die »Himmelsleiter« nicht nur symbolisch, sondern auch gestalterisch ausladend detailliert wurde, sind die zeitgenössischen Leitern vorwiegend zurückhaltend gestaltet und einer »Ökonomie des Raums« verpflichtet, also der Vorgabe, möglichst wenig Platz in Anspruch zu nehmen. Vor allem in Japan, wo Bauflächen rar und daher teuer sind, greifen Architekten häufig auf einfache und extrem steile Treppenformen zurück oder sogar auf die Urform der Treppe – der Leiter – als Methode effizienter Raumausnutzung (Abb. 11). Auch in den angelsächsischen Ländern und den Beneluxstaaten lebt die Tradition der steilen Treppe bis heute weiter fort. Sie leitet den Besucher nach dem Eintreten in die Wohnung fast unmittelbar in die oberen Geschosse.

Das schmale Wohnhaus im Zentrum der Stadt Gent steht mit einer Breite von lediglich 3,5 m beispielhaft für diese Anwendung. Durch die Staffelung des Baukörpers sorgen die Architekten dennoch für eine ausreichende Belichtung und positionieren die Ebenen im Split-Level großzügig und offen zueinander. Die ebenfalls offene Holztreppe gewährleistet die Kommunikation über die Ebenen hinweg und lässt Licht vom Oberlicht bis in die Tiefe des Raums fallen (Abb. 15; Abb. 11, S. 51).

Die Urtreppe in der traditionellen Architektur
Viele zeitgenössische Treppen verweisen in ihrer Archaik auf historische Beispiele der vernakulären Architektur. Die Simplizität der Treppe als bauliches Element zeigen insbesondere die Dogon-Treppen in Mali: aus einem einfachen Baumstamm gehauen, mit einer Astgabel am oberen Ende, um an den Lehmwänden ausreichend Halt zu finden (Abb. 12). Weitere interessante Beispiele sind frühe Siedlungen im jetzigen Nationalpark Mesa Verde in Colorado. Dort wurden rund 600 teils gut erhaltene Felsbehausungen der Anasazi-Stämme gefunden. Cliff Palace ist eine der größten dieser Siedlungen im Mesa-Verde-Gebiet. Eine überhängende Felsnische wurde bereits 1200 n. Chr. genutzt, um dort mit vorhandenen Materi-

14 

11 Eine simple Stiege verknüpft die Wohn- und Dachebene. Roof House, Kanagawa (JP) 2009, Tezuka Architects
12 Songo Getreidespeicher mit Treppe aus Totholz, Dogon (ML) ohne Datierung
13 Aufwendig gebaute Höhlenbehausungen mit einfachen Holzleitern. »Cliff Dwellings« der Anasazi. Mesa Verde, Colorado (US) ca. 1190–1270
14 Das Geländer aus Schwarzstahl nimmt die Bewegung der Stufen wie selbstverständlich auf. Lehmhaus Rauch, Schlins (AT) 2008, Roger Boltshauer und Martin Rauch
15 Einfamilienhaus, Gent (BE) 2010, Dierendonckblancke architecten
a Schnitt, Maßstab 1:200
b Die einfache Holztreppe verbindet im äußerst schmalen Stadthaus die Split-Level.
16 Die archaische Treppe als moderner Klassiker. Casa Barragán, Mexico City (MX) 1948, Luis Barragán
17 Ein dreigeschossiges Haus mit spektakulärer Sicht auf den Ozean, die filigrane Treppe verbindet elegant die Geschosse. Casa 11 Mujeres, Zapallar (CL) 2007, Mathias Klotz
18 Der Betonboden ist seidig weich handpoliert. Belavali House, Kalyan Dombivli/Alibaug (IN) 2012, Studio Mumbai

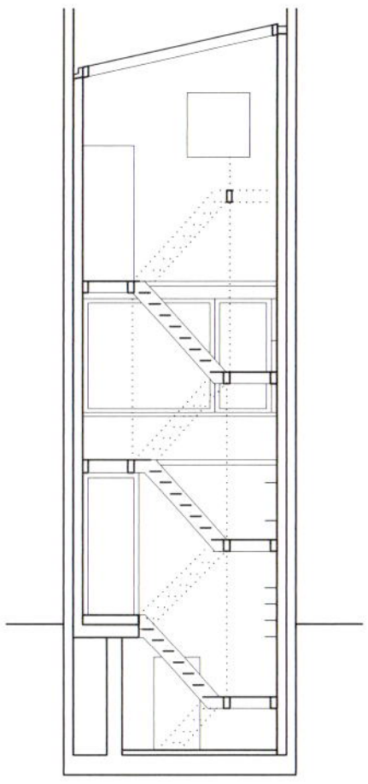

15a

b

alien wie Erde, Wasser, Asche und Sandstein Unterkünfte zu errichten. Hölzerne Leitern verbinden alle Ebenen miteinander. Die Einfachheit und konstruktive Nachvollziehbarkeit dieser historischen Beispiele sind nach wie vor bedeutsam und beeinflussen kontinuierlich die moderne Architektur (Abb. 13).

Analog und archaisch: die Sehnsucht nach dem Urtyp

Roger Boltshauer und Martin Rauch zeigen in ihrem Lehmhaus im österreichischen Schlins die potenzielle Eleganz einer modernen archaischen Treppe (Abb. 14). Die Stufen »wachsen« aus der Stampflehmwand, das Geländer ergibt sich schlüssig aus dem Wendelmoment. Durch ihre Form und Anordnung im Grundriss bedient sie die historische Herleitung zu einer Turmtreppe. Löcher in den Stufen erzeugen ein beeindruckendes Lichtspiel. Auf diese Weise wird zugleich die raue Haptik des Lehms akzentuiert, sodass die Treppe den Raum und dessen Atmosphäre unterstützt, statt nur sich selbst zu genügen. Daher ist sie eher der Schönheit des Handwerks und der poetischen Einfachheit des Materials zuzuordnen, als einer Skulptur, die das Konzept des Hauses stärker herausfordern würde. Die Scharfkantigkeit und Klarheit der Formen sind allerdings derart akzentuiert, dass eine Abkehr vom traditionellen Lehmbau im Dienste einer zeitgemäßen Ästhetik deutlich erkennbar wird.

Es gewinnen Planungsstrategien an Bedeutung, die sehr selbstbewusst mit regionalen Baumaterialien und Traditionen umgehen. Die damit verbundene Philosophie bestimmt auch die konzeptionelle Herangehensweise bei der Planung von Treppen in diesem Zusammenhang. Einer der Pioniere dieser Entwicklung ist zweifelsohne der mexikanische Architekt Luis Barragán. In der Casa Barragán mutet die schlichte Holztreppe zunächst traditionell an. Der umgebende Raum ist aber überaus modern in Form, Proportion, Lichtführung und Farbe. Durch die Verbindung von Tradition und Moderne wird so eine spannende und zeitlose Raumatmosphäre hergestellt (Abb. 16).
Der chilenische Architekt Mathias Klotz folgt der Tradition Luis Baragáns, indem er tradierte Materialien in eine moderne Formensprache überführt (Abb. 17).

Aktuell verkörpert das indische Büro Studio Mumbai um den Gründer Bijoy Jain diese Haltung. Das Studio ist mehr Werkstatt als Büro: In einer Freilufthalle, in der Dutzende Materialproben und Bauelemente lagern und bearbeitet werden, kooperieren Architekten mit Handwerkern in Planung und Ausführung. Die in diesem Umfeld entstehenden Gebäude überzeugen durch eine klare Formensprache und zeitgemäße, großzügige Räume. Die gewählten Materialien, die zum Teil aus historischem Baubestand stammen, weisen eine klare Verbindung zu tradierten Gebäudetypologien auf und bekräftigen die Bedeutung der Handwerkskunst für die Architektur. Für die Treppe zeigt sich dies beispielhaft im Belavali House. Das edel wirkende Treppengeländer aus Tropenholz setzt sich dort bewusst von der homogen gestalteten Wand und den glatten, grau verputzten Stufen ab. Hier wird eine verfeinerte Ästhetik vor allem durch einen sensiblen Materialeinsatz generiert (Abb. 18).

Im alpinen Raum hat sich seit einigen Jahren ein ähnlicher Ansatz entwickelt: Durch die Reduktion von Material und Form entstehen Gebäude, die durch Beziehungen (zum Kontext, zum verwendeten Material, zur Konstruktion) wirken und dadurch »verwurzeln«. Diese Vorgehensweise schließt an eine architektonische Tradition an, die auch in Skandi-

16

17

18

19

20

21

navien – beispielsweise bei Alvar Aalto – prägend war: die Beschränkung auf oftmals nur ein Material, das in einer extremen Raffinesse detailliert und verarbeitet wird. Die Form ist reduziert, und das gesamte Gebäude macht keine dramatische Geste (Abb. 19). Alles erscheint zunächst unprätentiös, aber in der Sorgfalt der räumlichen Disposition und Materialisierung überaus poetisch und im Maßstab zutiefst menschlich. Vielleicht liegt genau in dieser Maßstäblichkeit und formalen Demut auch die Kraft: Wie eine Urhütte schützt diese Architektur, ohne abzuschotten. Das Gebäude entspricht den Menschen, ohne zu überhöhen. In der Alltagstauglichkeit steckt eine verführerische Schönheit (Abb. 20). Dies gilt ganz allgemein für die Architektur, spiegelt sich aber im Besonderen bei der Ausformulierung der Treppen wider.

Die von Ruinelli Associati geplante Konversion eines ungenutzten Stalls in ein Wohnhaus im Dorfkern des schweizerischen Soglio verdeutlicht diese Sorgfalt und Sensibilität dem regionalen Kontext gegenüber. Zum einen wird der lokale Bezug ernst genommen, denn die strengen Innenwände aus Stampfbeton greifen das Motiv der alten Steinmauern des Dorfes auf. Zum anderen spiegelt sich der Umgang mit dem Bestand in der Materialität wieder: Unbehandeltes Eichenmassivholz, Stampfbeton und geschweißter Stahl werden vor Ort mit handwerklichem Geschick und äußerster Präzision eingesetzt. Beeindruckend ist dabei, dass durch die moderne Detaillierung und Verfeinerung tradierter Handwerkstechniken eine zeitgenössische und zeitgemäße Architektursprache mit starker Identität entstanden ist, die auch die Konstruktion der vertikalen Raumerschließung prägt (Abb. 22).

22a

b

Seit den 1990er-Jahren hat Gion Caminada in seinem Heimatort Vrin diverse Bauaufgaben übernommen (Abb. 21). Die Kulturlandschaft des Alpenraums zu erhalten und damit auch das geschlossene Ortsbild wird im Rahmen einer Stiftung ermöglicht: Die Einwohner können Bauland erwerben und es damit der Spekulation entziehen. »Der Alpenraum vereint einzigartige Natur- und Kulturlandschaften mit unverwechselbaren Bauformen, die aus einer jahrhundertelangen Anpassung an die geografischen und klimatischen Bedingungen entstanden sind«, so Caminada. Dabei kommen aber durchaus zeitgenössische Parameter hinzu, die aber das historische kulturelle Erbe um spannende neue Gestaltungen und Techniken bereichern.

Die Arbeiten der beiden letztgenannten Architekten sind davon geprägt, dass sich der entwurfliche Ansatz durch das ganze Gebäude zieht und sich alle Bauelemente einem übergeordneten Ziel unterordnen. Dies gilt im besonderen Maße für die Treppen. Vielleicht verdeutlicht der Erfolg von Gebäuden wie von Gion Caminada oder Armando Ruinelli, dass es eben nicht um das Extreme und das Zur-Schau-Stellen geht, sondern doch in den meisten Bauaufgaben um Intimität und Rückzug, Heimat und Sehnsucht. Die Bauten in Vrin und Soglio sind exemplarisch für die Rückbesinnung auf Tradition, Handwerk, regionale Materialien und Fertigungstechniken.

Mit dem Urbild des Hauses spielen auch Buchner Bründler bei ihrem Ferienhaus im Tessiner Linescio (Abb. 23). Außen noch das urtypische 200 Jahre alte Steinhaus in Strickbauweise aus Granit, ist es innen völlig entkernt und großzügig mit klarer Formensprache in Beton gestaltet. Durch diese Maßnahme wird der Bestand akzeptiert, der Einbau folgt aber einer eigenen Ordnung und Philosophie. Durch das Entkernen wirkt der Raum mit dem Satteldach umso stärker und das archaische Bild vom massiven Haus wird überhöht zu einer künstlerisch anmutenden Ästhetik.

Die Häuser von Thomas Kröger versinnbildlichen die Sehnsucht nach dem Rückzug aus der urbanen Welt. Das Wiederaufleben des Regionalismus wird durch die Angst vor dem sozialen Umbruch und einen Wunsch nach Entschleunigung im eigenen Alltag vorangetrieben. Dadurch ist der Begriff der Heimat, ähnlich wie in den vorausgehenden Beispielen, positiv konnotiert.
Die Treppen der Kategorie »Sehnsucht nach dem Urtyp« sind daher vermehrt in Ferienhäusern zu finden, in denen sich die Städter nach Jahren des globalen und urbanen Nomadentums wieder rückbesinnen und dies im scheinbar engen Kontakt mit der Natur. Dies ist insoweit ein Gewinn für die Architektur, als dass die Wertschätzung von regionalem Handwerk, die reduzierte Formensprache und die zumeist organischen, langlebigen Materialien dann tatsächlich sensibel und verantwortungsvoll auf den Kontext reagieren und somit eine Wertschätzung

23

24

25

19 Alles ein Material und doch sehr differenziert in der Detailierung. Rathaus, Säynätsalo (FI) 1952, Alvar Aalto
20 Schlichtheit in Materialität und Form. Wohnhaus »Creek House«, Skåne (SE) 2014, Tham & Videgård
21 Neu und doch schon immer dagewesen. Metzgerei, Vrin (CH), Gion Caminada
22 Haus RM, Soglio (CH) 2009, Ruinelli Associati
a Der ehemalige Stall wird mithilfe der Materialität ideell fortgeführt.
b Stampfbeton und unbehandelte Eichenmassivholzstufen prägen die offene Treppe.
23 Casa d'Estate, Linescio (CH) 2008, Buchner Bründler Architekten
24 Aktuelle Formensprache und Respekt vor dem Ort, der Landschaft und der Tradition. Landhaus, Uckermark (DE) 2014, Thomas Kröger
25 Ruhe und Kraft auf dem rohen Gussasphaltboden, der den Wohnraum mit den Schlafbereichen verbindet. Werkhaus Gerswalde (DE) 2013, Thomas Kröger

Raumkörper vs. körperlose Treppe

1

2

3

Eine Treppe kann als eigenständiger Körper in Erscheinung treten und damit eine neue oder weitere Raumerfahrung initiieren oder auch beinahe körperlos vor dem Charakter des Baus, seiner Materialität und klaren Raumordnung zurücktreten. Dies zeigt deutlich, wie unterschiedlich Treppen die Wahrnehmung und Gesamtwirkung von Raum beeinflussen können.

Raumkörper

In der Wahrnehmungslehre wird viel über die psychologische Wirkung von Raumproportionen und Materialien im Innenraum geforscht. Dabei stellt sich heraus, dass ein wohlproportionierter, klar strukturierter und präzise gefasster Raum positiv wirkt, da er weder erdrückt, noch sich erhebt [1]. Die Treppe als Raumkörper kann deshalb aufgrund ihres optischen Gewichts einen wichtigen Beitrag für die als angenehm empfundene Strukturierung des Raums leisten. Bei der Gestaltung des Treppenraums als eigenständiges Volumen lässt sich von zwei Grundtypen ausgehen: Zum einen sind das Treppen, die seitlich raumbegleitend angeordnet sind und durch die meist opake Gestaltung wie versteckt wirken. Hier bleibt die Nutzung des Raums mehr oder minder unbeeinflusst von der Treppe. Zum anderen sind Treppen gemeint, die durch die Positionierung ihres Volumens den Raum in mehrere Teile zergliedern. Hier ist die Treppe Mittel zur Zonierung und ersetzt damit eine Trennwand. Durch das Abrücken an eine Zimmerseite und gegebenenfalls eine zusätzliche vertikale Trennung mit einer Wand wird der Raum volumetrisch verkleinert, durch eine zentrale Positionierung wird er geteilt. Die klare Raumkonzeption bleibt in beiden Fällen aber erhalten. Hervorzuheben ist in diesem Zusammenhang, dass die Treppe als Raumkörper nicht die formale und materielle Eigenständigkeit besitzt, wie die Treppe als Skulptur. Der Treppenkörper fügt sich immer noch in das Gesamtkonzept des Gebäudes ein, während die Skulptur als Objekt eher losgelöst und frei wirkt.

Der Treppenkörper als raumtrennendes Element

Um die Körperhaftigkeit und die Kraft der Raumgliederung zu stärken, können die Treppen dieser Kategorie mit massiven und materialstarken Konstruktionen sowie mit undurchsichtigen und geschosshohen Brüstungen versehen werden. Dabei bietet sich die Treppe insbesondere als Element der Trennung und Abgrenzung verschiedener Nutzungszonen an: Katsutoshi Sasaki teilt in seinem Mehrgenerationenhaus in Okazaki beispielhaft den Salon von der Küche ab. In der dicken Treppenwand lagern zudem Schiebetüren, die es ermöglichen, die Zimmer vollständig abzutrennen (Abb. 1).

Im mittlerweile abgerissenen Gebäude des Bekleidungsgeschäfts »hh style« in Tokio positionierten SANAA die Treppe als einen nach oben führenden Schacht im Raum und trennten so den Eingangsbereich auf der einen Seite von den Hochregalen auf der anderen. Die transparente Absturzsicherung unterstrich zwar den Schachtcharakter und betonte den eigenständigen Treppenkörper, bot durch die Verglasung aber spannende Sichtbezüge über die einzelnen Zonen hinweg (Abb. 2).

Auch savioz fabrizzi architectes nutzen das Treppenvolumen, um in einem Chalet im schweizerischen Val d'Hérens den Innenraum zu gliedern. Die Treppe steht hier als bestimmendes Element zentral in der Mitte des Gebäudes und zoniert zwei Ebenen in einzelne Funktionsbereiche. Zusätzliche Trennwände sind dadurch weitgehend verzichtbar. Durch

1 Die Treppe wirkt als hybride Wandscheibe, die das Materialkonzept des Raumes nicht beeinträchtigt. Mehrgenerationenhaus, Okazaki (JP) 2013, Katsutoshi Sasaki + Associates
2 hh style, Tokio (JP) 2000, SANAA
3 Die Treppe als Betonkörper gliedert den Innenraum. Chalet, Val d'Hérens (CH) 2013, savioz fabrizzi architectes
4 Haus am Moor, Krumbach (AT) 2013, Bernardo Bader
5 Casa dos Cubos, Tomar (PT) 2007, Embaixada arquitectos
a Das Volumen der Treppe entwickelt sich bis ins Obergeschoss.
b Die Treppe als Volumen trennt den Raum.

4

die Materialwahl bildet der Treppenkörper einen starken Kontrast. Der raue Beton setzt sich von den restlichen, gänzlich holzverkleideten Wänden deutlich ab (Abb. 3).

Embaixada arquitectos führen das volumetrische Erscheinungsbild der Treppe noch weiter: Das Volumen der zweiläufigen Treppe in der Casa dos Cubos in Tomar entwickelt sich plastisch und frei im zweigeschossigen Luftraum zum Obergeschoss. Im Material von den umgebenden Wänden abgesetzt, bilden die Treppe und das obere Volumen eine eigenständige »Box in der Box«. Dadurch wirkt die räumliche Trennung nicht nur vertikal, sondern auch horizontal (Abb. 5).

Wie es möglich ist, durch die gliedernde Funktion des Treppenkörpers unterschiedliche Nutzungsbereiche auf zwei Ebenen architektonisch herauszuarbeiten, zeigt sich am Beispiel des Wohnhauses in Krumbach von Bernardo Bader. Das Erdgeschoss ist in grauem Sichtbeton, der Treppeninnenraum aber in Weißtanne ausgeführt, wodurch dieser stark in sich gekehrt wirkt. Im Obergeschoss wird das Holz, das den Treppenraum innen akzentuiert, als Oberfläche an den Wänden weitergeführt. Die Treppe dient hier also bewusst der funktionalen vertikalen Trennung zwischen dem privateren Obergeschoss und dem öffentlicheren Erdgeschoss und bildet durch den Materialwechsel zwischen den zwei Bereichen eine subtile Schwelle. Die raumbildenden Elemente und das Material wirken dabei sehr eng zusammen (Abb. 4).

Eine ganz andere Form der Treppe als trennendes Element zeigen RAAAF Architekten auf. Sie zerschneiden einen

5a

b

6a

b

der mehr als 700 zwischen 1815 und 1940 errichteten Bunker an der militärischen Verteidigungslinie in den Niederlanden in zwei Teile. Der »Bunker 599« tritt in der Erscheinung zugunsten der ein Meter breiten Achse zurück, die vom Weg durch die Landschaft zum See führt. Die Treppe hinunter zu dieser Skulptur und weiter zum Wasser wird eins mit der erzeugten visuellen Achse hin zum Meer und verschmilzt dadurch mit der umgebenden Landschaft (Abb. 7).

Der Treppenkörper als raumbegleitendes Element
Der Benediktinermönch und Architekt Dom Hans van der Laan verwendet bei seiner Planung der Abteien Roosenberg in Waasmunster und St. Benedict in Vaals ein auf seinen theoretischen Schriften zum architektonischen Raum basierendes Proportionssystem als Grundlage für den Entwurf. [2]
Die Gebäude wirken beinahe abstrakt in ihrer rationalen Ordnung aus Wänden und Säulenreihen, bieten aber in ihrer fundamentalen Klarheit und Gesetzmäßigkeit spannende Räume, die vor allem durch die rauen, haptischen Oberflächen wirken. Van der Laan wollte zu einer »nobilis simplicitas«, einer edlen Einfachheit, gelangen und griff deshalb auf elementare Entwurfsformen zurück. Vergleichbar mit einer Fuge Johann Sebastian Bachs entfaltet sich durch die angewandte mathematische Komposition einfacher Elemente Harmonie und Schönheit. Die Treppen in diesen beiden Abteien wirken sehr körperhaft, nicht nur aufgrund ihrer monolithischen Ausbildung. Sie beeinträchtigen die vorherrschende Raumwirkung kaum, da sie seitlich am Raum anliegen. Die massive, schräge Treppenbrüstung der Abtei St. Benedict setzt sich deutlich von der vertikalen Ordnung der raumbestimmenden vertikalen Stützen ab (Abb. 6a). Dagegen schiebt sich die monolithische Treppe in der Abtei Roosenberg aus ihrer Nische nur so viel in den Vordergrund, dass die Ordnung gerade soweit gebrochen wird, um in der räumlichen Ordnung eine Spannung verbunden mit einer Orientierungsmöglichkeit entstehen zu lassen. Diese Wirkung wird durch die raffinierte Lichtführung verstärkt (Abb. 6b).

Oft lassen sich auch bei dem Typ Raumkörper Anklänge an die Himmelsleiter finden, vor allem, wenn ein Dachfenster den Treppenraum belichtet. Die Treppen in dieser Kategorie sind jedoch stärker mit der Umgebung verwoben und entwickeln sich logisch daraus. Im Haus in Ajuda von Aires Mateus kann man erkennen, wie eine ans Licht führende Treppe als Raumkörper wirkt (Abb. 11c). Die sich entlang einer Haustrennwand entwickelnde Schlucht der Treppe erzeugt im Raum eine volumetrische Spannung. Aus dem Volumen des Obergeschosses entsteht eine dreieckige Brüstung, die mit der Spitze auf den Boden des Erdgeschosses trifft (Abb. 11b). Diese Engpässe sind bewusst spannungsreich inszeniert. Der Schnitt durch das Gebäude zeigt, wie sehr der Raum aus einem bildhauerischen Verständnis mit dem Motiv von positiv zu negativ entwickelt ist (Abb. 11a). Auch die Modellarbeiten für das Projekt Belem Bom Sucesso in Lissabon zeigen beispielhaft diese skulpturale Entwurfshaltung in den Arbeiten von Aires Mateus (Abb. 10).
Ähnlich wie beim Haus in Krumbach wird das Entwurfsprinzip zweier unterschied-

7

8

9

10

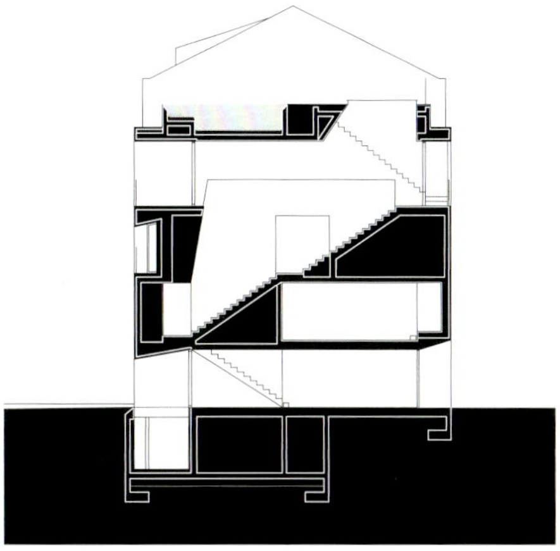

11a

11b

lich ausformulierter Geschosse durch die Treppe des Hauses W in Martinzell widergespiegelt. Vom Erdgeschoss, ausgebildet als Betonsockel, gelangt man in einen aufgesetzten hölzernen Baukörper mit Satteldach. Diesen Dialog greifen die Architekten auf, indem sie auch die Treppe zweiteilen und den oberen hölzernen Teil frei und mit einer Stufe Abstand über dem Antritt aus Beton schweben lassen (Abb. 8).

Die häufig verwendeten raumhoch geschlossenen, meist sogar als Geländer im oberen Geschoss fortgeführten Wandelemente führen visuell und volumetrisch die Treppe ins obere Geschoss fort.
Die Eigenständigkeit ihres Volumens wird noch weiter bekräftigt, wenn die Treppe, wie im Beispiel des Schwarzen Hauses von SoHo Architekten, nicht auf dem Boden auflagert, sondern zu schweben scheint (Abb. 9).
Allen Treppen in der Kategorie Raumkörper ist zumeist gemein, dass in erster Linie beim Entwurf eine Entwicklung im Schnitt von Nöten ist, um das Ineinander des Nutzraums mit dem Treppenraum entwickeln zu können.

11c

6 Abteien von Dom Hans van der Laan
 a Abtei St. Benedict, Vaals (NL) 1968
 b Abtei Roosenberg, Waasmunster (BE) 1974
7 Treppe und Weg »zerschneiden« den Raum. Bunker 599, Zijderveld (NL) 2013, RAAAF / Atelier de Lyon
8 Analogie zur traditionellen Bauweise ländlicher Hanghäuser in der Region: Holzbau auf Betonsockel, Haus W, Martinzell (DE) 2001, Becker Architekten
9 Schwarzes Haus, Memmingen (DE) 2008, SoHo Architekten
10 Belem Bom Sucesso, Lissabon (PT) 2015, Aires Mateus
11 Haus in Ajuda (PT) 2014, Aires Mateus
 a Der Schnitt zeigt das Spiel mit den Volumina.
 b Die Treppe als diagonales Volumen.
 c Die zum Licht führende Treppen scheint sich optisch zu verjüngen.

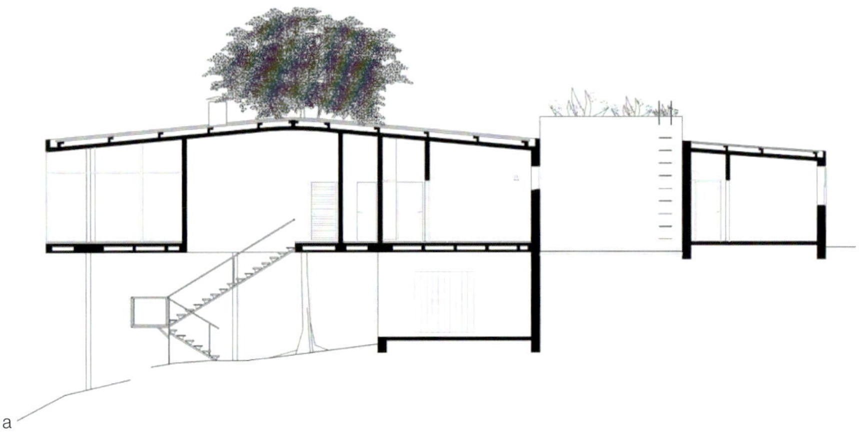

12a

b

Körperlose Treppe

Geht es bei der Treppe als Raumkörper stets um ein eigenständiges Volumen, das selbstbewusst Raum beansprucht, so ist es das Ziel der körperlosen Treppe, den eigentlichen Raum wirken zu lassen und somit in der Ausgestaltung eher zurückhaltend aufzutreten. Die aufgelöste Treppe wirkt ausschließlich zwischen zwei Ebenen. Begleitet von sehr reduzierten (falls überhaupt vorhandenen) Geländern und Handläufen wird diese Art Treppe lediglich vom Boden des unteren bis zum Boden des oberen Geschosses gezogen und tritt im Ankunftsgeschoss nicht mehr in Erscheinung. Versucht man, die Treppe konstruktiv so filigran wie möglich auszubilden, verliert sie die zuvor beschriebene Körperhaftigkeit. Das diagonal liegende Volumen löst sich auf in die horizontalen Trittstufen und die vertikale Absturzsicherung. Damit scheint der umgebende Raum unbeirrt weiter zu laufen, die Stufen schweben in die Höhe und führen feingliedrig und scheinbar schwellenlos auf die nächste Ebene. In den meisten der gezeigten Beispiele wird der Bodenbelag auf den Treppenstufen weitergeführt, sodass auch in der Aufsicht sämtliche Einzelteile eins werden und die Grenzen verschwimmen. Die Stufen sind oft so dünn wie möglich ausgebildet, liegen auf einer sehr reduzierten Konstruktion auf oder kragen völlig frei aus.

13

Lina Bo Bardi, eine italienische Architektin, realisiert 1951 eine technisch raffinierte, heute immer noch modern anmutende Treppe unter dem eigentlichen Gebäude, der Casa de Vidrio in Brasilien, und unterstützt auf diese Weise den vorherrschenden Eindruck von Leichtigkeit. Das gläserne Haus scheint über dem tropisch bewachsenen Gelände am Hang zu schweben. Durch einen weiteren Ausschnitt in der Decke ragt ein Baum durch das Haus. Die Treppe stellt damit ähnlich wie der Baum eine Verwurzelung mit der Erde und somit eine Art Verbindung zur Natur her. Dem schmalen Erdgeschossriegel vorangestellt, führt die filigrane Stahlkonstruktion der Treppe von der unteren, fast naturbelassenen Ebene über Holzstufen in das eigentliche Wohngeschoss des Hauses (Abb. 12). Die einzelnen Stufenauflager sind durchlässig, Absturzsicherung und Handlauf wirken als eine dezente und dadurch elegant reduzierte Linie.

Wie eine extrem filigrane Detaillierung den eigentlichen Raumeindruck ins Gegenteil verkehren kann, sieht man in Jesús Aparicios grandioser Umnutzung einer ehemaligen U-Bahn-Station in Ausstellungs- und Vortragsräume in Madrid (Abb. 13). Der vormals karge Verkehrsbau erhält durch die sorgfältig detaillierte Treppe eine ganz eigene Eleganz, der starke Charakter des Bauwerks bleibt bewahrt und der Raum erscheint trotz der zentral liegenden Treppe wie eine Einheit. Die Abhängung – zugleich Absturzsicherung – ist so fragil ausgearbeitet, dass sie optisch in den Hintergrund tritt. Die Treppe ist deshalb »körperlos«, weil sie zurückhaltend den Raumeindruck unterstützt.

12 Casa de Vidro, São Paulo (BR) 1951, Lina Bo Bardi
a Schnitt, Maßstab 1:250
b Wie ein Baum wächst auch die Treppe von unten in das Haus.
13 Die Treppe löst sich auf in Tritt und Abhängung/Absturzsicherung. Dokumentationszentrum für Architektur in Madrid (ES) 2016, Aparicio + Fernández-Elorza
14 »Aufgelöste« Absturzsicherung. Apartment/Bürogebäude, Tienen (BE) 2007, Office AST 77
15 Die Raumebene hebt sich ab und verlängert sich nach oben. Wohnhaus, Neusäß (DE) 2012, Manfred Lux
16 Transparenz und Eleganz. Old House Canal Grande, Venedig (IT) 2011, Kengo Kuma & Associates
17 Gewebe als Absturzsicherung und gefaltete Stahltreppe im Steel House, Tokio (JP) 2007, Kengo Kuma & Associates

14

Ein schmales Haus in Tienen beherbergt neben dem Büro der belgischen Architekten AST 77 auch eine Wohnung. Innen verbindet eine perforierte schwarze Stahltreppe die Bürofläche mit den Wohnräumen. Dabei unterstützt die Treppe den Wunsch nach Transparenz und Offenheit und greift dennoch das kontrastreiche Gestaltungskonzept auf. Die zarten Stahlseile sowie die gewählte Farbigkeit versuchen den Raumfluss von einer in die andere Ebene nicht mehr als nötig zu beeinträchtigen (Abb. 14).

Auch Manfred Lux löst das Volumen der Treppe in einem Wohnhaus in Neusäß konstruktiv auf, sodass sie das Körperhafte verliert und sich in eine Schichtung einzelner liegender Stufen verwandelt. Im zentral angeordneten, offenen Treppenraum kragen die hölzernen Stufen von der Wand aus und nehmen in ihrer Materialität das Holz des Bodenbelags auf. Die vertikalen Bauteile, in grob gestocktem Sichtbeton ausgeführt, heben sich kontrastierend davon ab. Das statisch wirkende Material Stahl sowie die notwendige Unterkonstruktion in der Wand sind hingegen nicht sichtbar. Auf einen Handlauf oder ein Geländer wird zur Unterstützung der intendierten Wirkung bewusst verzichtet (Abb. 15).

Kengo Kuma verdeutlicht in zweien seiner Bauten, wie sich besondere Materialeigenschaften für ein körperloses Erscheinungsbild nutzen lassen. Für den Fliesenhersteller Casalgrande Padana transformiert das japanische Architekturbüro ein altes Backsteinhaus in eine Galerie. Das Entwurfskonzept der Treppe stellt die besonderen Eigenschaften einer keramischen Fliese in den Vordergrund und demonstriert dabei vor allem eine neuartige Leichtigkeit, die mithilfe dünner, aber tragfähiger Fliesen umgesetzt wird. Mit ihren auskragenden, scheinbar schwebenden Stufen stellt sie die ursprüngliche Verwendung von Fliesen auf den Kopf, die in der Regel nur als Deckschicht auf einem Untergrund dienen. Aufgrund technologischer Neuerungen können Fliesen nun aber sehr viel leistungsstärker und in größeren Formaten hergestellt werden. Die Kraft des Materials bei gleichzeitiger dünner, eleganter Erscheinung wird hier demonstrativ zur Schau gestellt. Der Antritt der Treppe entwickelt sich aus einer keramischen Schüttung, dem Ausgangsmaterial der Fliese; eine transparente Brüstung aus Glas tritt komplett in den Hintergrund (Abb. 16).

Ganz anders wird das Thema der Leichtigkeit im Steel House in Tokio umgesetzt. Eine extrem dünne, durch die Faltung ausgesteifte Stahltreppe ist lediglich durch ein feines, kaum sichtbares Metallgewebe gesichert (Abb. 17). Obwohl bei beiden Treppen auch eine technische Ästhetisierung der verwendeten Materialien von Bedeutung ist, bestechen sie vor allem durch ihre filigrane, körperlose Erscheinung, durch die sie sich scheinbar ohne jede Anstrengung in die Höhe des Raums entwickeln. Ihr Schnitt entspricht dabei nahezu einem abstrakten Piktogramm und setzt sie in dieser Radikalität in einen starken Kontrast zu den massigen Treppen der Kategorie Raumkörper.

15

16

17

Anmerkungen

[1] Loidl, Hans; Bernard, Stefan: Freiräume. Entwerfen als Landschaftsarchitektur. Basel 2003
[2] van der Laan, Hans: Der architectonische Raum. Leiden, New York, Köln 1992

Möbel und Bestandsergänzung

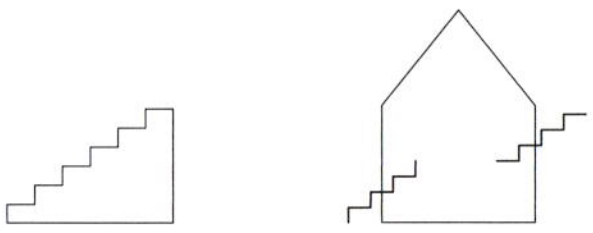

1 japanischer Schrank »Kaidan Tansu«, alleinstehend
2 Haus im Wald mit einer Möbeltreppe aus Holz. »Casa in una pineta«, Marina di Castagneto Carducci (IT) 2011, Massimo Fiorido Associati und sundaymorning
3 Layer-House, Kōbe (JP) 2003, Hiroaki Ohtani
  a raumbestimmende Betonlamellen
  b Betonlamellen filtern das Licht und organisieren das Haus.
4 Itami House, Itami (JP) 2012, Tato Architects
  a Die Treppe choreografiert den Raum.
  b Die Möbel sind als Teil der Treppe integriert.
  c Der Esstisch kragt in den Treppenraum.

1

2

Treppen dieser Kategorien sind dadurch charakterisiert, dass sie entweder eine zusätzliche Funktion innehaben oder nachträglich und ergänzend in einem Bestand Nutzungen ermöglichen. Die Treppe als Möbel sowie als Bestandsergänzung wirkt nicht abstrakt und objekthaft wie eine Skulptur, sondern ist ein vielfältiges Bauelement: Dabei dient die Treppe nicht nur der Verbindung zweier Ebenen, sondern bietet weiteres räumliches, konzeptionelles und vor allem funktionales Potenzial. Im Bereich der Bestandsergänzung setzt sich das verwendete Material dabei oft von der Umgebung ab, sodass die Treppe wie eine in den bestehenden Raum eingefügte Intarsie erscheint.

Möbel
Parameter, die das Raumvolumen begrenzen wie beispielsweise beengte Grundstücke, begrenzte finanzielle Budgets, topografische Besonderheiten oder minimalistische Raumkonzepte führen aufgrund der angestrebten Reduktion der Mittel vermehrt zu einer Zusammenlegung und Optimierung von Einbauten in einem »hybriden« Treppenmöbel, also einer Kombination aus Treppe, Schrank und/oder Regal.

Hybride Treppen in Japan
Insbesondere Japan ist durch die begrenzt zur Verfügung stehende Fläche und die hohen Immobilienpreise Vorreiter in der Tradition dieser hybriden Treppen. Jeder Raum wird genutzt, und es sind diverse Hilfsmittel auf dem Markt, mit denen sich beispielsweise Kleider zusammenpressen lassen, um platzsparend in den verschiedenen, stets zur Wohnung gehörenden Schränken (»Tansu«) verstaut zu werden. »Kaidan Tansu«, sogenannte Treppenschränke sind weit verbreitet und dienen bereits im traditionellen japanischen Haus sowohl als Stauraum wie als Aufstiegshilfe zum Dach (Abb. 1). Aus handwerklicher Sicht betrachtet stellen diese Schränke eine kooperative Arbeit zwischen Schreiner, Lackierer und dem Schmied dar – mit der Hauptverantwortung beim Schreiner, der für die wichtige Auswahl des Holzes zuständig war: Das sind für die Herstellung der Möbel im japanischen Innenausbau z. B. Holzsorten wie Blauglockenbaum (kiri), Sicheltanne (sugi) und Zelkove (keyaki). Die Schränke sind außenseitig klar lackiert und durch schmiedeeiserne Beschläge ergänzt, die neben ihrer rein funktionalen Bedeutung auch als schmückende Elemente dienen. In den Tansu manifestierte sich historisch betrachtet der wirtschaftliche Status seines Nutzers. Sie wurden aber auch verwendet, um wichtige Dokumente in den Schubladen aufzubewahren und sind aktuell in Japan immer noch ein sehr gebräuchliches Möbelstück.

Auch heute kommen aufgrund des Platzmangels Hybride aus räumlichen Elementen und Möbeln zahlreich im Land zum Einsatz, denn selbst in japanischen Vororten sind die Grundstückspreise nach wie vor exorbitant hoch. In der Nähe von Osaka entwickeln Tato Architects auf einem Grundstück von knapp 60 m² ein Wohnhaus für eine Familie mit 95 m² Wohnfläche auf 35 m² Grundrissfläche. Auf dermaßen optimierter Fläche ist kein Platz für Abstellräume. Raumbildende Elemente werden deshalb zu Möbelstücken und umgekehrt. Dabei dient beispielsweise die Schublade einer Kommode als Treppenstufe und der Treppenraum wird durch eine Tischplatte durchkreuzt. Möbel und Architektur werden eins (Abb. 4).

Das Minihaus von Hiroaki Ohtani steht ebenfalls auf einem sehr kleinen, nur

3a

b

33 m² umfassenden Grundstück in Kōbe, einer Stadt, die für ihre hohen Immobilienpreise bekannt ist. Die enge Grundfläche bestimmt den Lebensstil einer jungen Familie radikal: Einzelne, abgeschlossene Räume und Platz für extra Stauraum sind nicht realisierbar. Trotz der beengten Platzverhältnisse bieten ein effizient gestalteter Grundriss und der innovative Schnitt eine hohe Wohnqualität. Zusätzlich bestehen die Wände aus einem Fertigteilsystem, in dem die Bewohner verschiedene Objekte vielseitig und je nach Bedarf einfach per »plug-in« einstecken können. Durch das Oberlicht fällt natürliches Licht in den Raum, das an der Fassade durch Betonlamellen gefiltert wird. Das Motiv der Lamelle ist durch die Verwendung an der Außen- und Innenwand raumbestimmend. Dafür wurden über 1800 Betonfertigteile von Hand an gespannten Stahlstäben aufgefädelt und übereinander geschichtet. Sie sind dominierendes Gestaltungselement, aber zugleich auch Tragsystem, raumabschließende Wand und Ankerpunkt für diverse Ablagen, Sitzgelegenheiten und vor allem Auflager für die Treppen (Abb. 3).

Die Treppe als Möbel

Beim »Haus im Pinienwald« im italienischen Marina di Castagneto Carducci wurde die innen liegende Treppe, ähnlich einer japanischen »Kaidan Tansu«, zu einem Regal erweitert, bei dem die Setzstufen als Regalwangen im engen Rhythmus weiterlaufen und die auftretenden Vertikalkräfte nach unten ableiten (Abb. 2). Die Regalbretter sind alternierend auf der Höhe der Trittstufen angeordnet. Durch den Wechsel nehmen sie die Geometrie der Treppe als Thema auf und betonen den vertikalen emporstrebenden Treppengestus. Durch die eben-

4a

b

c

5

6

7a

b

falls als Regal ausformulierte Rückwand, die auch als Geländer dient, erscheint der gesamte Einbau sehr homogen und äußerst kompakt und geschlossen. Auf eine Absturzsicherung wird bewusst verzichtet.

Auch im slowenischen Wohnhaus von dekleva gregorič arhitekti steht nur ein relativ begrenztes Angebot an Fläche zur Verfügung. Das Erdgeschoss funktioniert in erster Linie als offen gestalteter Raum mit einer Vielzahl großartiger Aussichten in die umgebende Landschaft. Im Gegensatz dazu ist das Obergeschoss sehr privat und lässt über Dachfenster lediglich Blicke in den Himmel zu. Die Treppe des Hauses interpretiert den Typus der Sambatreppe mit versetzten Auftritten neu und setzt sich aus zwei Komponenten zusammen: zum einen aus kastenförmigen Stufen, die zusätzlich als Stauraum genutzt werden können, zum anderen aus vertikal aufgereihten Metallstäben, die als Aufhängung der Kastenelemente und gleichzeitig als Absturzsicherung dienen. Ihre Zusatzfunktion wird allerdings etwas versteckt: In der seitlichen Ansicht komplett geschlossen und schlicht gestaltet, offenbart sich der zusätzliche Platz für Bücher oder Ähnliches nur auf der Rückseite (Abb. 5; siehe auch »Wohnhaus in Vrhovlje«, S. 82ff.). Aus der Kombination der Funktion Treppe und Lagerfläche entsteht ein neuartiges Raummöbel, das durch seinen originären Ansatz besticht.

Amir Zinaburg präsentiert mit seiner Square Staircase ein filigranes Stahlgerüst, das Treppe, Regal und Kunstwerk in einem ist. Das aufgelöste dünnrohrige Treppengerüst erweitert zwar auch den knapp bemessenen Wohnraum geringfügig um repräsentative Stellfläche, ist vor allem aber Kunstobjekt in dem ansonsten sehr nüchternen Raum (Abb. 6).

Wie eine hybride Treppe sich zu einem raumgreifenden Möbelstück erweitert, zeigt das Spiel- und Schlafmöbel von h2o architects in einem Pariser Altbau. Dieses demonstriert den Versuch, durch integrierte Stau-, Arbeits- und Spielflächen ein aufgeräumtes Kinderzimmer zu hinterlassen. Bei diesem Möbel stehen die Treppennutzung und die anderen funktionalen Angebote gleichberechtigt nebeneinander. Die kompakte Körperhaftigkeit und der farbige Anstrich betonen das in den Raum eingestellte Volumen. Drei Stufen führen zu einer Tür, durch die das Einbaumöbel betreten werden kann. Die Treppe führt dann im Inneren auf die obere Schlafebene (Abb. 7). Durch die gewählten Motive von Tür, Fenster, Treppe sowie die Zweigeschossigkeit erscheint das Möbel als »Haus im Haus«.

Bestandsergänzung

Aufgrund der rückläufigen Zahl an Neubauten nimmt das Bauen im Bestand eine immer wichtiger werdende Rolle ein. Gerade in diesem Bereich sind häufig neue oder zusätzliche Treppen eine unverzichtbare Ergänzung, beispielsweise als Flucht- oder Rettungsweg. Die Notwendigkeit der Treppe ist häufig einer Nutzungsänderung geschuldet. Auch wenn die Treppe im Ergebnis ein andersartiges Element darstellen, ein anderes Material verwenden oder eine andere Sprache als der Rest des Gebäudes sprechen kann, so ist sie doch immer aus der Beschäftigung mit dem Bestand zu entwickeln, um sich erfolgreich integrieren zulassen.

Der Dialog zwischen Alt und Neu

Um dem dringenden Bedarf des Kunstmuseums des Landes Sachsen-Anhalt nach weiteren Ausstellungsräumlichkeiten gerecht zu werden, entwerfen Nieto Sobejano Arquitectos bei der Sanierung der Moritzburg in Halle ein Dach, das sie

5 Kompaktes Haus, kompaktes Treppenmöbel. Wohnhaus »Compact Karst House«, Vrhovlje (SI) 2014, dekleva gregorič arhitekti
6 Square Staircase, Islington House, London (GB) 2015, Amir Zinaburg
7 Spiel- und Schlafmöbel, Paris (FR) 2009, h2o architects
a Die Treppe vereint mehrere Spieletagen.
b Das Möbel als Einbauobjekt im Altbau.
8 Bestand gegen zeitgenössische Intervention: Der Schwarzstahl setzt sich deutlich vom Bestand ab. Moritzburg, Halle (DE) 2008, Nieto Sobejano Arquitectos
9 Besucherzentrum Castillo de la Luz, Las Palmas Gran Canaria (ES) 2004, Nieto Sobejano Arquitectos
10 Kulturzentrum auf den Azoren (Arquipélago – Centro de Artes Contemporâneas), Ribera Grande (PT) 2014, Menos é Mais Arquitectos
a monolithische Treppe
b Holztreppe

8

9

auf einen bis dato nicht genutzten, ruinösen Teil des historischen Bestands aufsetzen. Vom Dach abgehängt gliedern zusätzliche Galerien und Erschließungselemente den Raum komplett neu. Die Einbauten setzen sich in Materialität und Formgestaltung deutlich vom historischen Baubestand ab. Dieser Dialog zwischen Alt und Neu ist sehr bewusst geführt: Die neuen Elemente der Museumsnutzung heben sich durch den weißen Anstrich von den Natursteinwänden ab. Ebenso akzentuieren die Treppen den Bestand bewusst (Abb. 8). Ergänzte Fluchttreppen und Aufzüge im Kern des Gebäudes sowie neue Fensterfassungen in den Ausstellungsräumen erlauben wieder eine zeitgemäße Nutzung der historischen Räumlichkeiten.

Die Bestandsergänzung ist, wie der Name schon suggeriert, ein sensibler Umgang mit dem, was bereits vorhanden ist. Selbst bei sehr viel stärker objekthaft in Erscheinung tretenden Treppen wie im Besucherzentrum auf Las Palmas desselben spanischen Architektenteams (Abb. 9) ist die Treppe immer der Atmosphäre des Raums unterworfen. Hier führen Nieto Sobejano mithilfe der Treppe und der Laufwege eine neue Besucherachse durch das Gebäude. Gerade im historischen Kontext fällt das Material korrodierter Stahl auf, bietet es doch durch die materialimmanente Patina ebenso ein zeitliches Element wie auch das Gebäude selbst.

Beim Kunst- und Kulturzentrum Arquipélago auf der Azoreninsel São Miguel ergänzen Menos é Mais Arquitectos die frühere Alkohol- und Tabakfabrik mit zwei weiteren Gebäuden, die als Kunst- und Kulturzentrum, Lager, Multifunktionsraum und Werkstätten dienen. Die neuen

10a

b

11 

11 Neues Museum Berlin (DE) 2009, David Chipperfield Architects
12 Watertower, De Weerribeben-Wieden National Park, Sint Jansklooster (NL) 2014, Zecc Architecten
13 Treppe, Beleuchtung und Vitrine im Südtiroler Landesmuseum für Kultur- und Landesgeschichte, Schloss Tirol (IT) 2003, Walter Angonese und Markus Scherer mit Klaus Hellweger
14 Kohlenwäsche, Zeche Zollverein Essen (DE) 2010, hg merz
15 Stadthaus »Black Pearl«, Rotterdam (NL) 2010, Studio Rolf.fr

monolithischen Gebäude orientieren sich in Volumen und äußerer Form am Bestand und fügen sich mit ihrer anthrazitfarbenen Betonoberfläche unauffällig ein in die umgebenden Gebäude aus dunkelgrauem Naturstein der Region. Die Bestandsgebäude aus dem späten 19. Jahrhundert dagegen wurden entkernt und umfangreich saniert, sodass durch Kubatur und Materialität ihre Entstehungsgeschichte und -ort noch ablesbar bleiben. Die Treppen im Inneren spiegeln dieses Wechselspiel der Kontraste wider (alt – neu, roh – glatt, hell – dunkel etc.): In den kühl wirkenden Räumen sind handwerklich differenzierte Treppen ein deutlicher und wohltuender Kontrast, während sie in den historischen Industriehallen als kompakte schnörkellose Körper eher objekthaft wirken. Die Einbauten reagieren also ganz individuell auf die räumliche Situation. Es gibt keine gemeinsame Sprache, sondern die Architekten interpretieren durch die Treppen das Umfeld jeweils neu – beispielsweise als Wendeltreppe mit einem elegant wirkenden Geländer aus Messing oder als auffächernde Holztreppe, deren konstruktiv klar gegliederte Brüstung sich in der oberen Ebene weiterzieht (Abb. 10b).

David Chipperfields Treppe beim Umbau des Neuen Museums in Berlin hingegen folgt in Form, Verlauf und Volumen dem historischen Original von Friedrich August Stüler. In der monolithischen, fast fugenlosen Ausbildung aus weißen Betonfertigteilen ist sie zwar ein modern-abstrakter Kontrast, positioniert sich doch gleichwertig neben den roh belassenen Ziegelwänden des Bestands und lässt dem historischen Raum um die zentrale Treppenanlage Platz zum Wirken (Abb. 11).

Markus Scherer und Walter Angonese zeigen bei der Sanierung für das Landesmuseum für Kultur im Schloss Tirol, wie die Treppe als roter Faden – hier in korrodiertem Stahl ausgebildet – einen didaktischen Weg durch eine Ausstellung darstellen kann. Dabei sind neben den im Schloss präsentierten Gegenständen auch der Gebäudebestand, der historische Bezug und der landschaft-

12 

13

14

liche Kontext Teil der Ausstellung. Die Treppe verbindet alle Teile miteinander und wird durch raumgreifende Ausweitungen selbst zum Ort der Präsentation. Für die Darstellung multimedialer Inhalte sind hierfür zusätzlich Displays, Nischen mit Audioinstallationen, Vitrinen und Ähnliches in die zum Ausstellungsmöbel erweiterte Treppe integriert (Abb. 13).

Inmitten des niederländischen De Weerribben-Wieden Nationalparks gelegen haben Zecc Architecten einen ehemaligen Wasserturm zu einem Aussichtsturm transformiert. Die hölzernen Stufen der neuen Treppe schaffen einen alternativen Weg zur bestehenden Route, einer schmalen, steilen Holzstiege, die sich an der Innenwand entlangschmiegt. Im Gegensatz dazu befreit sich die neue, komfortabler zu begehende Treppe mehrfach vom Raum und läuft dann zick-zack-förmig durch den hohen Betonturm. Beide Treppen sind nutzbar, jedoch ist der neue Einbau eine Erweiterung, um das Raumvolumen dramatischer erlebbar zu machen. Die neue Treppe weist so nicht nur materiell, sondern auch geometrisch einen deutlich sichtbaren Abstand zum Bestand auf. Ähnlich dem Projekt vom Markus Scherer und Walter Angonese beinhaltet die Treppe mehrere Zusatzfunktionen und bietet mit Sitzgelegenheiten Platz zum Ausruhen (Abb. 12). Dies verdeutlicht einmal mehr, dass eine neue Treppe im Bestand einen Mehrwert neben der rein funktionalen Ergänzung bieten kann.

Mit ihrer künstlerischen Ambition stellt die Treppe in der Kohlewäsche der ehemaligen Zeche Zollverein in der Inszenierung von hg merz die notwendige inhaltliche Verknüpfung mit der Historie dar: Das Rot und Gelb dienen als visuelles Symbol für den Bergbau und die Eisenerzförderung (Abb. 14). Durch die orange leuchtenden Seitenwangen, eine Reminiszenz an glühende Kohle, sowie die zusätzliche Beleuchtung unter den Stufen und im Handlauf hebt sich die Treppe deutlich vom denkmalgeschützten Bestand ab.

Im Wohnhaus »Black Pearl« von Studio Rolf.fr setzt sich die Treppe mit dem gesamten Einbau, der das vom Bauherrn gewünschte Raumprogramm aufnimmt, deutlich vom Bestand ab (Abb. 15). Dieser Einbau ist durch die ausgebildete Fuge, die indirekt beleuchtet wird, konstruktiv abgetrennt, sein weißes Volumen hebt sich dadurch zusätzlich optisch von den unbehandelten Backsteinwänden ab. Die eigentlichen Aufenthaltsräume befinden sich im Zwischenraum von Bestand und Ergänzung.

Die Kategorie der Bestandsergänzung zeigt, wie durch sensibel und klug geplante Treppen die Bestandsbauten beziehungsweise die umgebenden Räume spannungsvoll wirken oder sogar in Szene gesetzt werden können. Dabei ist es jedoch durchaus möglich, dass die Treppen charakterstark für sich selbst stehen. Alle hier gezeigten Beispiele verdeutlichen, dass sich Neu und Alt gegenseitig positiv bereichern und aus dem Dialog, aber auch mithilfe einer wirkungsvoll inszenierten Zäsur oder Fuge als Akzent, ein neuer lebendiger Raumeindruck entstehen kann.

15

16 Fondazione Querini Stampalia, Venedig (IT) 1963, Carlo Scarpa
a Zugangsbrücke über einen Kanal
b Handlaufdetail
17 Sambatreppe, Castelvecchhio, Verona (IT) 1975, Carlo Scarpa
18 Treppe aus korrodierten Stahlbändern, Castelvecchio, Verona (IT) 1975, Carlo Scarpa

16a

b

17

Handwerk und Detail: Die Treppen im Werk Carlo Scarpas
Treppen sind räumlich-atmosphärisch immer dann erfolgreich, wenn ihre Beziehung zum Bestand gestalterisch stimmig herausgearbeitet ist. Ein herausragender Architekt, der die Entwurfsphilosophie stets bis ins kleinste Detail und insbesondere auf die Gestaltung der Treppen übertrug, ist Carlo Scarpa. Generell ist Scarpas Auffassung von Architektur bestimmt vom Austausch zwischen dem Ort und der handwerklichen Ausarbeitung der Gebäude. Seine Bauten zeigen in Konzeption und Ausführung immer eine variantenreiche Detaillierung. Die Position jeder Stufe ist sorgfältig konzipiert, jede Treppe ist aus einem sensiblen Verständnis dem Ort gegenüber entwickelt.

Am Palazzo Querini in Venedig zeigt sich dies an verschiedenen Stellen: der Brücke, die wie ein leichter Bogen den Kanal überspannt (Abb. 16a), den Schutzmaßnahmen gegen das gefürchtete Hochwasser, dem Garten und dem Portego, dem typischen Eingangssaal. Beispielhaft sei hier der Handlauf der Zugangstreppe erwähnt. Die Befestigung an den vertikalen Stahlstreben gestaltet Scarpa so, dass er in den Bereichen, in denen die Hand das Geländer berührt, das Metall ausspart und durch den horizontalen Holzholm ergänzt (Abb. 16b). Somit ist der Handlauf im Gebrauch ergonomisch und haptisch angenehm, in der Konzeption greift Scarpa Motive aus dem Schiffsbau auf. Der Antritt der Treppe ist zunächst steinern und bildet so eine deutliche Verbindung zum Bodenmaterial des Platzes. Über dem Wasser jedoch setzt dann eine separat ausgebildete Konstruktion aus Holz und Stahl auf, die Bezug zu den Brücken Venedigs nimmt. Diese Betonung der einzelnen Elemente und ihre detaillierte Durcharbeitung findet man noch stärker im Garten, den Scarpa wie einen Mikrokosmos entwickelt, indem er die Landschaft mit dem Wasser und der Architektur in Dialog zueinander setzt. Scarpa entwickelt Gesamtkunstwerke, die durch Hingabe an die handwerkliche Ausarbeitung überzeugen. Jede Nische, jeder Ablauf und jede Fügung ist durchdacht. Jedes Bauelement ist für sich schlüssig durchgearbeitet und ausgefeilt in den Zusammenhang gestellt.

Im Castelvecchio in Verona konnte sich Carlo Scarpa von 1957 bis 1975 sehr intensiv mit dem historischen Bestand auseinandersetzen. Die verschiedenen Treppen zeigen, wie sensibel er jeweils auf den Ort eingeht und versucht, stets den richtigen Dialog zwischen Alt und Neu, Material und Konstruktion zu finden. So sind etwa die Sambatreppen an einer schmalen und steilen Schlucht zwischen Gelände und Gebäude ideal, um den Höhenunterschied zu überwinden (Abb. 17). An anderer Stelle im heutigen Museum setzt sich eine Treppe aus korrodiertem Stahl als eigenständiges Objekt vom backsteinernen Raum ab (Abb. 18). Vor allem im Erdgeschossbereich werden die Räume, die lediglich durch zwei oder drei Stufen verbunden sind, durch geringe Niveauunterschiede visuell vereint, sind aber auch getrennt voneinander wahrnehmbar. Scarpa isoliert die Komponenten einzelner Bauelemente und überformt sie neu – stets in engem Bezug zum Bestand. D.h. am Beispiel der Treppe, dass Türgriff, Stufe, Handlauf usw. einzeln, individuell gestaltet und detailiert sind und handwerklich aufwendig umgesetzt werden. Im Ganzen ergibt sich dadurch eine Art Collage, die stets aufs Neue den historischen Kontext ins Bewusstsein bringt.

Epilog

Die aufgeführten Treppen zeigen die große Bandbreite auf, was im Umgang mit dem Raum möglich ist. Alle vorab gestellten konzeptionellen Fragen des Gesamtentwurfs beziehen sich immer auch auf die Treppe: Soll sie sich absetzen vom Kontext (Ort, Funktion oder Programm, beziehungsweise dem Gebäude an sich)? Werden Beziehungen zwischen verschiedenen Raumzonen über die reine Erschließung hinaus aufgebaut? Führt die Treppe ein gestalterisches Motiv weiter oder verfremdet sie es? Kommen lokale Materialien und/oder regionale Fertigungstechniken zum Einsatz?

Bei aller Typologisierung bestätigen allerdings oft Ausnahmen die Regel: Nicht immer ist jede Treppe eindeutig einzuordnen. Dennoch sind Treppen ein derart wichtiger Bestandteil eines jeden Gebäudes, dass es im Entwurfsprozess notwendig erscheint, sie auch konzeptionell sinnvoll anzulegen. Denn oft geschieht über die Treppe die erste und unmittelbarste Annäherung an den Raum. Dabei können Treppen gestalterische Motive aufgreifen und entwickeln und Räume so nicht nur physisch, sondern auch ideell erschließen. Gemeinsam ist allen vorgestellten Treppen, dass diese nicht losgelöst vom Gebäude und Raum kategorisiert werden können, sondern stets in ihrem Kontext. Dieser Ansatz ist nötig, da es in erster Linie um die Kontinuität einer räumlichen Idee geht, die sich dann idealerweise in der Konzeption, konstruktiven Detaillierung und Materialisierung der Treppe klar widerspiegelt.

Treppen können das Herz des Gebäudes sein, die Stelle, an der eine räumliche Offenheit zu einem kommunikativen Begegnungsort führt. Die Aufwertung der Erschließungszonen vom rein zweckerfüllenden Element zu offenen Raumgefügen bietet ein riesiges gestalterisches und räumliches Potenzial.

18

1

2

Wie bereits in der vorangegangenen Entwurfstypologie beschrieben, ist die Treppe zwar abhängig vom zu erschließenden Raum, aber zugleich auch immer raumbestimmend. Die individuelle Entwurfsidee im Gebäudekontext beeinflusst die Konstruktionsart der Treppe.
Eine Treppe dient der Überwindung von Niveauunterschieden, verursacht durch die Stapelung horizontaler Ebenen. Neben den entwurflichen Vorgaben bilden dabei historisch betrachtet vor allem der geografische und kulturelle Kontext die Ressourcen ab, derer man sich beim Haus- und dem damit verbunden Treppenbau bedient. Die Verfügbarkeit von Baumaterialien und die Entwicklung der handwerklichen Fähigkeiten sind für diese Aufgaben zunächst einmal die entscheidenden Randbedingungen.
Während beispielsweise im Tessin die im direkten räumlichen Umfeld natürlich vorhandenen Steinplatten in den lageweise geschichteten Natursteinmauern auch den wesentlichen Baustoff für Haus und Treppe ergeben (Abb. 1), entwickelt sich in Norwegen aufgrund des hohen Vorkommens von Holz der stufenartig behauene Holzstamm im Zusammenhang mit der Technik des Massivholzbaus zum naheliegenden Konstruktionsprinzip für den Treppenbau (Abb. 2). Diese beiden Beispiele, so unterschiedliche Konstruktionsarten sie darstellen, repräsentieren den Typus der Urtreppe, dem der archaische Umgang mit dem lokal zur Verfügung stehenden Material eigen ist (siehe »Die Sehnsucht nach dem Urtyp«, S. 30ff.): Das primär für die Tragkonstruktion des Hauses eingesetzte Material bestimmt das Erscheinungsbild der Treppe.

Bis zur Mitte des 19. Jahrhunderts stehen im Wesentlichen Holz und Stein als Konstruktionsmaterialien zur Verfügung, letzterer in Form von Naturstein oder Ziegel aus gebranntem beziehungsweise getrocknetem Lehm. Die technischen Rahmenbedingungen für den Treppenbau orientieren sich daran und die häufig sehr ausgereiften handwerklichen Fähigkeiten leiten sich aus den damit verbundenen technischen Möglichkeiten der Ver- und Bearbeitung des Baustoffs ab.

Vom Gebrauchsgegenstand hin zum »Objekt« entwickeln sich Treppen zunächst in historischen Gebäuden mit repräsentativem Charakter. Neben dem funktionalen Kriterium erhält die Treppe eine zusätzliche Bedeutungsebene. Die Materialien und Techniken, derer man sich bedient, sind jedoch die gleichen wie bei der auf die reine Funktion reduzierten Treppe. Balthasar Neumann wendet Mitte des 18. Jahrhunderts bei der Residenz in Würzburg die gängigen Mauerwerkstechniken wie gewölbte Ziegelkonstruktionen an, um den Verlauf der dreiläufig gegenläufigen Treppe für den repräsentativen Aufgang in das Piano Nobile zu konstruieren (siehe S. 14f.). Die Konstruktion wird vollständig verputzt und mit Ornamenten ausgeschmückt. Treppenstufen, Geländer und Balustraden bestehen aus Naturstein. Die Grundkonstruktion dient dabei nur als Grobform zur Aufnahme sekundärer Werkstoffe für die dekorativ gestalteten Oberflächen. Die zugrundeliegende Konstruktionsweise ist bei Betrachtung der fertigen Treppe nicht mehr ablesbar (Abb. 3).
Ähnlich verhält es sich mit der Treppe in Goethes Haus am Frauenplan in Weimar: Die Holzkonstruktion wird verkleidet, teilweise verputzt und mit dekorativ gestalteten Oberflächen versehen – lediglich der Stufen- und Podestbelag aus Holz lässt Rückschlüsse auf das verwendete Konstruktionsmaterial zu (Abb. 4).

Neben den althergebrachten Werkstoffen Stein und Holz kommen durch die indus-

1 auskragende Steinstufen im Tessin
2 behauener Baumstamm, Norwegen
3 Treppenhaus, Residenz Würzburg (DE) 1720–1744, Balthasar Neumann
4 Treppenhaus, Wohnhaus am Frauenplan, Weimar (DE) 1792
5 gusseiserne Treppe im Palais des Prinzen Karl, Berlin (DE) 1827–1829, Karl Friedrich Schinkel
6 Wendeltreppe, Palácio Itamaraty, Brasília (BR) 1970, Oscar Niemeyer

3

trielle Revolution ab Mitte des 19. Jahrhunderts der Werkstoff Eisen und ab Beginn des 20. Jahrhunderts Beton respektive Stahlbeton als Werkstoffe für den Treppenbau hinzu. Die gusseiserne Treppe repräsentiert den Einzug der Metallwerkstoffe in den Treppenbau und bringt die Möglichkeiten filigran gestalteter Bauteile zum Ausdruck (Abb. 5). Wie bei jedem neuen Werkstoff nimmt es eine gewisse Zeit in Anspruch, bis sich eine eigenständige materialtypische Formensprache entwickelt. Gusseiserne Konstruktionen ersetzen zunächst das Material Holz. Formensprache und Konstruktionsart entsprechen dabei anfänglich einem Nachbau der Holzkonstruktion. Der neue Werkstoff Beton ermöglicht es jedoch, im Treppenbau volumetrisch und plastisch geformte Körper zu schaffen (Abb. 6).

Materialtypisches Gestalten und Konstruieren
Die Einteilung in Konstruktionstypologien provoziert eine Diskussion über das materialtypische Gestalten und Konstruieren. Was wird darunter verstanden? Ist die Beschränkung auf möglichst einen Werkstoff, der das Erscheinungsbild maßgeblich prägt, materialtypisch? Wie bewertet man in diesem Zusammenhang die Entwicklung hybrider Konstruktionen? Durch die Anwendung von im Verbund wirkenden verschiedenen Materialien für die Grundkonstruktion ergeben sich neue formale Gestaltungsmöglichkeiten. Die Erkennbarkeit des Typologie bestimmenden Werkstoffs steht dabei nicht mehr im Vordergrund.
Die technischen Entwicklungen der Werkstoffe, der Verbindungsmittel und der Verarbeitungstechniken in der jüngeren Vergangenheit eröffnen den Planern neue Gestaltungsspielräume, erschweren jedoch eine eindeutige Zuordnung bzw. Reduzierung der gebauten Beispiele in vier auf den »klassischen« Werkstoffen (Stein, Holz, Stahl, Beton) basierenden Grundtypologien der Konstruktion. Es ist daher nötig, weitere Kategorien festzulegen.
Die wesentlichen Kriterien zur Definition einer Konstruktionstypologie bilden die zur Verfügung stehenden Werkstoffe, die für die primäre Tragkonstruktion von Treppen verwendet werden. Der Versuch dieser Kategorisierung erfasst zunächst einmal die bereits genannten »klassischen« Werkstoffe Stein, Holz, Stahl und Beton, des Weiteren Glas und Hybridkonstruktionen.

Steintreppen
Die Ur-Steintreppe entsteht aus der Stapelung natürlich in der Umgebung auffindbarer Steinplatten. Als nächste Entwicklungsstufe folgt der bearbeitete Stein, aus dem Stufen herausgearbeitet werden. Während die Schichtung von Steinplatten meist keine oder nur sehr geringe Spannweiten der Treppenkonstruktion zulässt, können mit dem behauenen Stein je nach Größe des Ausgangsmaterials und nach Verarbeitung der Einzelsteine zu gewölbten Tragwerken größere Spannweiten überbrückt werden.
Die Treppenanlagen in der italienischen Gemeinde Salemi, die Álvaro Siza Vieira 1999 für die Stadterneuerung im Bereich der von einem Erbeben zerstörten Kathedrale entwarf, sind ein gutes Beispiel für Konstruktionen aus geschichtetem Stein. Der Unterbau besteht aus Bruchstein und die aufgesetzten Blockstufen aus exakt gesägtem Naturstein der Sorte Pietra bianca di Trapani (Abb. 8).
Beim Wohnhaus in Morcote wird Ziegel als künstlich hergestellter Steinersatz über eine Betonuntertreppe gemauert. Die Unterkonstruktion aus Beton stellt hierbei die »moderne« Variante dar, traditionelle Steintreppen aus Ziegel wurden normalerweise durch gemauerte Gewölbe unterstützt (Abb. 9).

4

5

6

7

Die charakteristische Tektonik der Steintreppen entsteht werkstoffbedingt aus der Eigenschaft, vorwiegend Druckbeanspruchungen für Vertikalkräfte oder Wölbungen aufnehmen zu können. Stein als schwerer Baustoff mit hoher Rohdichte wird für Treppen mit massiger monolithischer Wirkung eingesetzt und entwickelt nicht die Eleganz materialreduzierter Treppen aus anderen Werkstoffen. Eine Ausnahme bilden die Treppen mit in die Massivwand einbindenden auskragenden Steinplatten als selbsttragende Trittstufen. Diese Jahrhunderte alten Treppen vermitteln den Eindruck hochtechnisierter Kühnheit (Abb. 7).

Holztreppen

Holztreppen entwickeln sich einerseits aus dem Urtyp des schräg gestellten stufenförmig behauenen Baumstamms, andererseits aus Leitern, die ursprünglich aus gewachsenen Rundstäben mit kleinem Durchmesser gebaut sind. Der anisotrope Werkstoff Holz ist bis zum Beginn des 20. Jahrhunderts in seiner Bauteilausbildung und -dimension abhängig von den zur Verfügung stehenden Balkendimensionen, die direkt aus den gewachsenen Baumstämmen gewonnen werden (Abb. 2). Stabförmige gerichtete Konstruktionen der Wangen- oder Holmtreppen leiten sich daraus ab. In Mitteleuropa ist die Holztreppe aufgrund des umfangreichen Holzvorkommens weit entwickelt. Diese Konstruktionstechniken werden bereits im 19. Jahrhundert in Lehrbüchern des Treppenbaus für das Zimmerer- und Tischlerhandwerk fast kataloghaft präsentiert (Abb. 10).

Trotz der hoch entwickelten Treppenbaukultur dominiert bei Holztreppen die handwerklich hervorgebrachte ganzheitliche Einfachheit. Die Konstruktionselemente werden zwar je nach Epoche mit Zierrat und Dekoration versehen oder

8

9

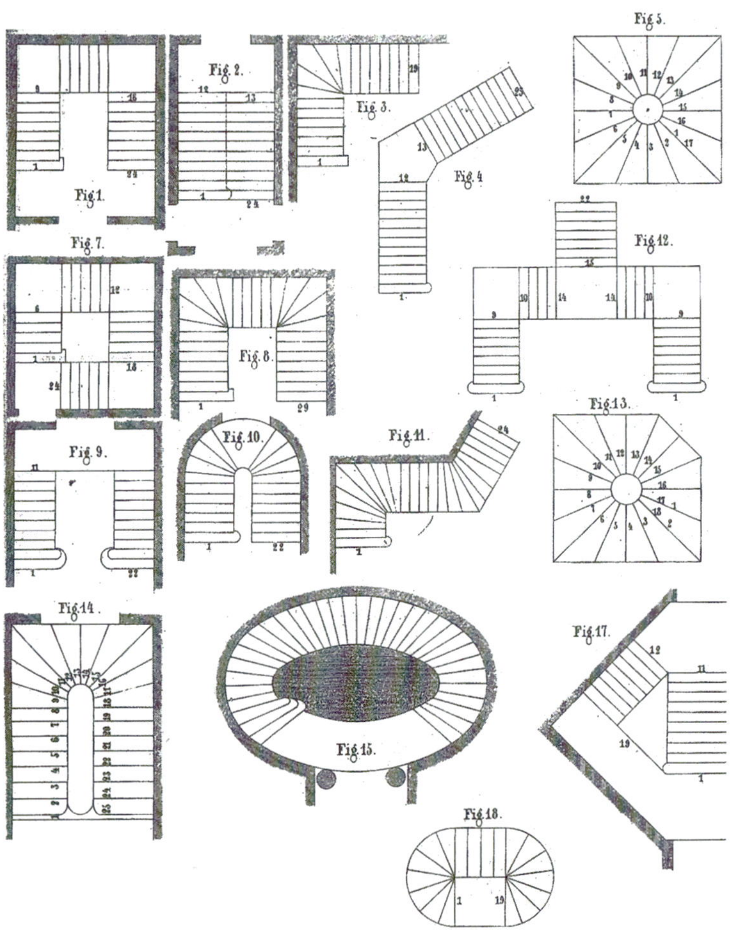

10

7 Treppe in Abaneri (IN)
8 Stadterneuerung in Salemi (IT) 2000, Álvaro Siza Vieira
9 Wohnhaus in Morcote (CH) 2008, Markus Wespi + Jérôme de Meuron Architekten
10 Tafel 1 aus W. H. Behse: »Treppenwerk für Architekten, Zimmerleute und Tischler sowie für Baugewerk- und Gewerbeschulen« aus dem Jahr 1873
11 Einfamilienhaus in Gent (NL) 2010, Dierendonckblancke Architecten
12 Fluchttreppe in den USA
13 Jugendstiltreppe, Hôtel Tassel, Brüssel (BE) 1892, Victor Horta

11

an der Oberfläche kunsthandwerklich bearbeitet. Die Nachvollziehbarkeit der einfachen Grundkonstruktion bleibt jedoch erhalten. Später dominiert die Anwendung industriell gefertigter Holzwerkstoffe. Stabförmig gerichtete Balken aus verleimtem Brettschichtholz oder Konstruktionsvollholz ersetzen die ursprünglich aus gewachsenen Stämmen gewonnenen Balken. Daneben stehen ungerichtete plattenförmige Materialien wie Faser- oder Schichtholzplatten für flächige Anwendungen zur Verfügung. Die Konstruktion der Holztreppe reduziert sich dabei überwiegend auf wenige Elemente. Diese Treppen vermitteln den Eindruck einer auf Anhieb nachvollziehbaren Technik und vermitteln so auch dem Nichtfachkundigen ein Gefühl von konstruktivem Verständnis und damit von Sicherheit.

Das Beispiel der Wohnhaustreppe in Gent von Dierendonckblancke Architecten zeigt eine minimalistisch gestaltete Wangentreppe mit eingestemmten Vollholzstufen, die auf den von oben an Stahlstäben abgehängten Holzbalkenpodesten aufliegt (Abb. 11). Die geometrische Grundkonfiguration sieht kein Treppenauge vor. Auf- und absteigende innere Treppenwangen weisen nur wenige Millimeter Zwischenraum auf, durch den ein Seilnetz als Absturzsicherung geführt ist.

Stahltreppen
Stahltreppen zeigen einen industriellen Charakter. Es entstehen Assoziationen zu Gerüst-, Feuer- oder Schiffstreppen. Diese besitzen zunächst keinen repräsentativen Charakter, sie sind also schmucklos und technisch reduziert konstruiert. Die aus den Großstädten der USA bekannten Bilder von Gebäuden mit außen liegenden Feuertreppen zeigen jedoch, dass diese Treppenanlagen, bedingt durch das enorme Ausmaß, Architektur prägend wirken. Deshalb werden für die Treppenbauteile über die reine Funktionalität hinausgehende Schmuckformen entwickelt (Abb. 12).
Der Jugendstil führt moderne gusseiserne Konstruktionen in die Architektur ein. Die Treppen erhalten stilbildende florale Zierelemente und werden als Objekte in die Gebäude integriert (Abb. 13).

Stahl ist der neue Werkstoff des frühen 20. Jahrhunderts und mit Attributen wie »leistungsfähig, schlank und profiliert« versehen. Das »neue Bauen« verhilft der Stahltreppe zum Durchbruch. Die propagierte Entwicklung einer einfachen Formensprache folgt dabei dem Grundsatz der konstruktiven Ökonomie. Das Motiv der im Materialeinsatz minimierten Schiffstreppe wird bestimmend. Analog zu den zuvor beschriebenen Konstruktionsarten der Holztreppen als Wangen- bzw. Holmkonstruktionen entstehen einfache Konstruktionen mit nachvollziehbarem Tragverhalten der Konstruktionselemente. Durch die Ausnutzung der Materialeigenschaften des Werkstoffs können die Treppen sehr transparent und fast entmaterialisiert gestaltet werden.
Durch die Weiterentwicklung der Verarbeitungstechniken im Stahlbau lassen sich in der Architektur bezogen auf den Treppenbau zwei Strömungen erkennen:

Körperlose, entmaterialisierte und fast schwebende Treppen
Die Stahlwendeltreppe im Haus in Imabari von Toru Murakami Architect & Associates zeigt eine Spindeltreppe, die sich durch extreme Minimierung des Materialeinsatzes in der räumlichen Wirkung nahezu aufzulösen scheint (Abb. 14). Dadurch ordnet sich diese Treppe vollständig dem lichten Raum unter, obwohl eine Spindeltreppe aufgrund ihrer geo-

12

13

14

15

16

17

metrischen Grundform die Wirkung einer objekthaften Treppe besitzt und normalerweise eher Aufmerksamkeit erregt. Den hier erreichten Eindruck einer Entmaterialisierung lässt nur der Stahlbau zu: durch die geschickte Kombination von Profilstählen, Seilen und Stahlstäben zu einem hochleistungsfähigen Tragsystem unter hoher Ausnutzung der jeweiligen Tragfähigkeit.

Körperhaft gefaltete Treppen aus Flachstahl
Der Einsatz von Flachstahl, der in Form von Schwertern, gekantet oder gebogen als tragendes Material flächig im Stahltreppenbau verwendet wird, hat aufgrund der heute zur Verfügung stehenden digital gesteuerten Bearbeitungsmaschinen in den letzten Jahren stark zugenommen. Diese Konstruktionen benötigen im Gegensatz zu den zuvor beschriebenen Stahltreppen keine Profilstähle als Tragwerk, was origamihafte Formen mit einem hohen ästhetischen Anspruch erst möglich macht.

Die Treppe im Dom zu Skara von AIX Architekter zeigt eine gefaltete Treppe, die mit jeder dritten Setzstufenplatte als Kragarm statisch an die parallel verlaufende Betonwand angeschlossen wird. So entsteht ein scheinbar schwebendes Faltwerk, im Detail sehr sorgfältig geplant und ausgeführt (Abb. 15).

Bei der Verbindungstreppe im Obergeschoss der Juilliard School in New York der Architekten Diller Scofidio + Renfro / FXFowle kommen ebenfalls Flachstahlplatten als Tragstruktur zum Einsatz. Der U-förmig ausgebildete Querschnitt der Treppe nutzt die seitlichen Geländer aus Flachstahl als Treppenwangen, die über die daran angeschweißten Trittstufenplatten bei offen bleibenden Setzstufen miteinander verbunden werden (Abb. 16).

Betontreppen
Stahlbeton ist der prägende Baustoff des 20. Jahrhunderts. Durch die Kombination der beiden Komponenten Beton und Stahl lassen sich statisch hochleistungsfähige Konstruktionen entwickeln, die aufgrund der Plastizität und Formbarkeit des Stahlbetons große gestalterische Freiheiten in der Formgebung ermöglichen. Durch die Vielzahl der verfügbaren Techniken zur Gestaltung der Betonoberflächen – einerseits durch die Variierbarkeit des Betons mit Farb- und Zuschlagsstoffen, andererseits durch vielfältige Modifikationsmöglichkeiten der Oberflächenbeschaffenheit z. B. bei der Schalung –, sind den Planern beim Entwerfen kaum Grenzen gesetzt (Abb. 17).

Konträr zu diesen von hoher Individualität gekennzeichneten Gestaltungsmöglichkeiten entwickelt sich die Betontreppe auch als Bauteil im industrialisierten Bauen. Geradläufige Treppen mit einfacher Geometrie als vorgefertigte Stahlbetonbauteile stellen ein wirtschaftlich konkurrenzloses Bauprodukt dar. Diese Bauteile werden häufig in Situationen eingesetzt, bei denen der gestalterische Anspruch eine untergeordnete Rolle spielt, wie beispielsweise in Fluchttreppenhäusern, im Gewerbebau etc.
Der Architekt Peter Böhm belegt jedoch am Beispiel der Lanxess Arena (bis 2008 Kölnarena), dass von diesen formal extrem reduzierten Bauteilen bei Einbeziehung in das Gestaltungskonzept durchaus ein hoher ästhetischer Reiz ausgehen kann (Abb. 18).

Glastreppen
Der technische Fortschritt bei Glaswerkstoffen lässt Glas unter Beachtung spezifischer Randbedingungen als tragenden Werkstoff zu. Die Eingangstreppe im unterirdisch gelegenen Apple Store in New York zeigt die gestalterischen Mög-

14 Wohnhaus in Imabari (JP) 1999, Toru Murakami Architect & Associates
15 Dom zu Skara (SE) 2000, AIX Architekter
16 Juilliard School in New York (US) 2009, Diller Scofidio + Renfro / FXFowle
17 Wendeltreppe, Neues Museum, Nürnberg (DE) 1999, Staab Architekten
18 Lanxess Arena, Köln (DE) 1998, Peter Böhm
19 Apple Store in der Fifth Avenue, New York (US) 2006/2011, Bohlin Cywinski Jackson
20 Armani Flagshipstore in der Fifth Avenue, New York (US) 2009, Doriana und Massimiliano Fuksas

18

19

lichkeiten auf, die an diesem Beispiel extrem ausgereizt werden (Abb. 19). Sowohl die Treppenkonstruktion als auch der aus der Platzfläche herausragende und die Treppe einhüllende Glaskubus scheinen auf den ersten Blick eine reine Glaskonstruktion zu sein. Die Glasscheiben sind flächig tragend eingesetzt, müssen jedoch untereinander mit Stahlverbindern statisch verbunden werden. Diese Konstruktions- bzw. Bauelemente treten visuell jedoch soweit zurück, dass sie der Dominanz des Glases keine Konkurrenz machen. Gleichwohl handelt es sich somit um eine Hybridkonstruktion aus Glas und Stahl.

CAD und CAM

Der Einzug digitaler Planungs- und Fertigungswerkzeuge in den Produktionsprozess ermöglicht individualisierte Planungs- und Konstruktionsvorgänge, die zuvor unmöglich und/oder unwirtschaftlich gewesen wären. Frei entwickelte Treppenformen werden durch die plastische Formgebung sowie das Erscheinungsbild der Oberflächen definiert. Werkstoffe der Tragkonstruktion spielen bei der Formfindung zunächst keine Rolle. Die für den Armani-Showroom in New York entwickelte Wendeltreppe mit freiplastischer Wirkung könnte man aufgrund ihres Erscheinungsbilds konstruktionstypologisch zunächst den frei geformten Betontreppen zuordnen (Abb. 20). Die Konstruktionszeichnung dieser Treppe zeigt jedoch ein inneres Gerüst aus Stahlrohren, das von einer Zementfaserbekleidung ummantelt ist, die der freiplastischen Formgebung folgt. Das innere Stahlrohrgerüst dient als Tragwerk und gibt die grobe Struktur vor, die von der detailliert ausgebildeten Bekleidung umspielt wird und die finale Form definiert. Das Prinzip ähnelt dem Karosseriebau in der Automobilbranche, wo in der Regel ein relativ unelegant wirkendes Traggerüst (meist aus Metall) die Statik gewährleistet. Die darüber gestülpte Karosserie ist formgebend und aus unterschiedlichen Werkstoffen wie Stahlblech, Aluminiumblech oder faserverstärktem Kunststoff gefertigt. Diese Form erhält anschließend eine frei wählbare Oberflächenbeschichtung.

Die letztgenannten Beispiele schließen den Kreis zum Anfang der symbolhaften und Treppen, wie am Beispiel in der Residenz in Würzburg erläutert (Abb. 3). Diese objekthaft gestaltete Treppe entsteht analog zur Treppe im Armani-Showroom mit den während der Entstehungszeit zur Verfügung stehenden technischen Mittel. Aber auch hier fungieren die Materialien der sichtbaren Oberflächen gestaltbildend und umhüllen einen konstruktiv wirkenden Rohkörper.
Zusammenfassend lässt sich feststellen, dass die für den Treppenbau zur Verfügung stehenden baukonstruktiven Ressourcen sowohl gestaltbestimmend, als auch nur dienend, d. h. ohne eigenständigen gestalterischen Anspruch, eingesetzt werden können. Der Planer bestimmt durch seinen Entwurf die Art der Anwendung der technischen Mittel.

20

Projektbeispiele

Himmelsleiter und Skulptur

Terrassenwohnhaus in Brugg (CH)
Ken Architekten, Zürich

Diese Himmelsleiter erschließt begleitet vom Licht und kontinuerlich die Wohnungen im Terrassenhaus.

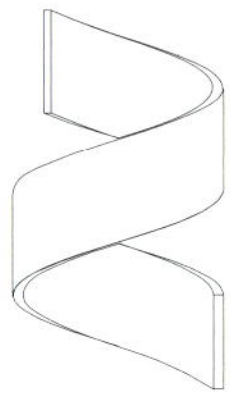

Weinkellerei in Bargino (IT)
Archea Associati, Florenz

Die skulpturale Treppe des Weinguts setzt sich betont formal vom Gebäude ab und wird damit zum Objekt. Dieses zeigt durch die kühne Gestalt eine starke Eigenständigkeit.

Bühne und Landschaft

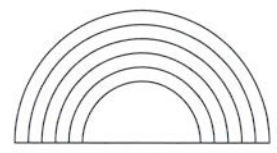

Ladenumbau in New York (US)
OMA/AMO, New York/Rotterdam

Im Laden wirkt die Treppe als Bühne: zum einen für das Positionieren der Modellpuppen, zum anderen als Laufsteg für die Käuferinnen und Käufer.

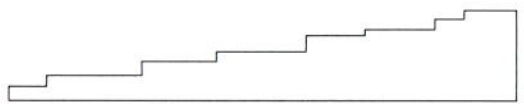

Stadtbibliothek in Seinäjoki (FI)
JKMM Arkkitehdit, Helsinki

Farblich durch die Sitzkissen akzentuiert, ist die Treppe hier Fortführung der Leselandschaft.

Technische Ästhetik vs. Sehnsucht nach dem Urtyp

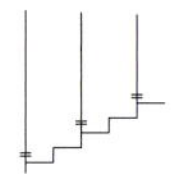

Galerie und Bar in Kioto (JP)
Florian Busch Architects, Tokio

Die gefaltete Stahltreppe ist reduziert und elegant. Diese technische Ästhetik bedarf einer akkuraten Detailierung und technischem Verständnis.

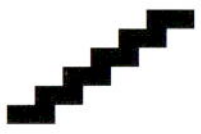

Schulhaus in St. Peter (CH)
Conradin Clavuot, Chur

Der Strickbau ist eine der traditionellen Bautechniken in Graubünden. Diese archaische Treppe transformiert den Kontext in eine moderne, zeitgemäße Formensprache.

Raumkörper versus körperlose Treppe

Kirche und Gemeindezentrum in Köln (DE)
Sauerbruch Hutton, Berlin

Im Kirchenschiff ist der Aufgang zur Kanzel als Raumkörper formuliert. Die Treppe wirkt als Volumen und trennt damit den umgebenden Raum.

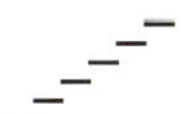

Hotel in Obanazawa (JP)
Kengo Kuma & Associates, Tokio

Die filigrane Treppe führt subtil den Raum in die obere Ebene weiter, ohne den Raumeindruck zu zerstören. Die Treppe wirkt körperlos und fügt sich in das gesamtheitliche Raumkonzept.

Möbel und Bestandsergänzung

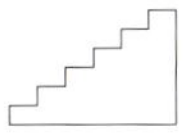

Wohnhaus in Vrhovlje (SI)
dekleva gregorič arhitekti, Ljubljana

Das Möbel ist gleichzeitig Treppe und schafft dank dieser Hybridität auch in einem kleinen Wohnungsgrundriss Großzügigkeit.

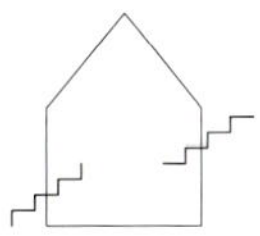

Ausstellungs- und Veranstaltungszentrum Franzensfeste (IT)
Markus Scherer, Meran
Walter Dietl, Schlanders

Der Einbau setzt sich formal und im Material vom Kontext ab, ist allerdings in sich so zurückhaltend konstruiert, dass der Respekt vor dem Bestand überwiegt und nicht objekthaft wirkt.

Terrassenwohnhaus in Brugg

Architekten: Ken Architekten, Zürich
Mitarbeiter: Jürg Kaiser, Lorenz Peter, Martin Schwager, Gian Andri Mohr, Friederike Wisler, Charles Wülser
Tragwerksplaner: Heyer Kaufmann Partner, Baden
Planung/Fertigstellung: 2008/2013

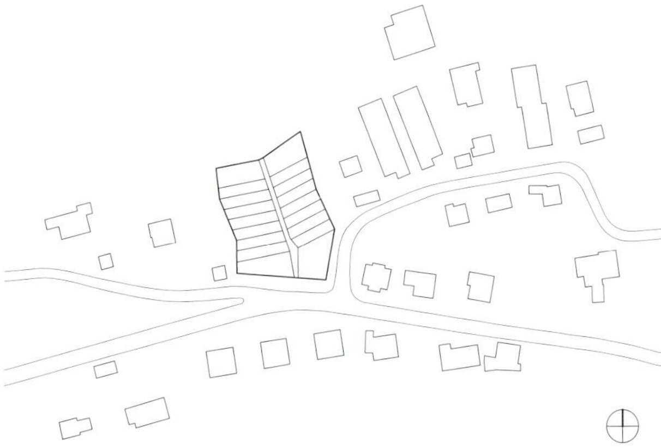

Lageplan
Maßstab 1:4000

An einem Südhang am Rand der Schweizer Kleinstadt Brugg behauptet sich das Terrassenwohnhaus inmitten einer heterogenen Wohnbebauung. Die umlaufende Mauer aus lasiertem Sichtbeton fasst die 16 Eigentumswohnungen zu einer selbstbewussten Großform zusammen, unregelmäßig geknickt reagiert sie auf die Topografie des Hangs. Die Oberflächen der direkten Umgebung – Wiese und Asphalt – stoßen unmittelbar an das Bauwerk. Der Asphalt fließt an der Südostecke bis in die Eingangshalle hinein. Von hier erschließen eine himmelsleiterförmige Treppe sowie ein Schrägaufzug die acht Wohnebenen. Die charakterstarke Treppe gewährt an ihrem Ende zusätzlich den Zugang zu einem Gemeinschaftsbereich und Spielplatz auf der obersten Plattform des Bauwerks. Schlichte, aber robuste Materialien wie die als Fertigteil ausgebildeten Sichtbetonstufen sowie ein farbiger Anstrich in einem warmen Sonnengelb prägen den Treppenraum. Dieser wird belichtet durch eine Glastür am Ende der Treppe und durch seitliche Fenster, die den Raum spannungsvoll rhythmisierenden. Ähnliche Öffnungen perforieren als unregelmäßiges Muster die Umfassungsmauern und belichten bzw. belüften die Parkgarage sowie Bad- und Kellerräume. Treppe und Aufzug bilden das mittige Rückgrat der Anlage, das sich als Betonband deutlich nach außen abzeichnet. Beidseits davon sind die Wohnungen in parallel zum Hang verlaufenden Raumschichten organisiert und über die ganze Breite zu großzügigen Dachterrassen hin orientiert. Jede Wohnung hat zwei Zugänge, einen Eingang vom Aufzug in der hinteren Raumschicht sowie ein Entree von der Treppe direkt an der Fassade. Von hier erstreckt sich der Wohnbereich entlang der komplett verglasten Terrassenfront bis zur Außenwand.

5. Obergeschoss
1. Obergeschoss
Erdgeschoss
Maßstab 1:500

1 Eingangshalle
2 Parkgarage
3 Schutzraum
4 Entree Wohnung (vom Schrägaufzug)
5 Zugang (von Treppe)
6 Küche
7 Wohn-/Essraum
8 Zimmer
9 Dachterrasse
10 Dachgarten
11 Abstellraum (unbeheizt)
12 Waschküche (unbeheizt)
13 Keller/Technik

Schnitte Maßstab 1:500

1 Eingangshalle
2 Parkgarage
3 Schutzraum
4 Dachterrasse
5 Wohn-/Essraum
6 Abstellraum (unbeheizt)
7 Keller/Technik
8 Spielplatz/Gemeinschaftsterrasse

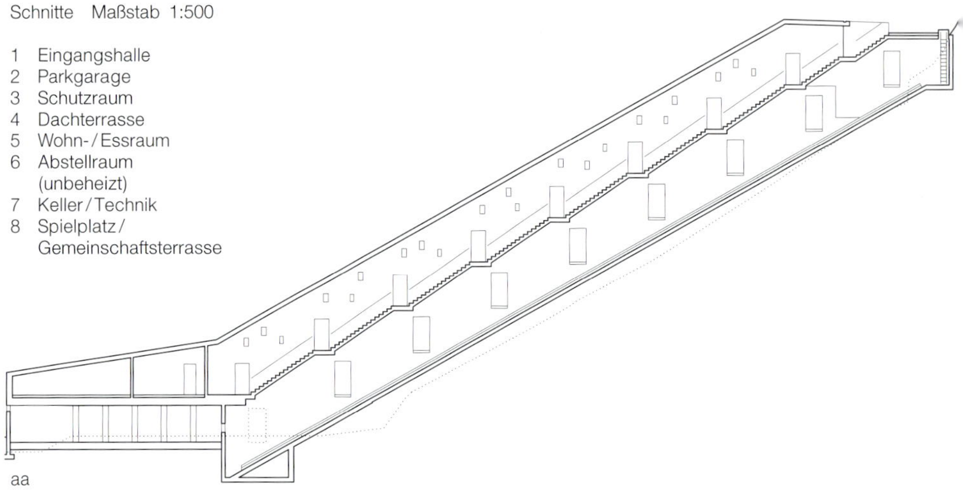

aa

Schnitt Treppe Maßstab 1:50

9 Treppenhausdecke:
Abdichtung Flüssigkunststoff eingefärbt 50 mm
Decke Stahlbeton 300 mm
Wärmedämmung 40 mm
Holzlattung 40 mm
Akustikplatte Holzwolle 25 mm
10 Treppenpodest:
Beschichtung PVC 9 mm
Gummischrotmatte 8 mm
Zementestrich 30 mm
Stahlbeton 250 mm
Wärmedämmung Holzwolle 50 mm
11 Treppenlauf Stahlbeton-Fertigteil
12 Außentreppe Podest:
Bodenbeschichtung Kunststoff, wasserdurchlässig, schalldämmend, Deckschicht aus farbigem Gummi- und Splittgranulat eingefärbt 8 mm
Abdichtung Flüssigkunststoff 5 mm
Stahlbeton im Gefälle 100–170 mm
Stahlbeton 250 mm
Wärmedämmung Holzwolle 50 mm

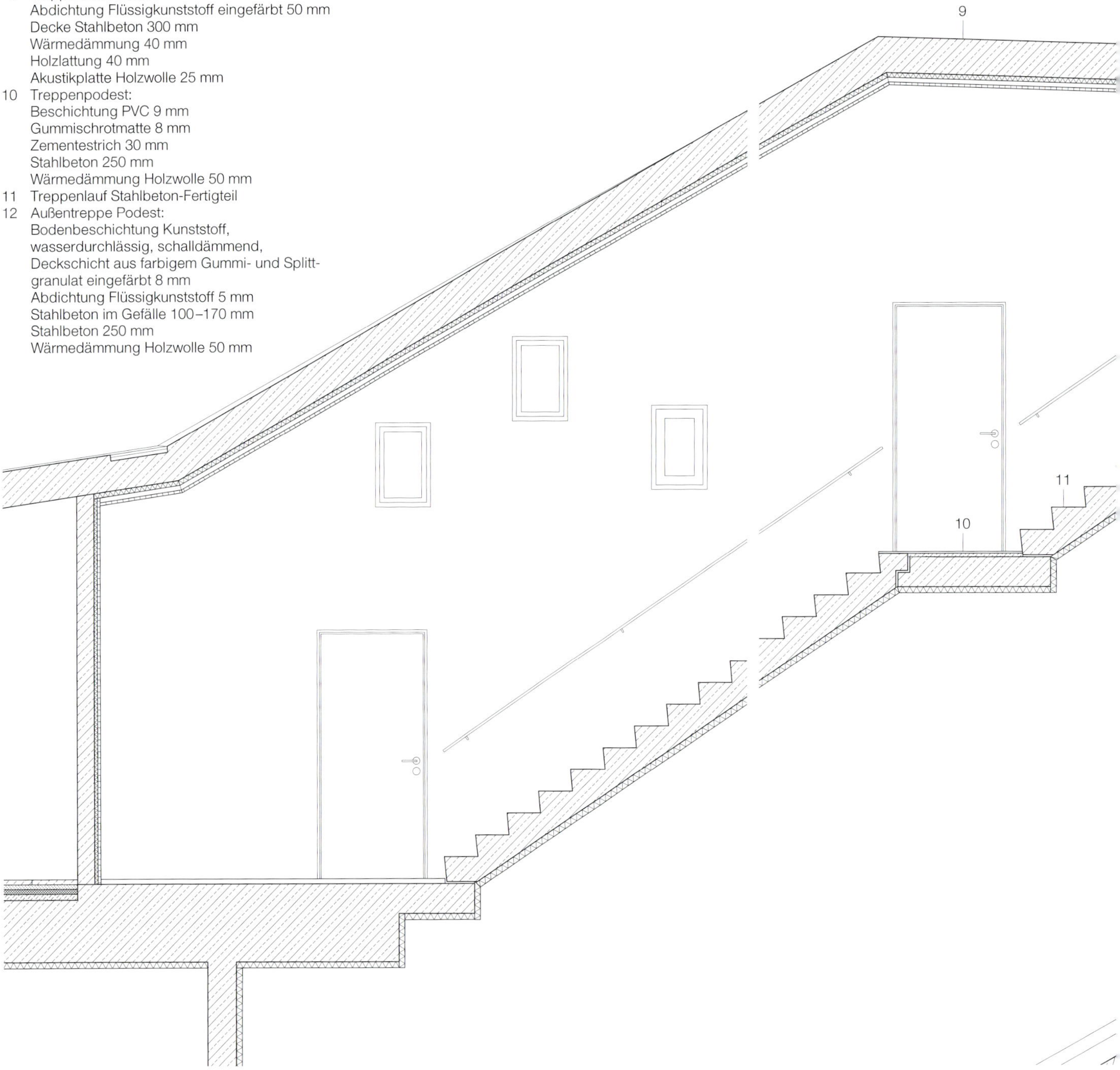

bb

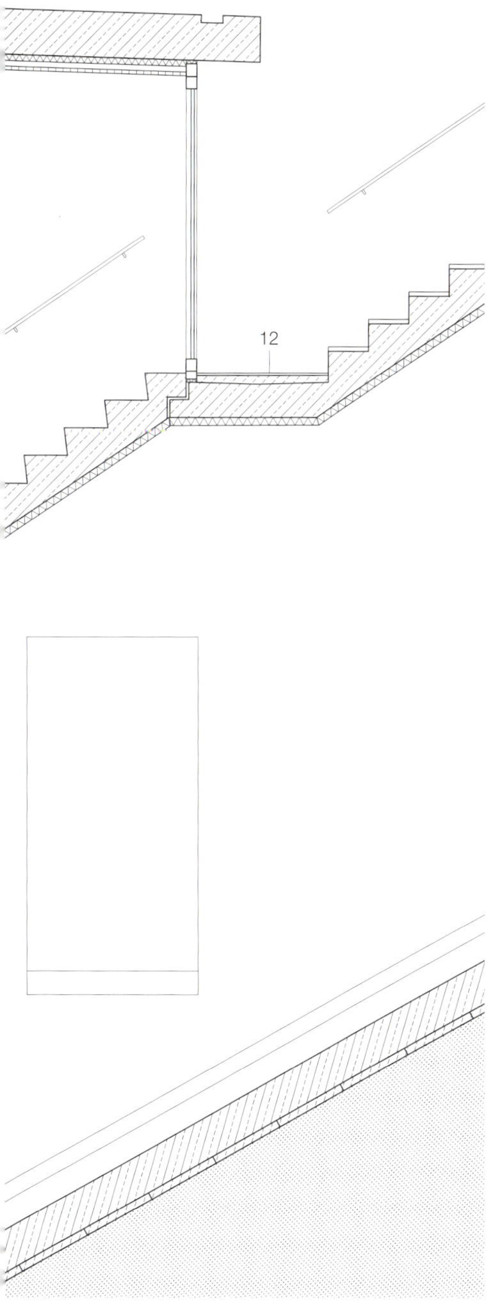

Weinkellerei in Bargino

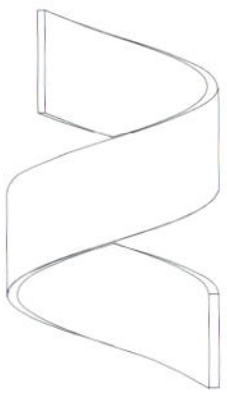

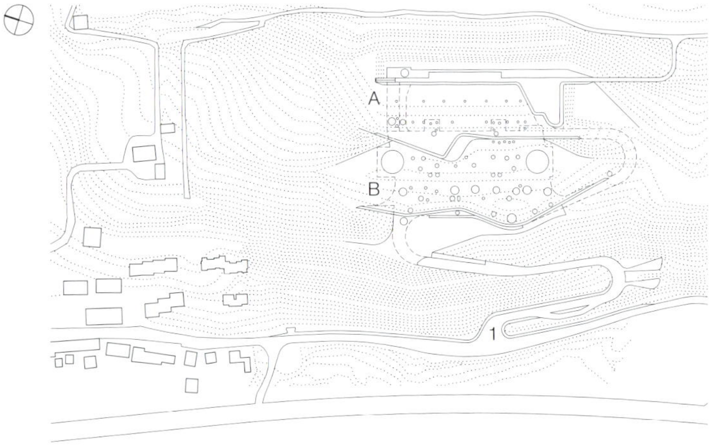

Architekten:	Archea Associati, Florenz Laura Andreini, Marco Casamonti, Silvia Fabi, Giovanni Polazzi
Mitarbeiter:	Francesco Giordani
Tragwerksplaner:	AEI Progetti, Florenz
Planung/ Fertigstellung:	2004/2012

Mit der Landschaft verschmolzen erscheint die Kellerei Antinori südlich von Florenz. Der fast 40000 m² umfassende Gebäudekomplex – Produktionsstätte und zugleich Firmensitz der Winzerfamilie – ist fast komplett im Hügel verborgen. Sichtbar sind nur zwei Fassadenbänder zwischen den mit Rebstöcken bepflanzten Dachflächen, eine skulpturale Treppe aus korrodiertem Stahl und Stützmauern aus rotbraunem Sichtbeton. Das Herzstück der Weinherstellung bildet die untere Ebene mit Weinpresse, Edelstahl-Gärtanks und Gewölbekeller, in dem die Barrique-Fässer lagern. Darüber befinden sich im zurückversetzten obersten Gebäudeteil Anlieferung und Einfülltrichter der Trauben sowie die Abfüllanlage und Lagerhalle. Talseitig schließen drei Ebenen mit Verwaltungs- und Besucherbereichen an, die Shop, Museum, Vortragsraum, Verkostung und Restaurant umfassen. Kreisförmige, teils verglaste Aussparungen lassen Tageslicht in die unterirdischen Bereiche strömen und schaffen spannungsreiche Blickbezüge. Der Fassade vorgelagert ist die markante, spiralförmig gewendelte Treppe, die Besucher von der Tiefgarage zum Haupteingang und weiter zu Dachterrasse und Restaurant führt. In unterschiedlichen Radien schraubt sie sich mit einer Gesamtlänge von 100 m viermal um die »Mittel«stütze. Die Konstruktion ist ein Kastenträger mit komplexer Geometrie, gefertigt aus 35 Teilstücken, die vor Ort verschweißt wurden. Die 17 m hohe und 105 t schwere Stahltreppe ist nur an Fußpunkt und Dachterrasse sowie an drei Punkten an der Stütze befestigt. So wirkt sie trotz ihrer Masse leicht und schwungvoll – eine skulpturale Freitreppe, die dazu einlädt, die 118 Stufen langsam emporzuschreiten, um den weiten Blick auf die toskanische Hügellandschaft zu genießen.

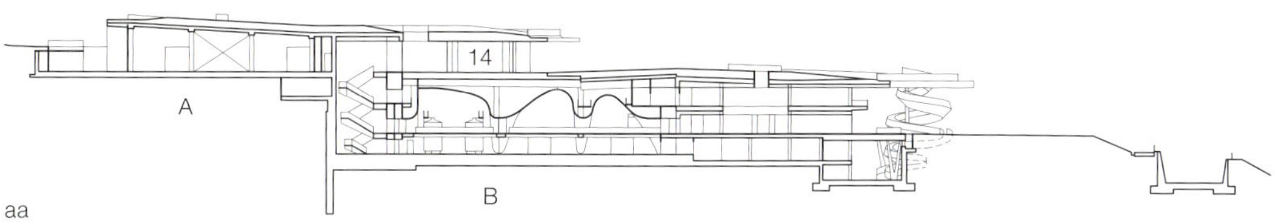

aa

Lageplan
Maßstab 1:7500
Schnitt
Grundrisse
Gebäudeteil B
Maßstab 1:1500

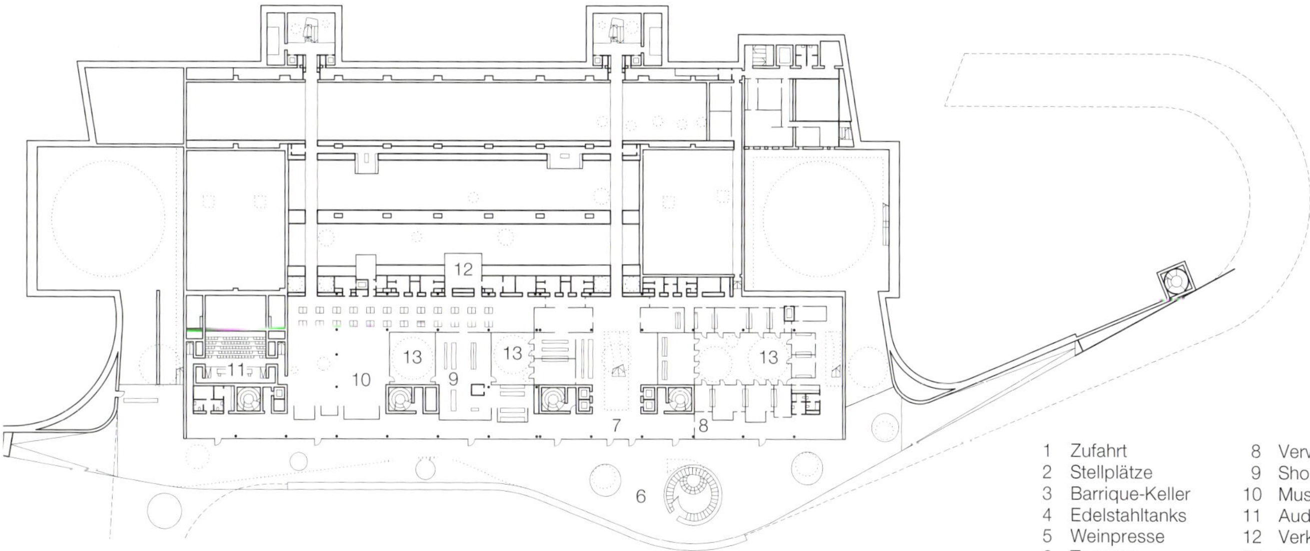

Ebene Besucherbereiche

1 Zufahrt
2 Stellplätze
3 Barrique-Keller
4 Edelstahltanks
5 Weinpresse
6 Terrasse
7 Empfang
8 Verwaltung
9 Shop
10 Museum
11 Auditorium
12 Verkostung
13 Innenhof
14 Restaurant

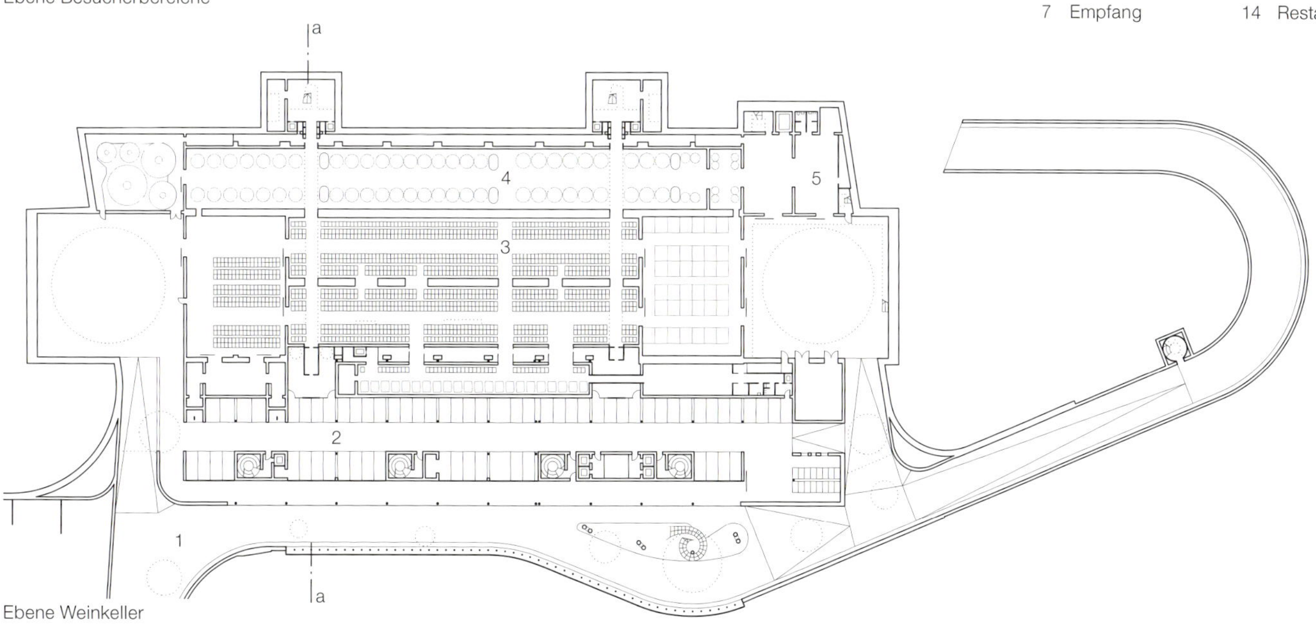

Ebene Weinkeller

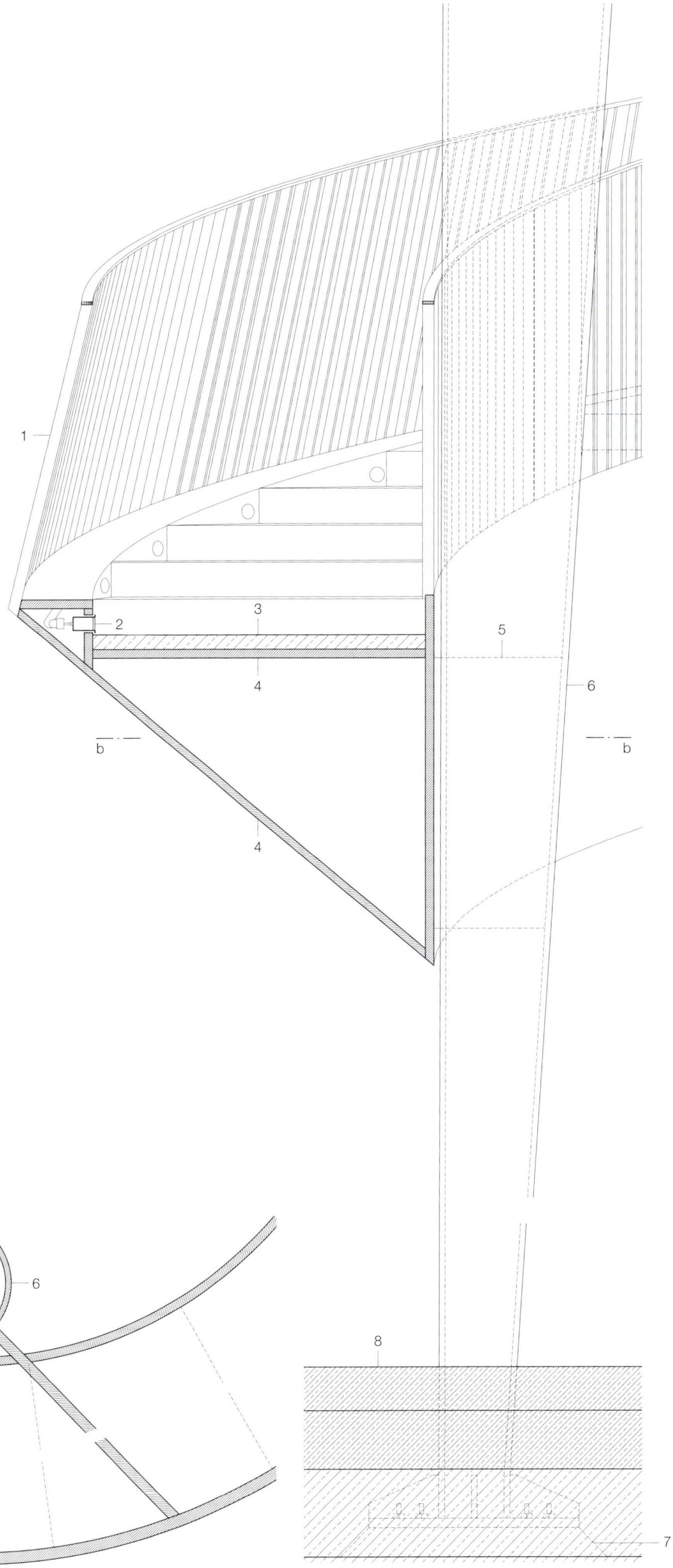

Gewendelte Treppe:
Vertikalschnitt • Horizontalschnitt mit Anschluss Stütze
Maßstab 1:20

alle Stahlteile: korrodierter Stahl
1 Geländer Flachstahl ▭ 40/10 mm
2 Leuchte
3 Stufenbelag Ortbeton 60 mm, bewehrt mit Glasfasern und Drahtgewebe, Oberfläche gebürstet
4 Kastenträger Stahlblech 30 mm, verschweißt
5 Träger/Anschluss Stütze Flachstahl ▭ 35 mm
6 Stütze Stahlprofil ∅ 250/20–600/10 mm
7 Auflager Stütze Stahlbeton
8 Bodenaufbau:
Betonestrich durchgefärbt 150 mm, bewehrt mit Glasfasern und Drahtgewebe
Betonestrich 200 mm bewehrt mit Glasfasern und Drahtgewebe
Stahlbeton 300 mm

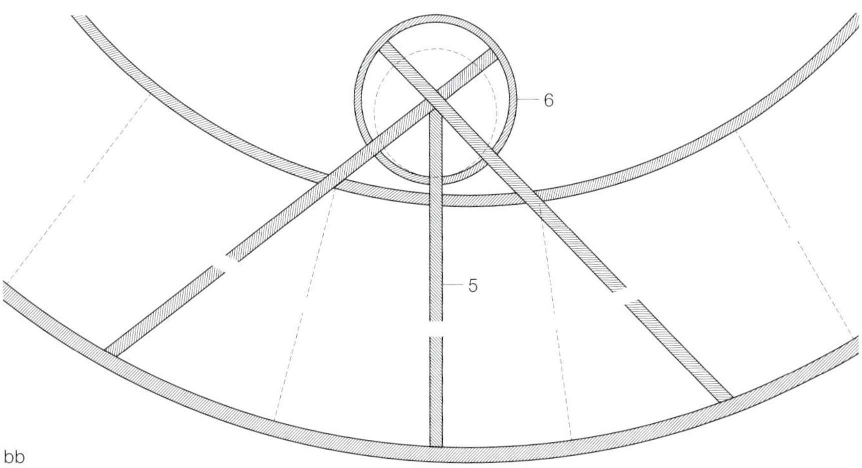

bb

Ladenumbau in New York

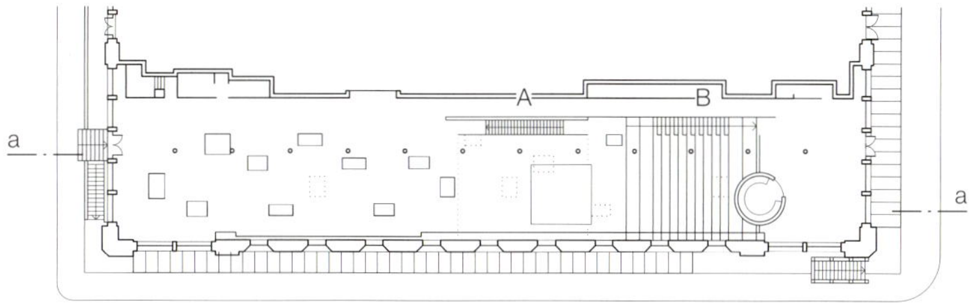

Architekten: OMA/AMO, New York/Rotterdam
Rem Koolhaas, Dan Wood, Ole Scheeren, Markus Schaefer

Planung/Fertigstellung: 2000/2001

Grundriss Maßstab 1:750

Der Prada Store in SoHo ist – vor Los Angeles und San Francisco – das erste der drei großen Geschäfte, in denen Rem Koolhaas neue Verkaufsideen für die Mailänder Modefirma realisiert hat. Das Prestigeobjekt ist kein Laden im herkömmlichen Sinn, sondern Erlebnisraum, Shopping-Experiment, privater und öffentlicher Raum zugleich. Nachts verwandelt sich der kommerzielle Kleiderladen zu einer Stätte für Kultur, zu einem Auditorium, in dem 200 Menschen Platz finden, um an Filmvorführungen, Vorträgen oder Performances teilzunehmen. Mittelpunkt für all diese kulturellen Aktivitäten ist eine riesige, wellenförmige Treppenanlage aus Holz, die sich von der Eingangsebene nach unten schwingt und auch als Sitzgelegenheit dient. Da die Besucher einen wichtigen Teil der Gesamtinszenierung darstellen, verschwimmen während der Veranstaltungen die Grenzen zwischen Zuschauern und Aufführenden. Die Treppenanlage stellt die Bühne für beide Akteure gleichermaßen dar. Der Blick sowohl von als auch auf diese Bühne hat ähnlich große Bedeutung. Im regulären Verkaufsbetrieb werden die Stufen zur Schaubühne für Schuhe oder Handtaschen. Auf der gegenüberliegenden Seite schwappt die Welle als glatte Holzfläche wieder nach oben. Aus dieser Fläche kann eine Plattform ausgeklappt werden. Über eine schmale Treppe an der Seite erreicht der Besucher weitere Verkaufsflächen im rückwärtigen Teil des Geschäfts. Kleider und Accessoires sind in unterschiedlich großen Käfigen aus Streckmetall ausgestellt und hängen frei im Raum. Sie laufen, digital gesteuert, an Schienen an der Decke und können immer wieder neu positioniert werden. Findet eine Veranstaltung statt, werden die Käfige eingesammelt. Der untere Wendepunkt der Welle erschließt zusätzliche Verkaufsräume, eine Kosmetikabteilung sowie Umkleiden im Untergeschoss.

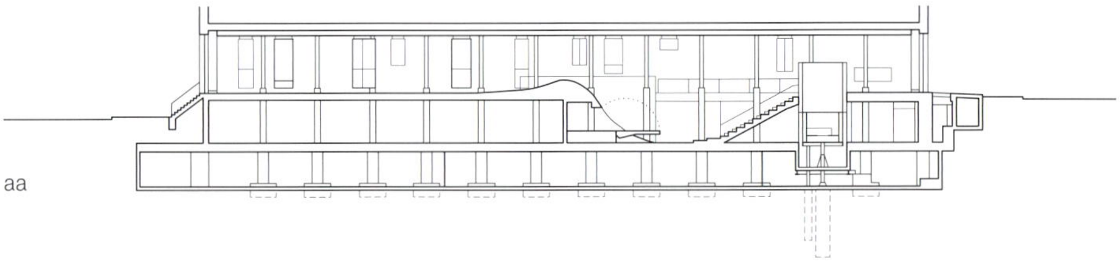

Schnitt
Maßstab 1:750
Detailschnitte
Maßstab 1:10

1 Aluminiumblech auf Sperrholzplatte 20 mm geklebt
2 Ausgleichsscheibe
3 Rahmen aus Aluminiumrohren ⧄ 76/76 mm
4 Aluminiumstab ⧄ 25/25 mm
5 EPDM 6 mm
6 Bodenaufbau: Aluminiumblech geklebt auf Sperrholzplatte 20 mm, 2-lagig Weichfaserplatte 12 mm
7 Stahlträger der Brückenkonstruktion
8 Handlauf Aluminium-Strangpressprofil
9 Aluminiumwinkel L 25/25 mm
10 Tropenholz Zebrano 18 mm
11 Sperrholzplatte 20 mm
12 Weichfaserplatte 12 mm
13 Ausgleichsklotz
14 Einlegestreifen Zink 3/6 mm
15 Stahlprofil ⊔ 220 mm
16 Stahlwinkel L 40/60 mm
17 VSG aus 2× ESG 10 mm
18 EPDM 6 mm
19 Aluminiumblech auf Sperrholzplatte 20 mm geklebt
20 Sperrholzplatte 20 mm
21 Weichfaserplatte 12 mm
22 Glasauflager Aluminiumprofil
23 Ausgleichsklotz
24 Stahlwinkel L 100/75/8 mm
25 Stahlbetondecke auf Trapezblech
26 Deckenkonstruktion aus Stahlprofilen
27 Handlauf Aluminium-Strangpressprofil 50/30 mm
28 Edelstahlrohr ⧄ 20/20 mm
29 Tropenholz Zebrano 18 mm
30 Sperrholzplatte 20 mm
31 Weichfaserplatte 12 mm
32 Stahlblech 5 mm
33 Kragträger Stahlprofil ⊔ 320 mm
34 Stahlwinkel L 40/60 mm
35 Unterhängdecke Aluminium poliert

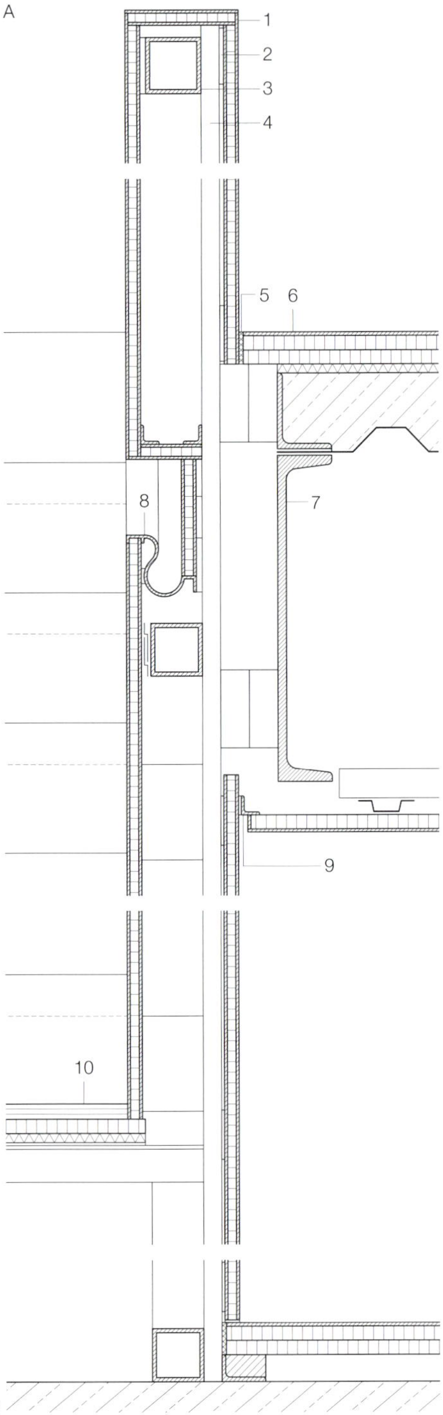

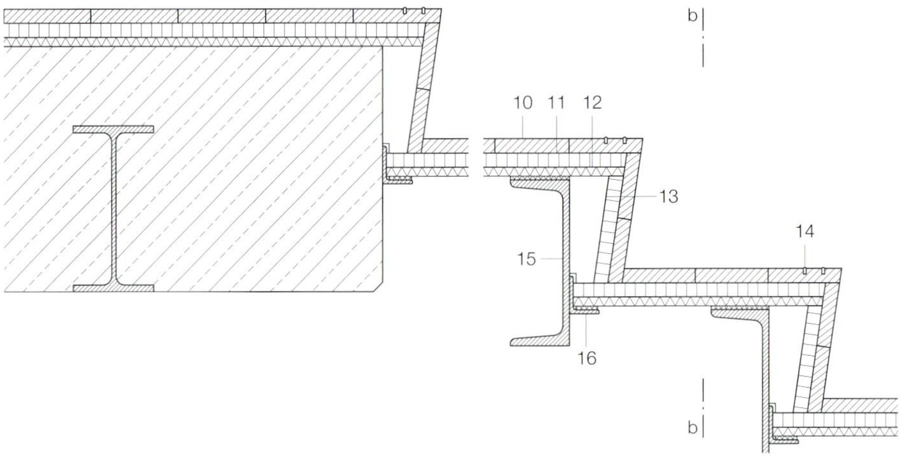

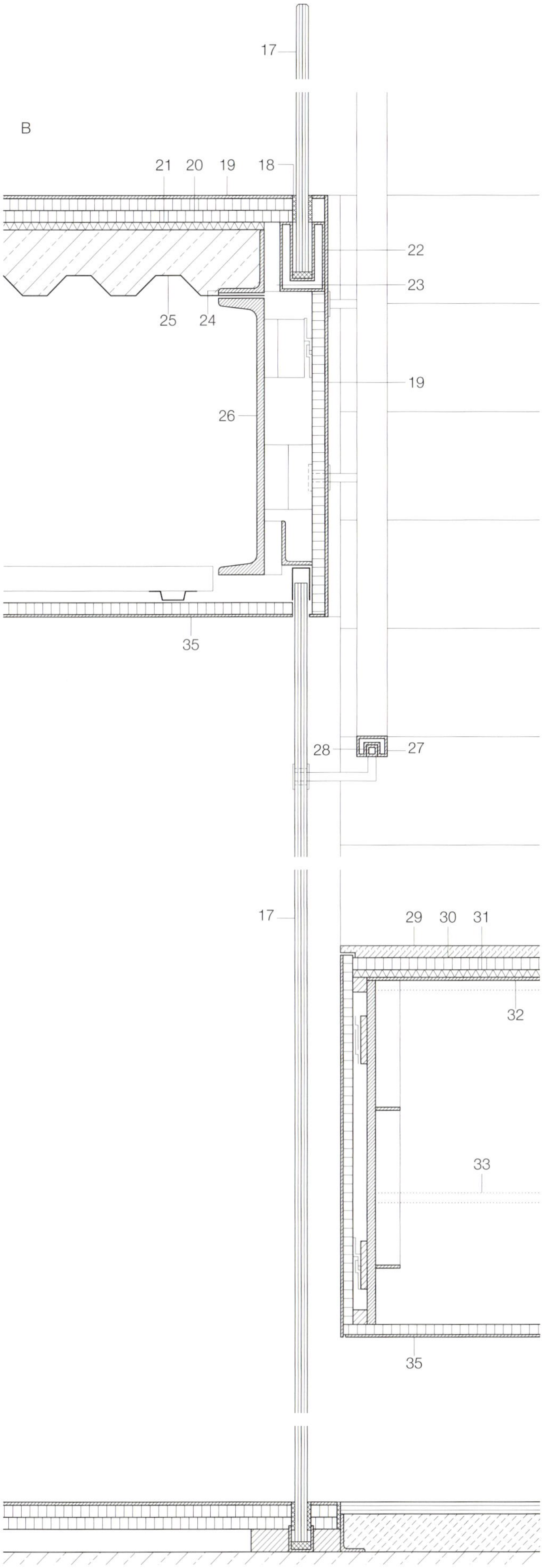
17
B
21 20 19 18
22
23
25 24
19
26
35
28 27
17
29 30 31
32
33
35

cc

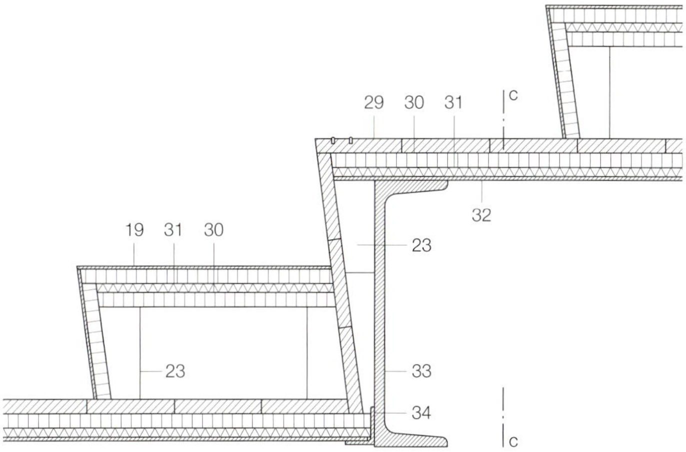
29 30 31
c
32
19 31 30
23
23
33
34
c

Stadtbibliothek in Seinäjoki

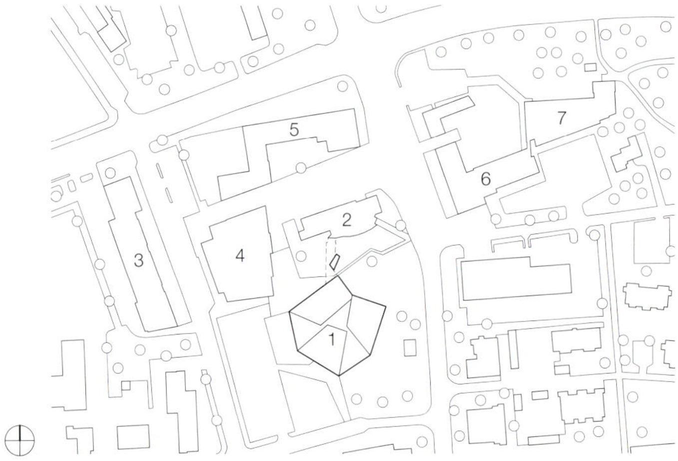

Architekten:	JKMM Arkkitehdit, Helsinki Asmo Jaaksi, Teemu Kurkela, Samuli Miettinen, Juha Mäki-Jyllilä
Mitarbeiter:	Aaro Martikainen, Päivi Meuronen, Teemu Toivio
Tragwerksplaner:	Eero Pekkari, Ramboll Finland, Espoo
Planung/ Fertigstellung:	2008/2012

Die Kleinstadt Seinäjoki, im Westen Finnlands gelegen, hat durch das von Alvar Aalto entworfene Stadtzentrum einen gewissen Bekanntheitsgrad erlangt. Kirche, Rathaus, Bibliothek, Gemeindezentrum, Bezirksverwaltung und Theater bilden ein harmonisches Ensemble aus überwiegend weißen, kupfergedeckten Gebäuden. Nach über 40 Jahren entsprach die Stadtbibliothek durch Bevölkerungszunahme einerseits und die neuen Entwicklungen im Medienbereich andererseits nicht mehr den aktuellen Anforderungen. Der Neubau ergänzt die Funktionen des Altbaus und ist mit ihm durch einen Tunnel verbunden. Die neue Bibliothek nimmt in Maßstab und Materialität Bezug zum Bestand, spricht aber selbstbewusst eine zeitgenössische Architektursprache. Äußerlich gliedert sich der Baukörper in drei Gebäudeteile, die innen zu einem Ganzen verschmelzen. Zwar sind die einzelnen Bereiche durch die Grundrissgeometrie klar voneinander abgegrenzt, die Haupträume gehen jedoch nahtlos ineinander über und erlauben vielfältige Blickbeziehungen. Die unterschiedlich geneigten Ortbetondecken mit sichtbarer Schalungsstruktur verleihen den Räumen einen skulpturalen Charakter und kaschieren gleichzeitig das weitgespannte hölzerne Dachtragwerk. Konzeptionell wird die Bibliothek nicht allein als Aufbewahrungsort von Medien interpretiert, sondern vielmehr als Treffpunkt und Aufenthaltsort, um mit Medien zu interagieren.
Herzstück des Gebäudes stellt zweifellos die »Leselandschaft«, eine mit farbigen Sitzpolstern bestückte Freitreppe dar. Diese schafft eine großzügige Verbindung der Hauptebene mit dem Untergeschoss, wo sich neben dem Jugendbereich auch der Übergang zur Aalto-Bibliothek befindet. Zusätzlich lädt sie

Lageplan Maßstab 1:5000
Schnitte • Grundrisse Maßstab 1:1000

1 neue Bibliothek

Nachbargebäude von Alvar Aalto:
2 alte Bibliothek (1965)
3 Amtsgebäude (1968)
4 Stadttheater (1987)
5 Rathaus (1962)
6 Gemeindezentrum (1966)
7 Kirche (1960)
8 Übergang zur alten Bibliothek
9 Spiele
10 Jugendbücher
11 Musik, Filme
12 Sitznischen
13 Lesestufen
14 Ausstellung
15 Information / Service
16 Magazin
17 Café
18 Zeitungen
19 Foyer
20 Mehrzweckhalle
21 Verwaltung
22 Verteilung
23 Lager Fahrbücherei
24 Spielbereich
25 Kinderbücher
26 Leseraum
27 Bücher
28 Besprechungsraum
29 Café Mitarbeiter

durch die in verschiedenen Grüntönen gehaltenen Sitzpolster zum Verweilen und Lesen ein. Die Polster werden auf die Treppenanlage aufgelegt, überbrücken jeweils zwei Stufen und sorgen damit für eine angenehme Sitzhöhe und Sitztiefe. Damit können sie auch bei Veranstaltungen als Sitzplätze für Zuschauer genutzt werden. Um die Freitreppe nicht ihrer Wirkung zu berauben, wird sie nur jeweils seitlich von einem Handlauf begleitet. Ansonsten reduziert sich ihre Erscheinung auf die homogen in weiß gehaltenen Treppenstufen und die farbigen Sitzpolster.

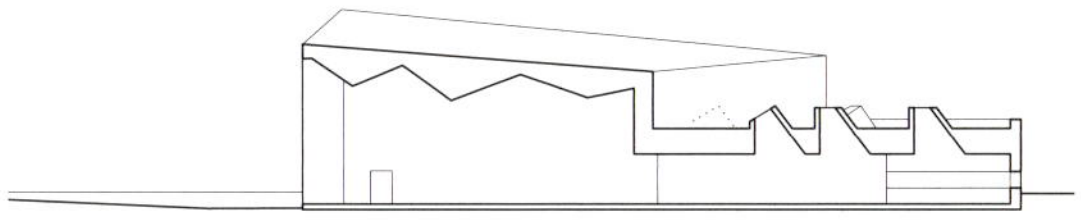

aa

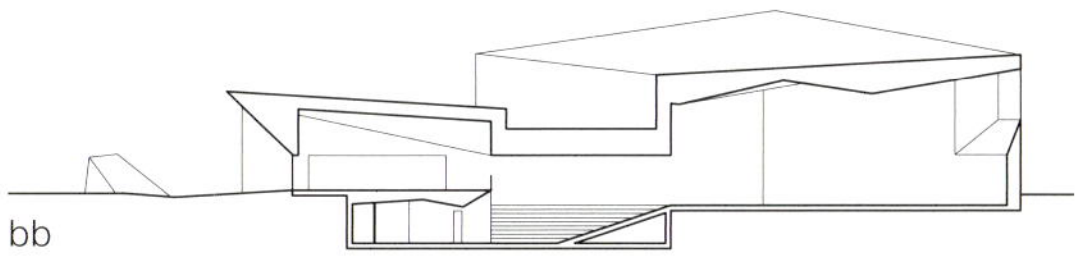

bb

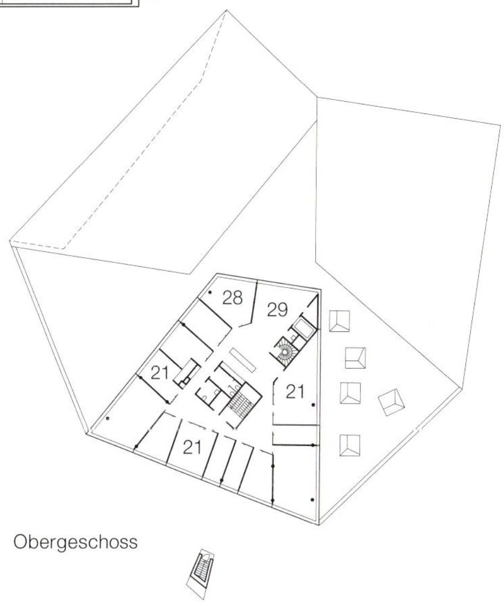

Obergeschoss

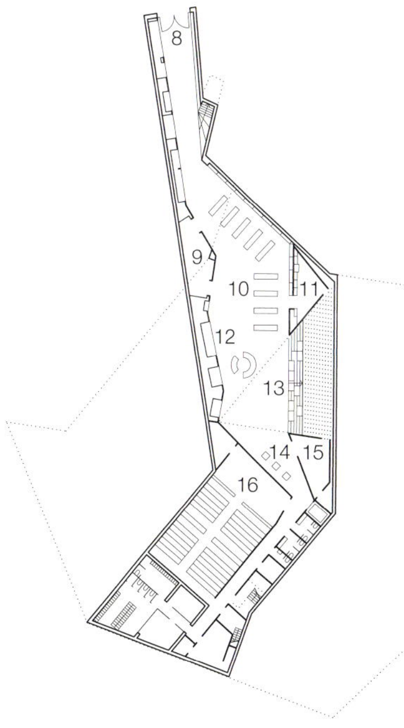

Untergeschoss

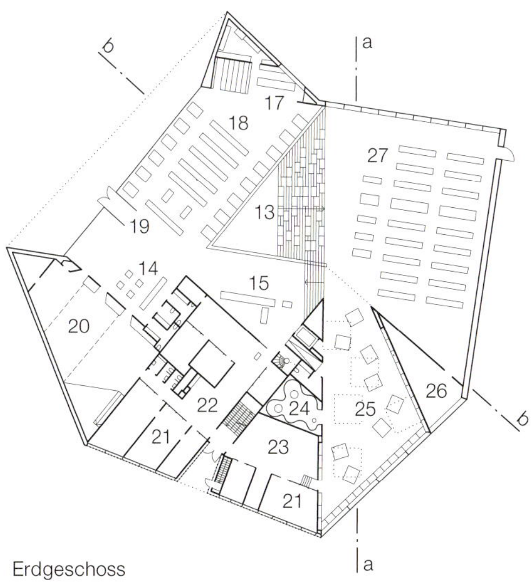

Erdgeschoss

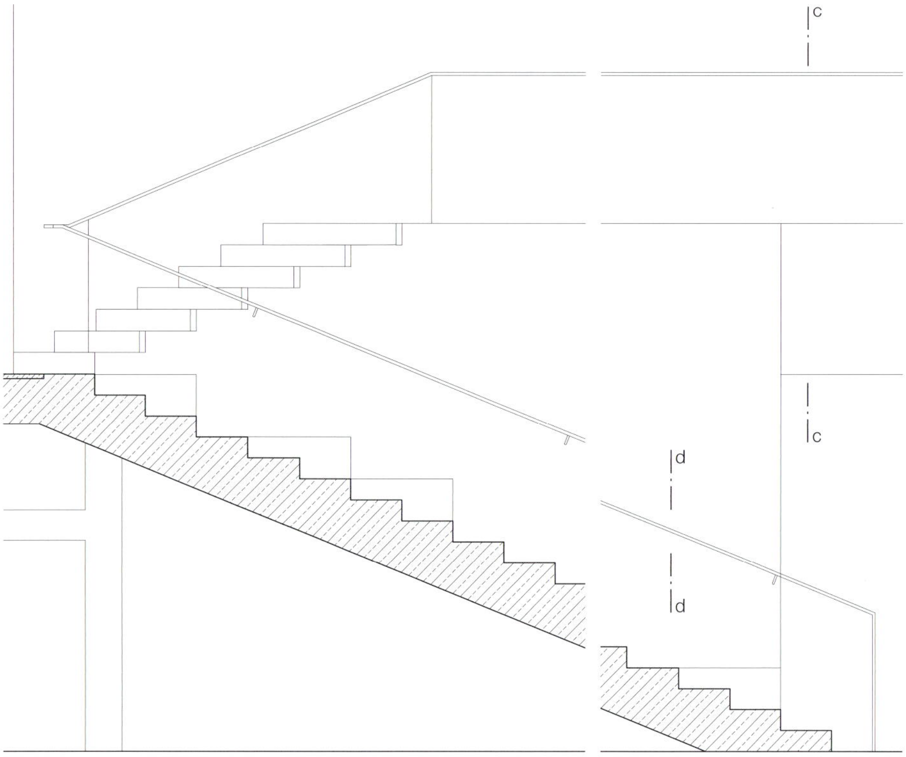

Vertikalschnitt Treppe
Maßstab 1:50
Details Geländer
Maßstab 1:5

1 Handlauf Flachstahl 50/20 mm
2 Stahlstab ∅ 8 mm, in Stahlbetonwand befestigt
3 Stahlprofil gefalzt 5 mm, in Stahlbetonwand eingelassen, raumseitig lackiert
4 Handlauf Stahlrohr ▱ 50/30/2,5 mm, verschweisst auf Stahlprofil
5 VSG 8 + 8 mm, befestigt in Aluminiumprofil
6 Teppichboden 6 mm
Stahlbeton
Wärmedämmung 20 mm
Akustikplatte 10 mm
7 Flachstahl gefalzt 3 mm
8 Akustikplatte 10 mm
Flachstahl gefalzt 5 mm

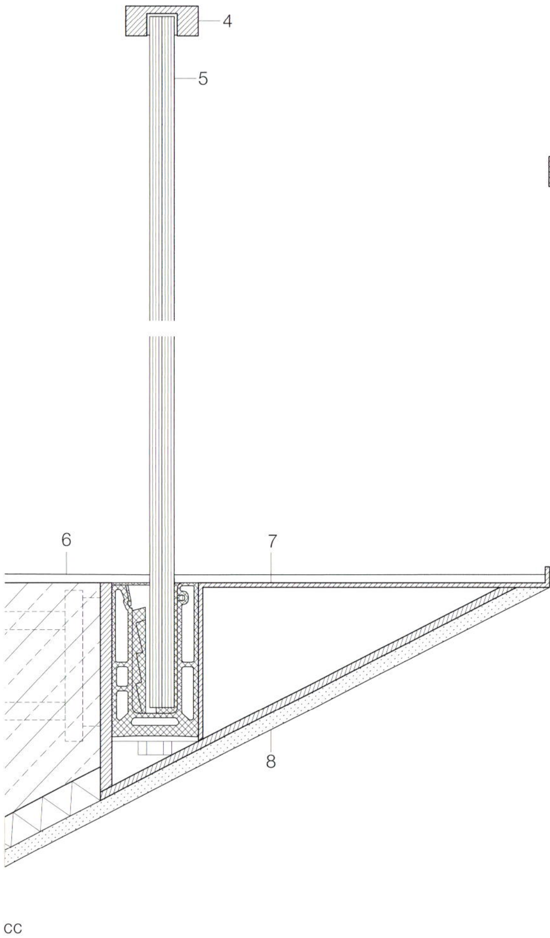

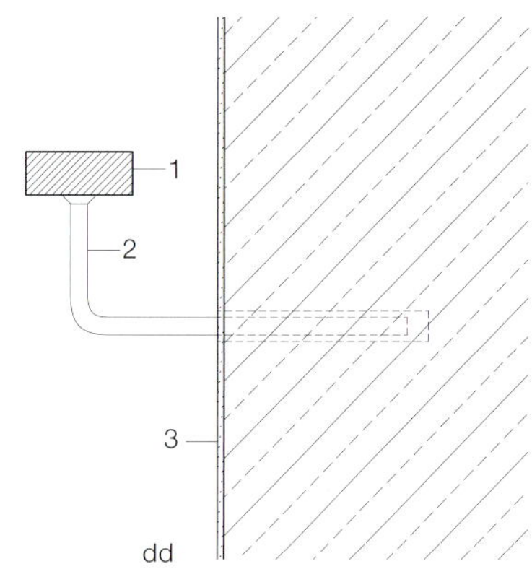

Galerie und Bar in Kioto

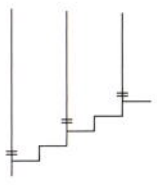

Architekten: Florian Busch Architects, Tokio
Mitarbeiter: Sachiko Miyazaki, Suguru Takahashi (Projektleiter)
Tragwerksplaner: OAK
Masato Araya, Tomonori Kawata, Tokio
Planung/ Fertigstellung: 2014/2015

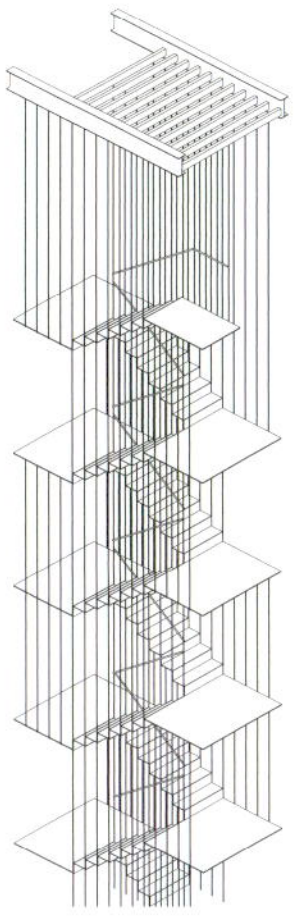

Am Rand des berühmten Amüsierviertels Pontocho im Zentrum Kiotos steht K8, ein kleines Gebäude mit einer Bar und einer Galerie – ein durchgehender Innenraum, der sich über acht Ebenen erstreckt. Die Gebäudehülle, eine homogene, aber sich dennoch kontinuierlich ändernde Oberfläche, erzeugt eine Vieldeutigkeit, die man in der Architektur Kiotos häufig findet. Mehrere Hundert Lamellen aus Holz schaffen ein Gefühl der Bewegung, als würde das Gebäude ständig auf seine Umgebung reagieren. Die den kompletten Innenraum bestimmende Treppe entwickelt sich hier durch Aufweitungen an den Podesten zu einem vertikalen Begegnungsraum. Sie verkörpert das Konzept des ganzen Gebäudes: Ein beinahe stoisches Reduzieren bis hin zur »Abwesenheit« von Details. Ermöglicht wird dies durch den Einsatz von Schwarzstahl, aber auch durch die Anwendung einer Vielzahl von raffinierten technischen Lösungen, die als ganz eigene Ästhetik in Erscheinung treten und schließlich das Bild der Treppe entscheidend prägen. Die Erschließung wird zum Ort der Begegnung bzw. zur Bühne für die Besucher der Bar und verleiht dem schmalen Handtuchgrundstück eine überraschende Großzügigkeit.

Axonometrie Treppe
Grundriss • Schnitt
Maßstab 1:200

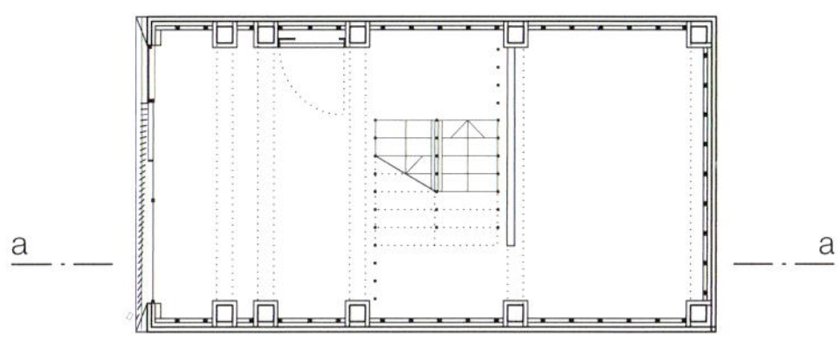

1. OG

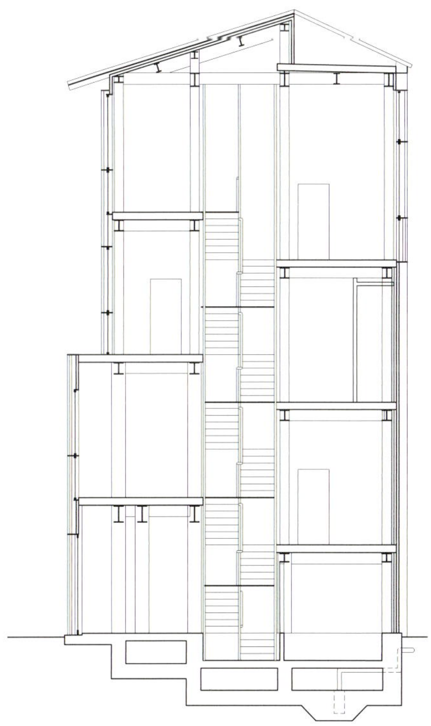

aa

Vertikalschnitte Treppe Maßstab 1:20

1 Versieglung Natriumsilikat
Estrich 35 mm, geschliffen
Stahlbetonverbunddecke 160 mm
2 Schwarzstahlprofil ⊏⊐ 200/9 mm, PU-beschichtet
3 Schwarzstahlprofil L 120/120/9 mm, PU-beschichtet
4 Stahlprofil IPE 250
Brandschutzbekleidung Mineralwolle 30 mm
5 Podest Schwarzstahlplatte 16 mm, PU-beschichtet
6 Tritt- und Setzstufe Schwarzstahlprofil ⊏⊐ 400/9 mm, PU-beschichtet, miteinander verschweißt
7 Geländerstab Stahlrohr Ø 10,8 mm, auf M12, verschweißt mit Setzstufe
8 Handlauf Stahlrohr Ø 21 mm, PU-beschichtet
9 Stahlprofil ⊏⊐ 184/100/9 mm
10 Stahlprofil IPE 300, Brandschutzbekleidung Mineralwolle 30 mm

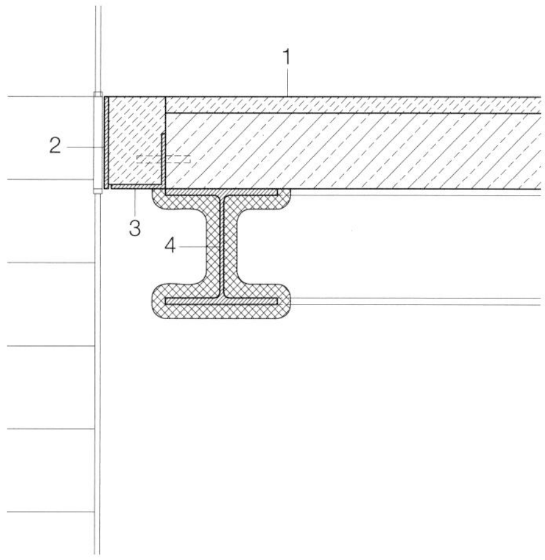

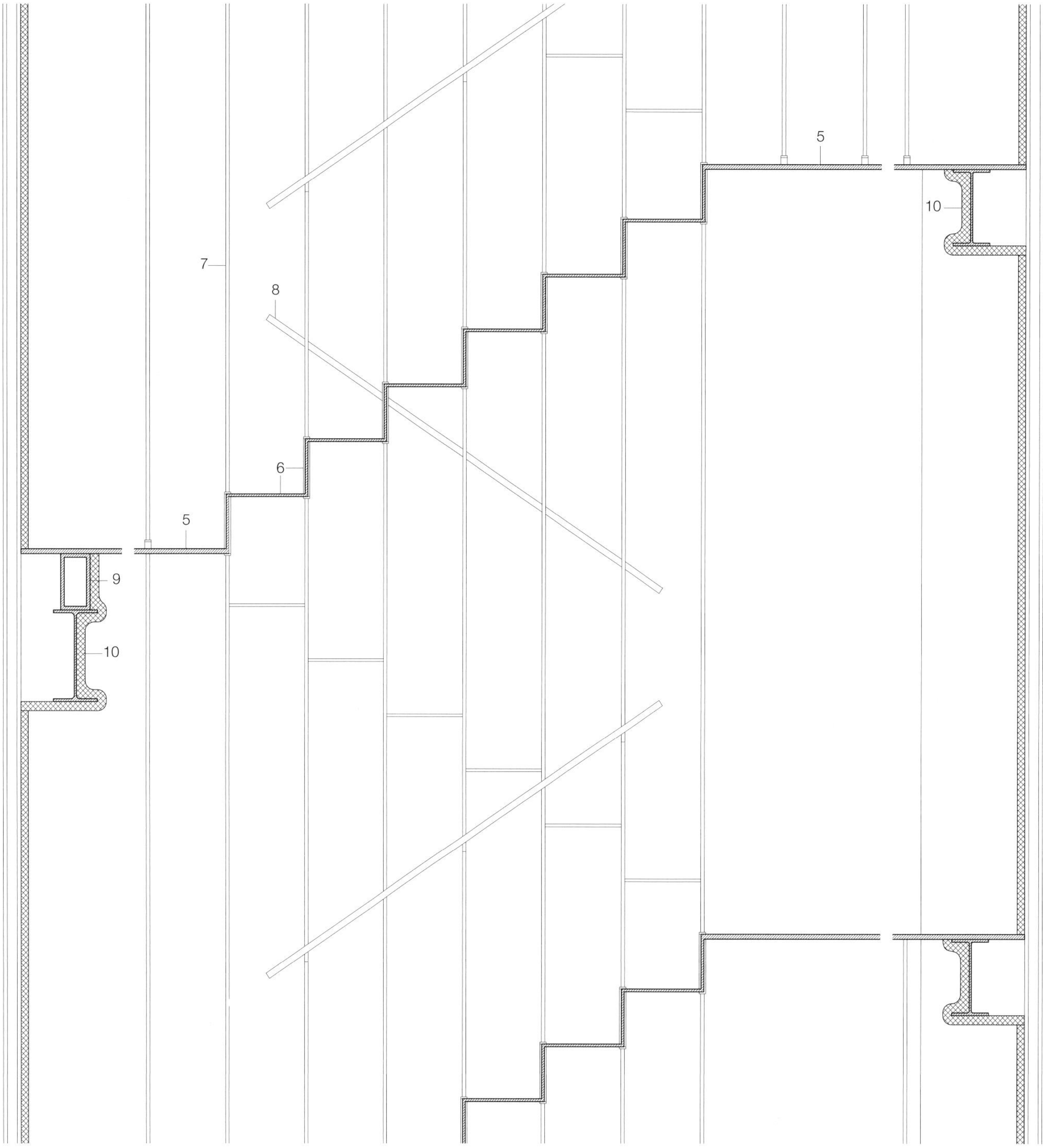

Schulhaus in St. Peter

Architekten:	Conradin Clavuot, Chur
Mitarbeiter:	Claudia Clavuot-Merz, Norbert Mathis, Alex Jörg, Paula Deplazes
Tragwerksplaner:	Jürg Conzett, Chur
Planung / Fertigstellung:	1996/1998

Seit dem 16. Jahrhundert hat sich im Schanfigg – einem Hochtal in der Nähe von Chur – kontinuierlich die traditionelle ländliche Bauweise erhalten, sowohl bezüglich des Gefüges der Siedlungen als auch der Konstruktionsart der Häuser in Strick- oder Blockbau. Das Bestehende weiterzuentwickeln, war einer der entwurfsbestimmenden Faktoren der Anlage, die sich aus dem bestehenden Gemeindehaus und der neuen Mehrzweckhalle, dem Pausenplatz mit Kindergarten und dem Schulhaus zusammensetzt. Der Strickbau – quasi die Urform der modularen Bauweise – wird hier in eine zeitgenössische Formensprache übersetzt. Die liegenden, 11,5 × 20,0 cm starken, gehobelten und sonst unbehandelten Holzbalken haben trotz einer langen Lagerung noch eine Restfeuchtigkeit von etwa 12 %. Diese trocknet im Lauf der Zeit aus und führt dazu, dass die Balken vor allem in Querrichtung zum Lauf der Jahresringe schrumpfen, das Schwinden in Längsrichtung ist zu vernachlässigen. Um das bewegliche System der zum Teil großen Strickwände (bis 36 m lang und 7,5 m hoch) statisch belastbar zu machen, wird es durch eine dynamische Verbindung mit einem unbeweglichen System fixiert: An senkrechten Setzhölzern mit aufgeschraubten Schwalbenschwanzprofilen können sich die liegenden Stricke nach unten bewegen. Die Innenwände sind aus doppelten Strickwänden gebildet. Besonders eindrucksvoll ist das Treppenhaus. Dieses greift mit seiner Schichtung von Holzstufen, den Geländern und Brüstungen die Materialität der umliegenden Wände auf. Die archaischen Treppenstufen – dem Maß der Strickhölzer entsprechend – fügen sich Tritt für Tritt aneinander. Dabei werden sie raumseitig von dem als massive Wange ausgebildeten Geländer und der begleitenden Wand gehalten und sind dort unsichtbar befestigt

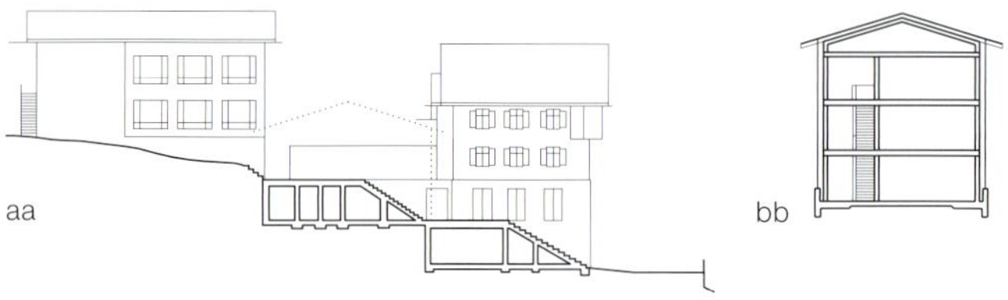

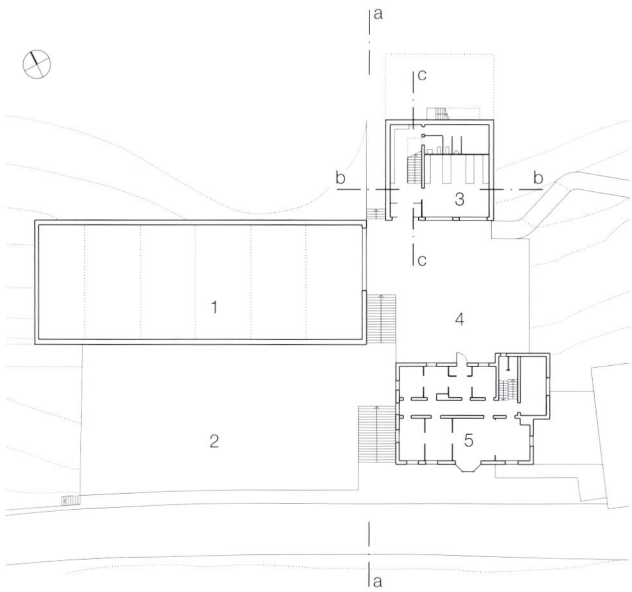

Schnitte
Grundriss
2. Obergeschoss
Maßstab 1:800

1 Mehrzweckhalle
2 Allwetterplatz
3 Schulhaus
4 Pausenplatz
5 Gemeindehaus (Bestand)

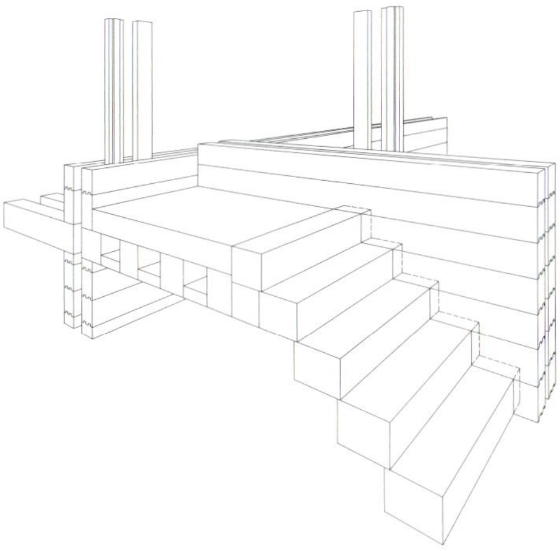

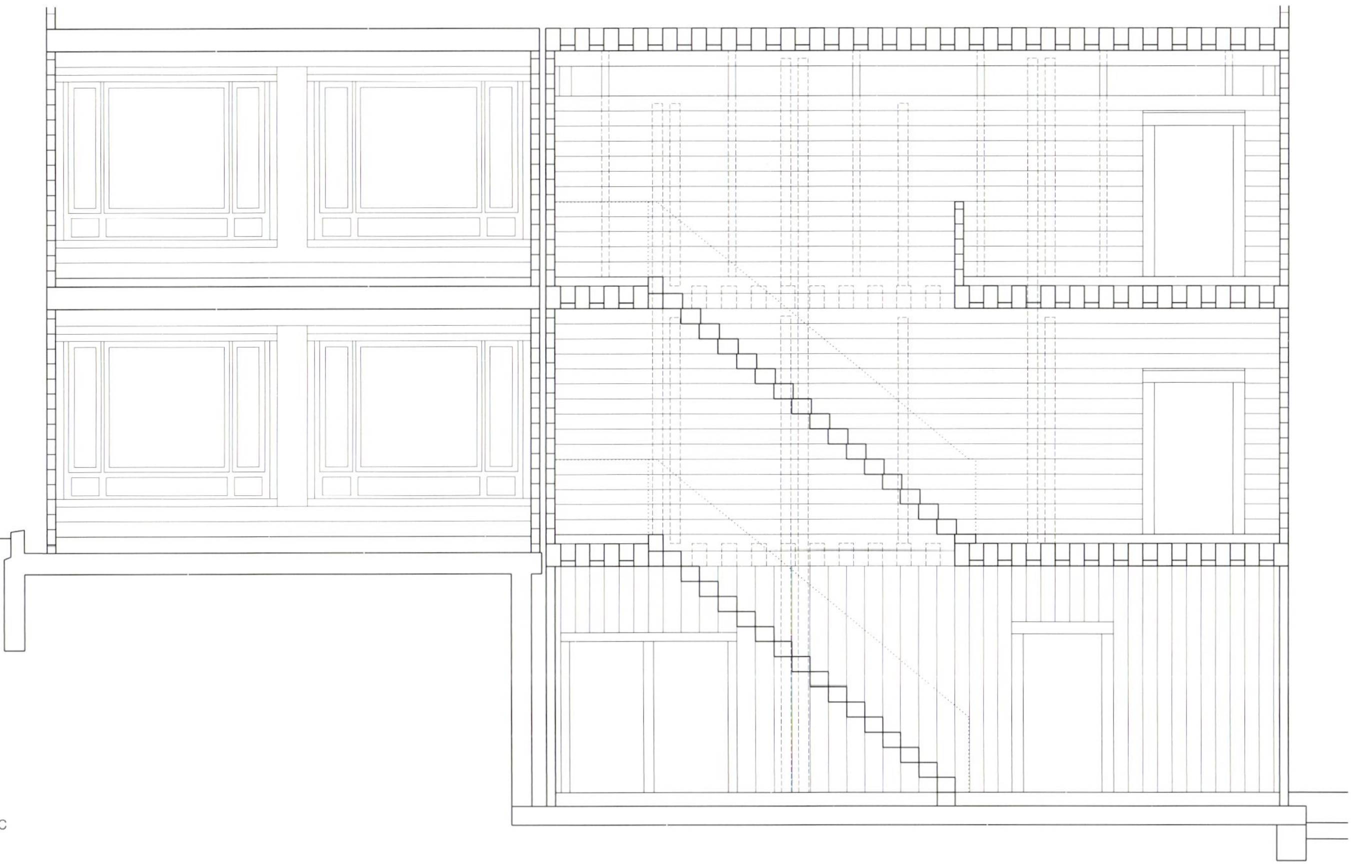

cc

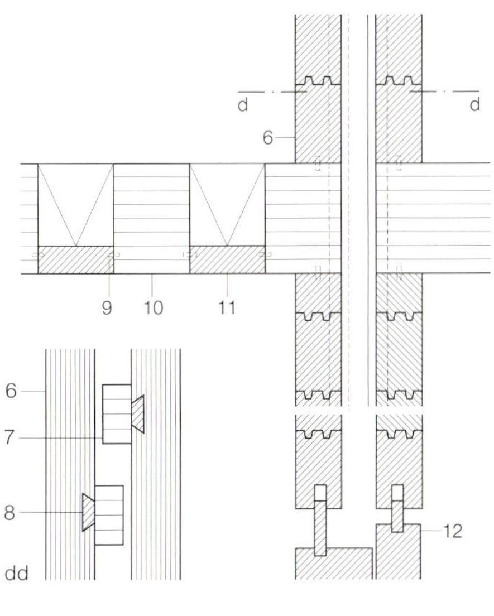

Schnitt cc Maßstab 1:100
Innenwanddetail Maßstab 1:20
Treppendetail Maßstab 1:20

6 liegender Strick 115/200 mm
7 Setzholz BSH 70/140 mm
8 Hartholzschwalbe, aufgeleimt und geschraubt
9 Hartholzdübel
10 Balken BSH 200/280 mm
11 Diele 60/200 mm
12 Türrahmen aus Kanthölzern
13 Strick in Bereich Treppenöffnung 155/200 mm
14 Führungsholz 45/50 mm, auf Strick geschraubt und geleimt
15 Stufentritt 220/250 mm
16 Verbindungsdübel Ø 20 mm, zwischen Stufe und Strick
17 stehender Strick Innenwand 115 mm
18 Verbundankersystem zwischen Holz und Stahlbeton Ø 12 mm,
19 Schwelle Lärchenholz 115/50 mm
20 Mörtelschicht 20 mm

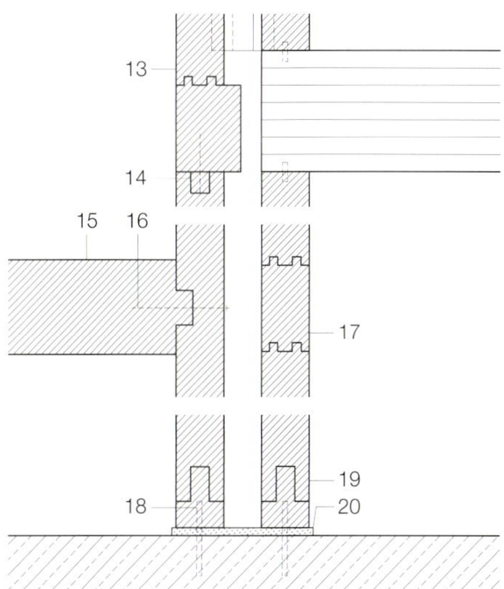

Kirche und Gemeindezentrum in Köln

Architekten:	Sauerbruch Hutton, Berlin Louisa Hutton, Matthias Sauerbruch, Juan Lucas Young
Projektleiter:	Jürgen Bartenschlag, Vera Hartmann
Tragwerksplaner:	Horz + Ladewig, Köln
Planung / Fertigstellung:	2009/2013

Auf einem Grundstück in Köln-Stammheim, eingerahmt von altem Baumbestand, steht der Neubau der evangelischen Immanuel-Kirche. Das Projekt fügt sich durch die Verwendung einer diagonalen Holzschalung für die Fassadenbekleidung der einzelnen Bauteile behutsam in diese Umgebung ein. Man betritt das Kirchengebäude über das niedrige Foyer unter der Empore und erlebt dann die volle Höhe des Kirchenschiffs von 11 m. Die vorgefertigten Holztafelelemente und Stützen sind unbekleidet. Die gebürsteten und weiß gewachsten Oberflächen lassen die Maserung des Holzes sichtbar werden. Als Bodenbelag wurde ein heller Sichtestrich eingesetzt. Die Rippenstruktur mit Stützen von 7,5 × 30 cm bildet mit den ausfachenden Platten ein steifes Tragwerk aus Dach und Wandscheiben. Die Empore wird durch eine einläufige Treppe erschlossen, die durch ihre geschlossenen mannshohen Wangen als Raumkörper ausformuliert ist und somit vom eigentlichen Foyer einen Erschließungsflur für Nebenräume optisch abtrennt. Um die Treppe nicht zu massiv erscheinen zu lassen, liegt sie nur an Boden und Decke auf und trägt ansonsten frei. An der sägezahnförmigen Unterseite der Treppe sind die einzelnen Stufen ablesbar. Auf diese Weise greift die Treppe die Form der über dem Foyer ansteigenden Stufenbalken auf, die als Sitzbänke der Empore dienen. Die insgesamt minimalistische Gestaltung durchbrechen die Architekten mit dem raumhohen Screen aus 3800 farbigen Holzlamellen in 27 unterschiedlichen Farben, der sich hinter dem Altar erhebt und wie ein Vorhang vor der Orgel schwebt. Eine in den Screen eingebaute Öffnung unterstützt den einfachen Umbau der Möblierung des Altarbereichs. Die Räumlichkeiten können somit von der Gemeinde flexibel genutzt werden.

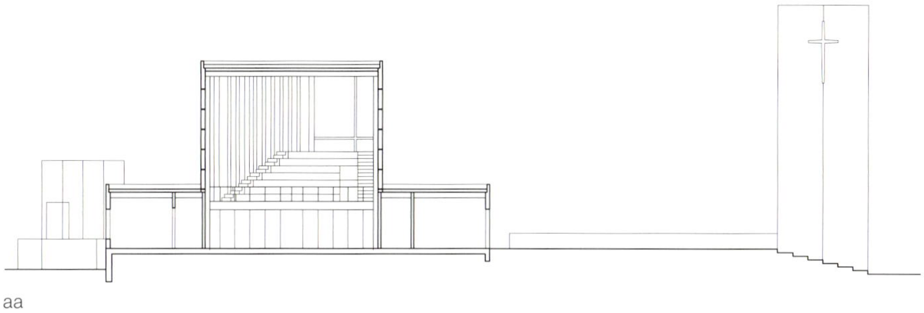

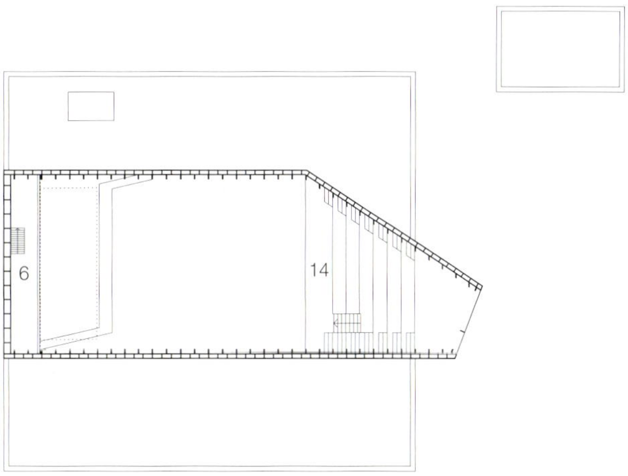

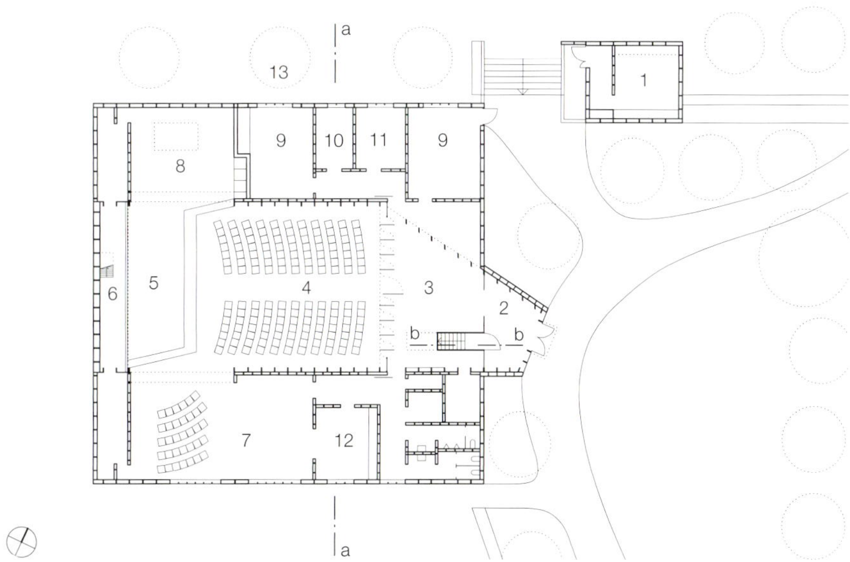

Schnitt • Grundrisse
Maßstab 1:500
1 Kapelle
2 Windfang
3 Foyer
4 Hauptschiff
5 Altar
6 Orgel
7 Mehrzweckraum
8 Bandproberaum
9 Mehrzweckraum der Gemeinde
10 Küster
11 Sakristei
12 Küche
13 Kolumbarium
14 Empore

Vertikalschnitt Kirchenschiff
Maßstab 1:20

1 Träger Furnierschichtholz 75/500 mm
2 Dreischichtplatte Fichte weiß gewachst 19 mm
Unterkonstruktion Kantholz 80/40 mm
dazwischen Trittschalldämmung 50 mm
Furnierschichtholzplatte 33 mm
Furnierschichtholz 21 mm
3 Brettsperrholz 63 mm
Dreischichtplatte Fichte weiß gewachst 27 mm
4 Geländer Rundstahl ∅ 20 mm
5 Furnierschichtholzplatte Fichte weiß gewachst 27 mm
Trittschalldämmung 20 mm
Brettsperrholz 93 mm
6 Furnierschichtholzplatte Fichte weiß gewachst 27 mm
Unterkonstruktion Kantholz 50/60 mm
Luftraum 40 mm
Wärmedämmung Hartschaum 40 mm
Abdichtung
Bodenplatte Stahlbeton 200 mm
Wärmedämmung XPS 60 mm
Sauberkeitsschicht

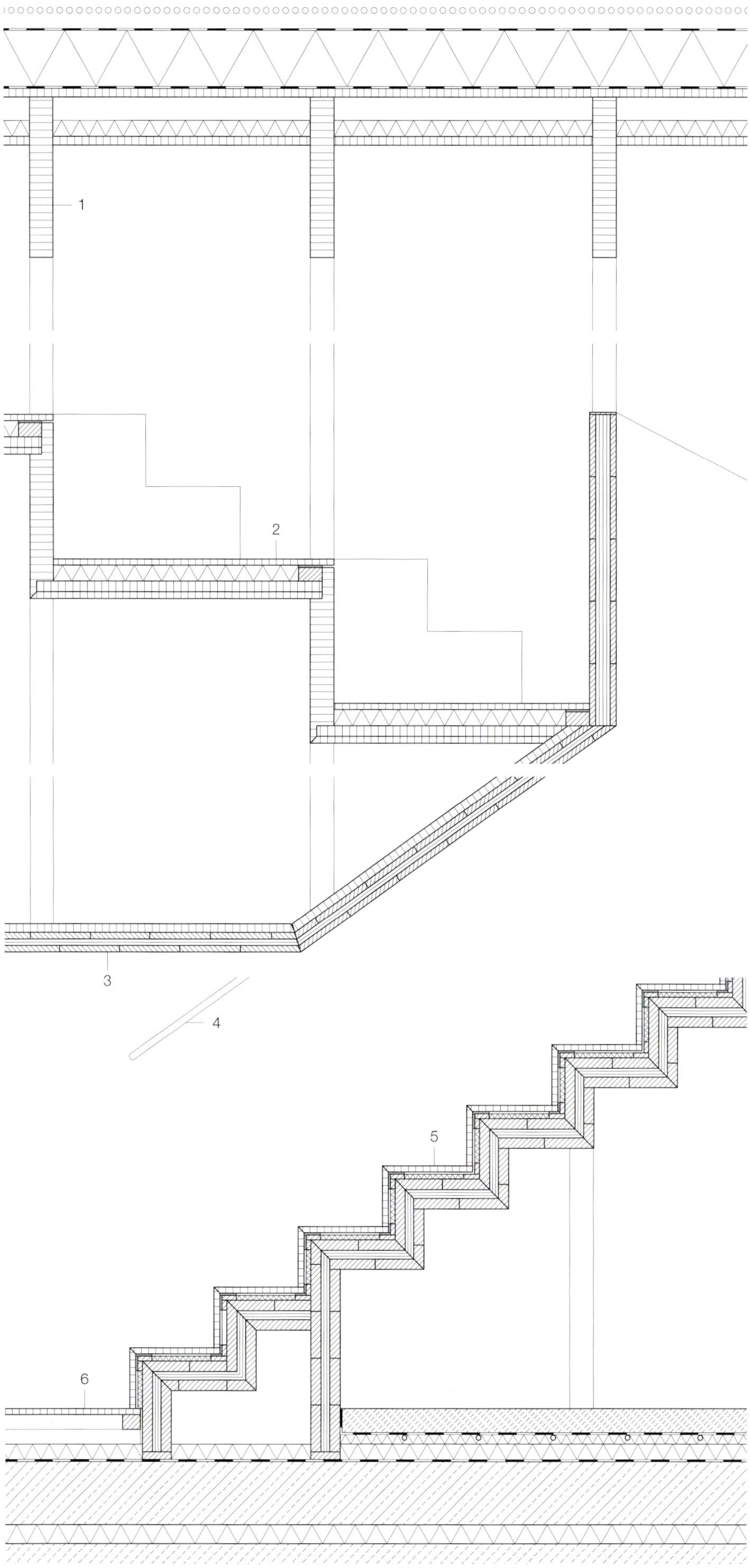

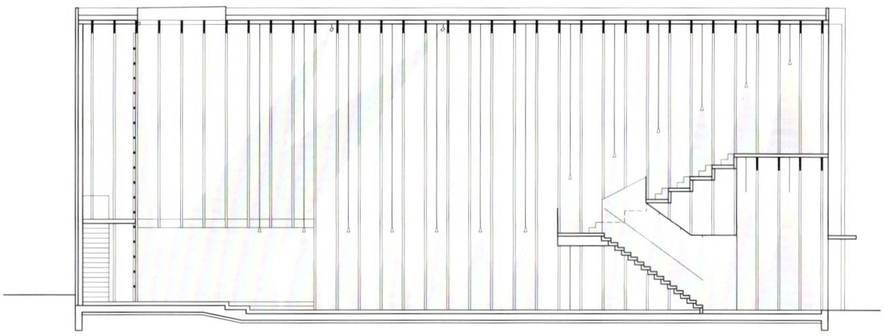

Schnitt mit Beleuchtung Maßstab 1:300

Hotel in Obanazawa

Architekten:	Kengo Kuma & Associates, Tokio
Mitarbeiter:	Makoto Shirahama
Tragwerksplaner:	K. Nakata & Associates, Tokio
Planung / Fertigstellung:	2005/2006

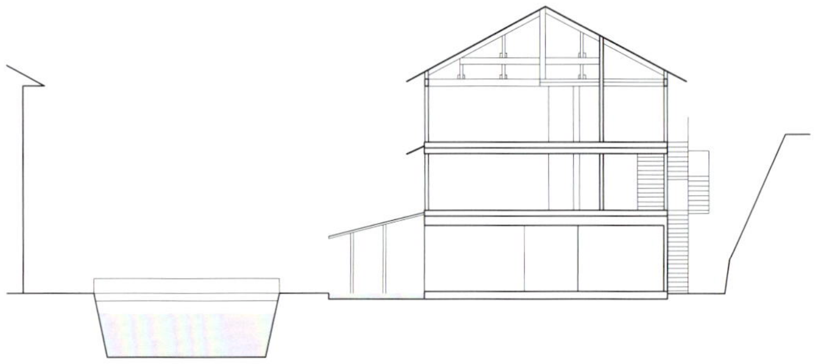

aa

Das im schneereichen Norden der Hauptinsel Honshu gelegene Obanazawa ist bekannt für seine heißen Quellen. Dicht an dicht drängen sich traditionelle japanische Herbergen entlang des Flusses Ginzan. Das Bestandsgebäude des 100 Jahre alten Hotels »Ginzan Onsen Fujiya« wurde größtenteils demontiert und unter Verwendung neuer wie alter Bauteile wieder aufgebaut. Nach außen lassen die mit vergrößerten Fensteröffnungen und einheitlichen Holzlamellen klar gegliederten Fassaden die moderne Interpretation des japanischen Gästehauses erkennen.
Im Innern ist ein großzügiges zweigeschossiges Foyer in die Gebäudestruktur eingefügt. Handgeschöpftes Japanpapier ziert viele Wandflächen. Paneele aus geschlitzten Bambusrohren zonieren zusammen mit beinahe transparenten Wandelementen aus geätztem Glas die Eingangs- und Erschließungsbereiche. Die an Stahlstäben abgehängte, scheinbar schwebende, einläufige Treppe, die ins zweite Obergeschoss führt, ist so minimalistisch ausgeführt, dass sie fast körperlos wirkt. Sparsam verteilte, klar gestaltete Möbel in Foyer und Gästezimmern tragen außerdem dazu bei, »moderne« kontemplative Räume in der traditionellen Hülle zu schaffen.

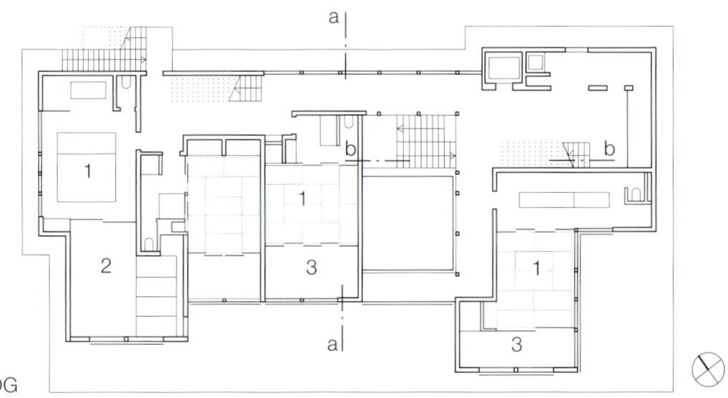

1. OG

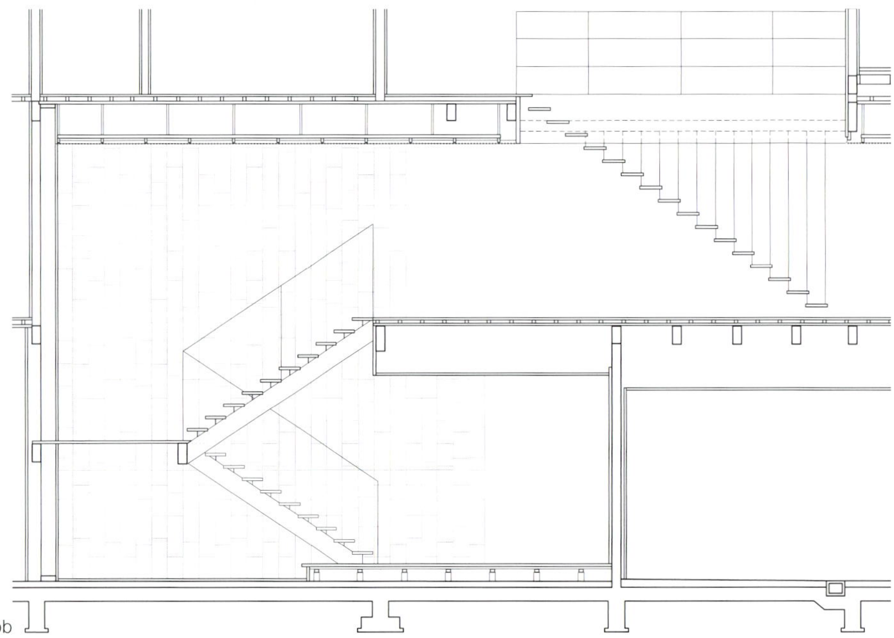

bb

Schnitt • Grundriss Maßstab 1:400
Schnitt Treppenhaus Maßstab 1:100
Schnitt Treppe Maßstab 1:20
Details Treppe Maßstab 1:5

1 Gästezimmer
2 Essbereich
3 Loggia
4 Japanpapier geklebt, Aluminiumhydroxidpapier, Gipskarton 2× 12,5 mm, Mehrschichtplatte 9 mm
5 Japanpapier geklebt
6 Acrylglas transluzent
7 Stahlblech gebogen 1,6 mm
8 Beleuchtungseinheit, magnetisch befestigt
9 Parkett Ulme 15 mm, Mehrschichtplatte 12 mm, Dämmung 60 mm, Mehrschichtplatte 18 mm
10 Trittstufe Ulme 36 mm
11 Stahlstab phosphorsäurebehandelt Ø 9 mm
12 Stahlhülse phosphorsäurebehandelt Ø 14/2 mm
13 Japanpapier geklebt, Aluminiumhydroxidpapier, Gipskarton 2× 12,5 mm
14 abgehängte Decke: Bekleidung Bambusstäbe auf Rahmen Ulme
15 Aufhängung Treppe Stahlprofil C 75/150 mm
16 Unterlegscheibe phosphorsäurebehandelt 2 mm
17 Mutter verschweißt mit Unterlegscheibe

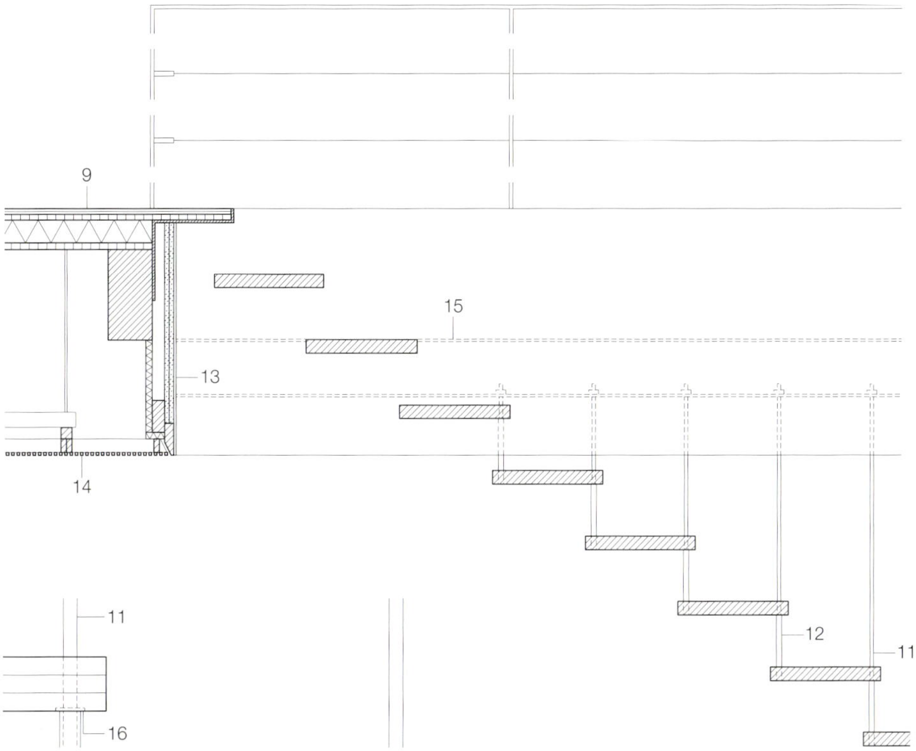

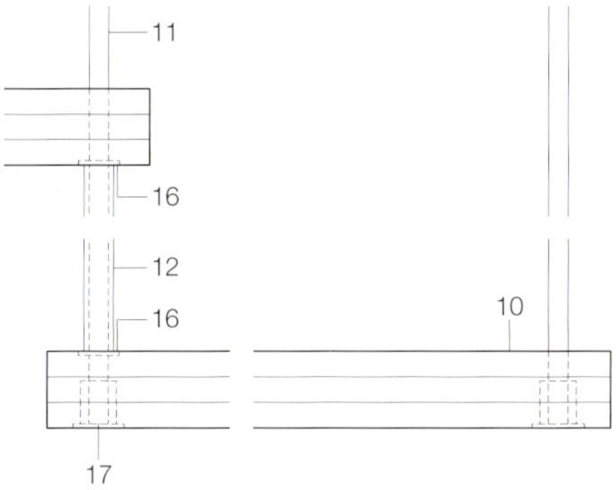

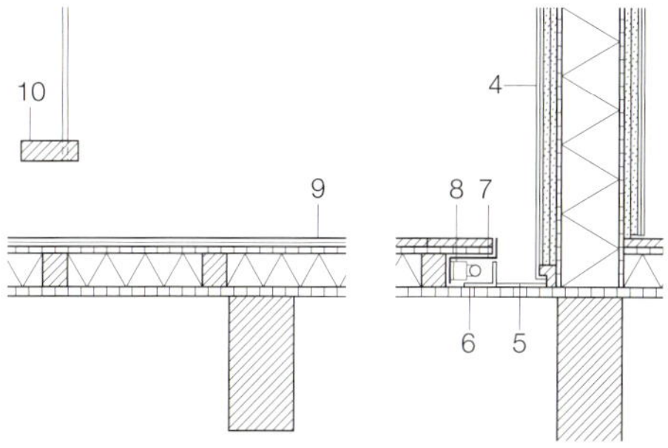

Wohnhaus in Vrhovlje

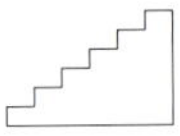

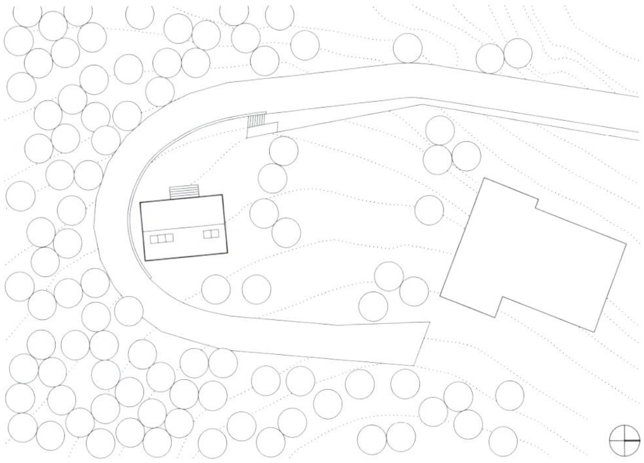

Architekten: dekleva gregorič arhitekti, Ljubljana
Mitarbeiter: Aljoša Dekleva, Tina Gregorič, Lea Kovič, Vid Zabel
Tragwerksplaner: Luka Pavlovčič, Ljubljana
Planung/ Fertigstellung: 2011/2014

Die Venezianer nutzten die Baumbestände bei Triest zum Bau ihrer Stadt auf hölzernen Pfählen und hinterließen eine karge Landschaft mit Kalksteinböden. Die traditionellen Häuser der Karst-Region bestehen hauptsächlich aus diesem Stein; ihre geschlossene Kubatur mit geneigtem Dach und nahezu fensterlosen Fassaden schützt die Bewohner vor Wind und Wetter. Das Einfamilienhaus, das die Architekten »Compact Karst House« nennen, nimmt diese Tradition auf und interpretiert sie neu. Abweichend von der ursprünglich handwerklich sehr aufwendigen Bauweise wählten sie eine hybride Tragstruktur aus Ziegelmauerwerk mit einem geneigten Dach aus Stahlbeton. Um dem Baukörper dennoch einen monolithisch steinernen Charakter zu verleihen, versahen sie die Fassade mit einer äußeren Schicht aus Stein und Beton, sodass eine lebendige Struktur entsteht. Die Wohnräume selbst stecken in zwei hölzernen Kuben, die frei in der äußeren Schale stehen, verbunden durch eine Brücke. Auf diese Brücke führt auch die vom Erdgeschoss ausgehende einläufige Treppe. Die boxenförmigen, an Stahlstäben abgehängten Holzstufen der Treppe können rückseitig als Regalfächer genutzt werden, und sind somit Möbel und Erschließung in einem. Um Platz zu sparen, greift das Erschließungsmöbel das Motiv einer so genannten Sambatreppe auf. Jede Stufe wird in zwei höhenversetzte Abschnitte gegliedert, die ein angenehmes Begehen der Treppe trotz hoher Steigung ermöglichen. Alle Einbauten samt der Wände und Böden zwischen den Geschossen bestehen aus mehrschichtigem Fichtenholz. Große Öffnungen im Erdgeschoss des Hauses bieten Ausblicke in die Landschaft, während Oberlichter in den beiden Schlafräumen den Blick auf den Himmel freigeben.

Lageplan
Maßstab 1:1000
Schnitte
Grundrisse
Maßstab 1:200

1 Eingang
2 Kamin
3 Bad
4 Küche / Esszimmer
5 Einbauschrank
6 Kinderschlafzimmer
7 Spielbrücke
8 Luftraum
9 Schlafzimmer

aa

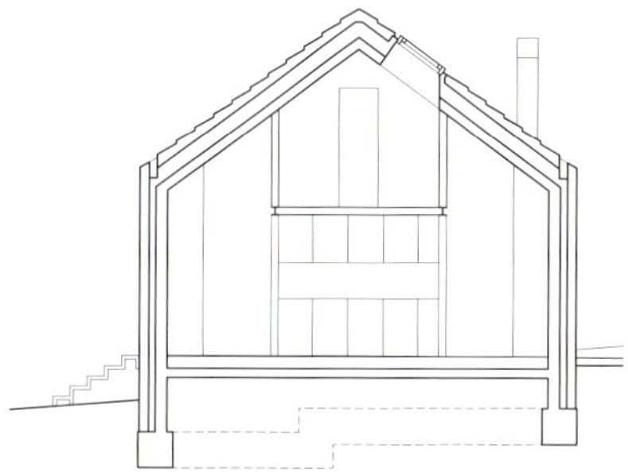

bb

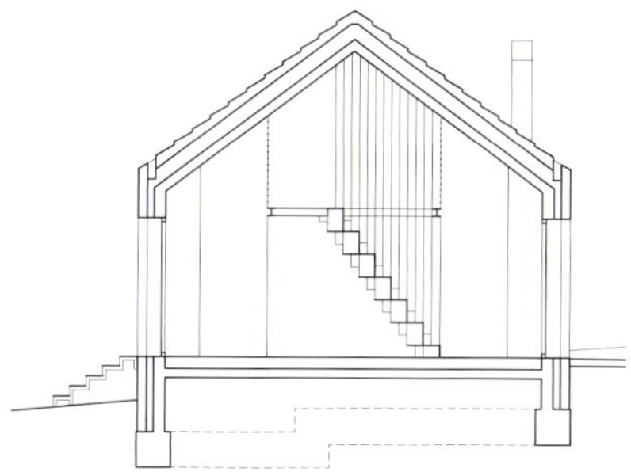

cc

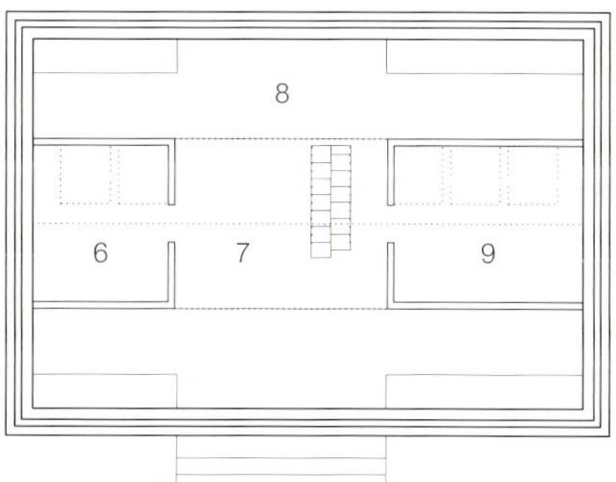

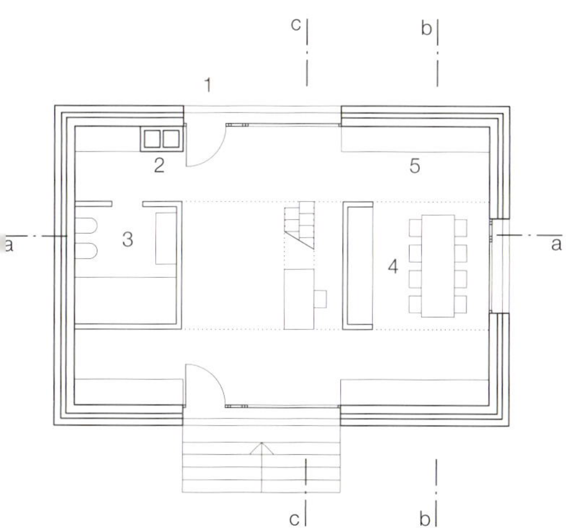

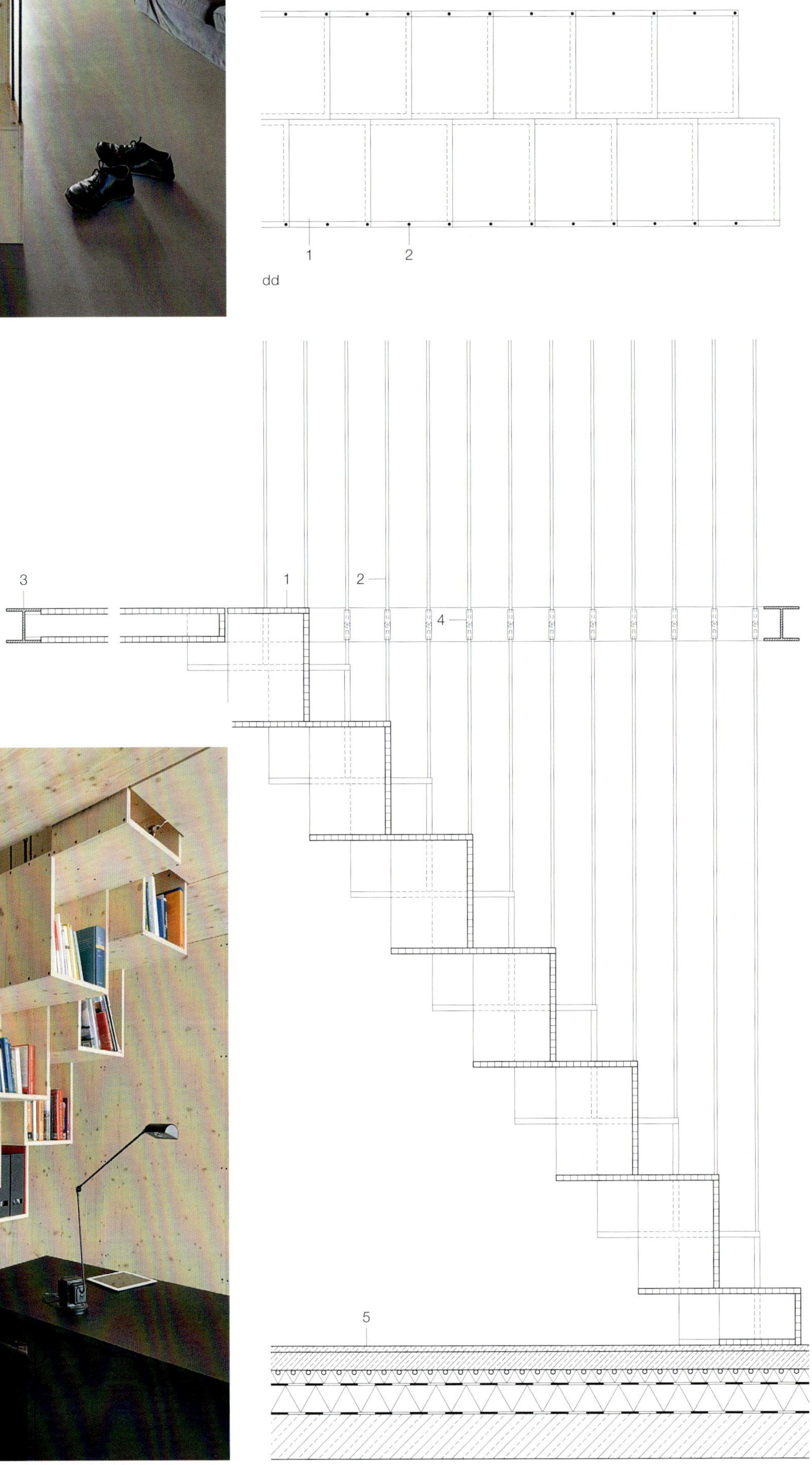

Detailschnitte Treppe / Regal
Maßstab 1:20

1 Treppe Steigung 189/280 mm
Dreischichtplatte Fichte 19 mm
2 Stahlstab schwarz ∅ 10 mm
3 Stahlprofil I 120 mm
4 Hülse mit Gewinde
5 Estrich geglättet 20 mm
Estrich armiert 60 mm
Fußbodenheizung in
Wärmedämmung 30 mm, PE-Folie
Wärmedämmung EPS 70 mm
Polymerbitumendichtung
Stahlbeton 150 mm

Ausstellungs- und Veranstaltungszentrum Franzensfeste

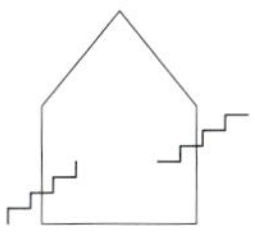

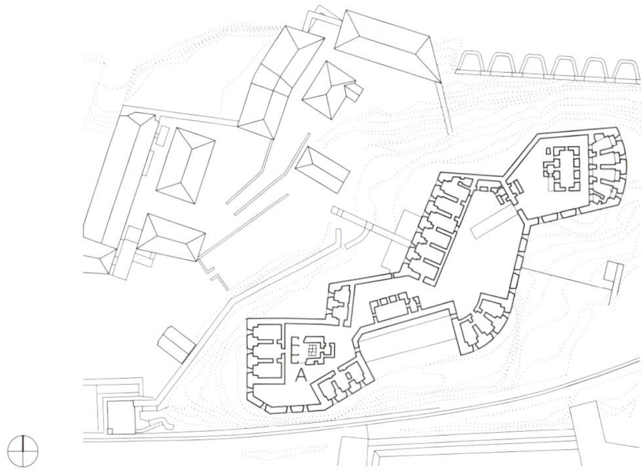

Lageplan mittlere Festung
Maßstab 1:3000

Architekten:	Markus Scherer, Meran Walter Dietl, Schlanders
Mitarbeiter:	Heike Kirnbauer, Elena Mezzanotte
Tragwerksplaner:	Baubüro Klaus Plattner, Bozen
Planung/ Fertigstellung:	2005/2009

Die Sperranlage Franzensfeste aus dem Jahr 1838, die sich an einer der engsten Stellen des Eisacktals bei Brixen befindet, hat mit 20 Hektar Grundfläche die Ausmaße einer kleinen Stadt. Sie besteht aus drei Einheiten: dem oberen, dem mittleren und dem unteren Festungsniveau. Nach der Übernahme durch das Land Südtirol sollte das Kulturdenkmal zu einem Ort der Begegnung und des kulturellen Austauschs werden. Den Bestand und vor allem den Festungscharakter weitgehend zu erhalten und durch gezielte minimale Eingriffe nutzbar zu machen, standen bei der Revitalisierung der ehemalige Verteidigungsanlage im Vordergrund. Die aus großen Granitblöcken gefügten Mauern wurden saniert, die Dächer abgedichtet und die Fenster instand gesetzt. Abmauerungen wurden wieder geöffnet und spätere Einbauten entfernt. Wenige sorgfältig gewählte Elemente stellen neue Verbindungswege in der Anlage her und ermöglichen so die Nutzung als Ausstellungsfläche. Ein neuer, 22 m langer Vertikalschacht, der mitten durch den Fels gegraben wurde, schafft eine Verbindung von der unteren zur mittleren Festung. In ihm wendelt sich skulpturartig die neue schwarze Stahlbetontreppe mit goldenem Handlauf empor und endet gemeinsam mit dem Aufzugsturm im ehemaligen Pulvermagazin, welches jetzt das Ankunftsgebäude beherbergt. Durch die Verwendung von Stahlbeton für die tragenden Bauelemente sowie von Stahl im Bereich der Brüstungen setzt sich die Treppe in ihrer Materialität von den Felswänden und dem Mauerwerk des Bestands ab. Die sachte Restaurierung der Gewölbe aus Sichtziegelmauerwerk und der verputzten, teilweise mit Malereien verzierten Wandflächen einerseits und die eindeutige Ablesbarkeit der neuen Eingriffe andererseits schafft einen gelungenen Dialog zwischen historischer Substanz und zeitgenössischer Architektur.

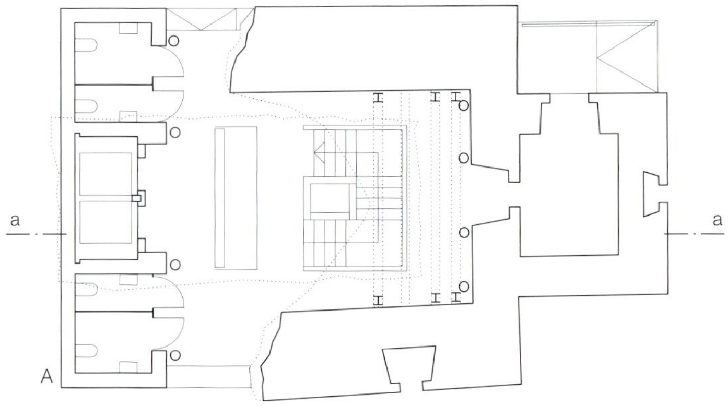

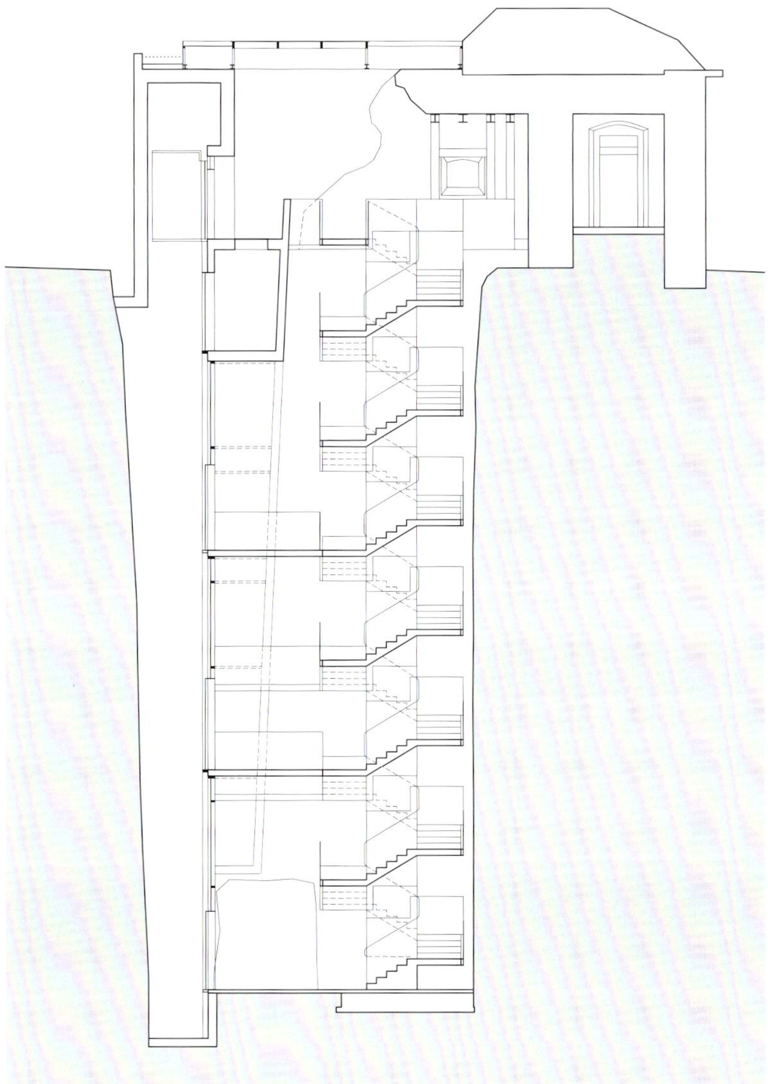

aa

Grundriss • Schnitt
Maßstab 1:100
Isometrie Treppe ohne Maßstab
Detailschnitte Treppe
Maßstab 1:10

1 Handlauf Flachstahl ▭ 50/10 mm
2 Stahlrohr ▢ 20/20 mm
3 Abdeckleiste Flachstahl ▭ 20/3 mm
4 Geländerfüllung Streckmetall
5 Geländerpfosten Flachstahl ▭ 40/20 mm
6 Stahlprofil L 40/40/5 mm, mit Geländerpfosten verschweißt
7 Verstärkungssteg Flachstahl ▭ 40/20 mm
8 Stahlwinkel 120/40/3 mm
9 Verbindungswinkel Stahl 20/20/3 mm
10 Gitterrost 50 mm
Stahlprofil U 120
11 Treppenpodest Stahlbeton 175 mm
12 Kopfplatte Stahl auf Stahlprofil U 120
13 Bekleidung Streckmetall

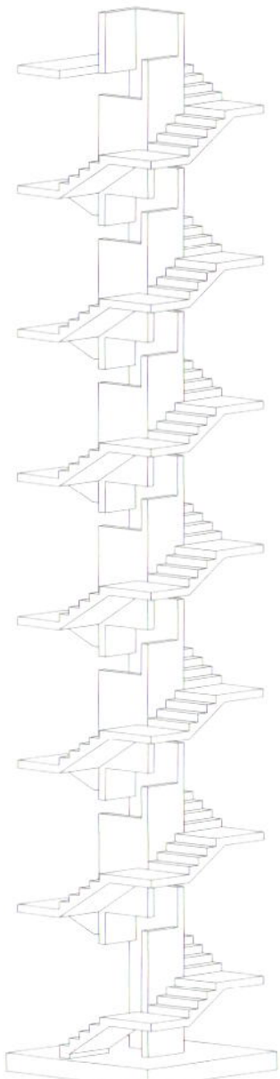

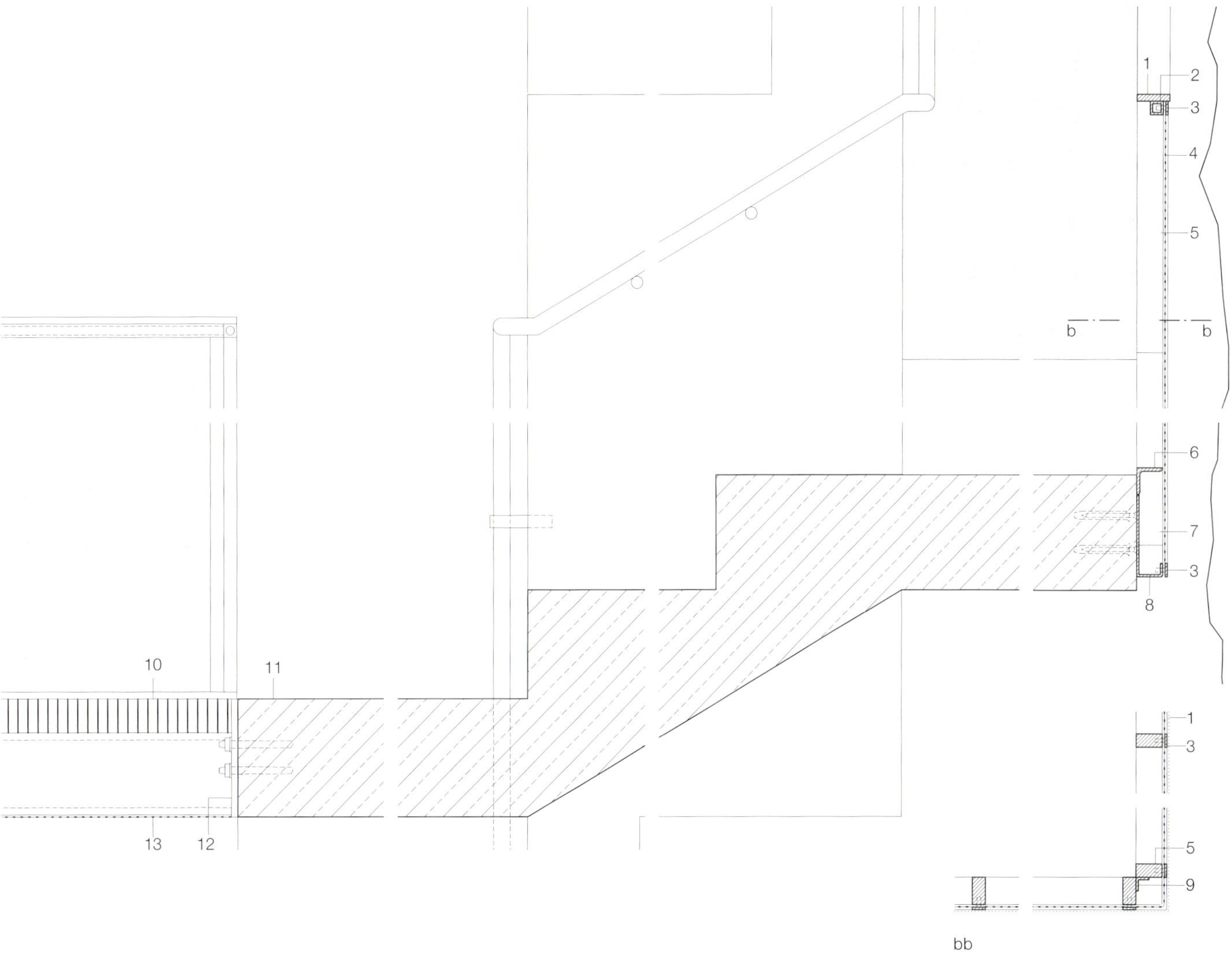

Typologie		Projekt	Materialität	Form	Konstruktion
	 1	Ken Architekten Terrassenhaus Brugg (CH) 2013 DETAIL 11/2014	Stahlbeton	einläufige Kaskadentreppe mit Zwischenpodesten	Fertigteilelement Beton
	 2	Vittorio Magnago Lampugnani Bürogebäude Basel (CH) 2008 DETAIL 4/2010	Vollholz (europäischer Nussbaum) auf OSB-Platte, Stahlbeton	einläufige Kaskadentreppe mit Zwischenpodesten	geschossweise längsgespannte Massivkonstruktion aus Ortbeton, allseitig mit Holzwerkstoffplatten bekleidet
	 3	Aires Mateus Wohnhaus Estrela (PT) 2016	Mikrozementbelag auf Estrich, Stahlbeton	einläufig mit Zwischenpodesten	in treppenbegleitende Betonwände einbindende quergespannte Ortbetonkonstruktion
	 4	Wespi/de Meuron Steinhaus Brione S. Minusio (IT) 2005	Stahlbeton	einläufig mit Zwischenpodesten	gegen Erdreich betonierte Ortbetontreppe, in die seitlich begleitenden Betonwände einbindend
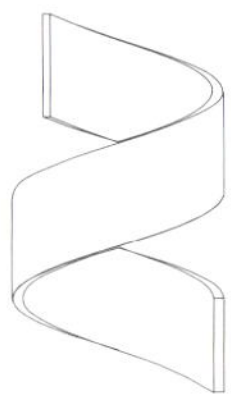	 5	Archea Associati Weingut Antinori Bargino (IT) 2012 DETAIL 4/2014	Cortenstahl, Ortbeton bewehrt mit Glasfasern und Drahtgewebe, Flachstahl	gewendelt	aus mehreren Einzelteilen vor Ort verschweißter Kastenträger, befestigt an Stütze und Dach/Fußpunkt Auflager: Betonstütze und Stahlprofil
	 6	Steven Holl Philosophiefakultät New York University New York (US) 2007	Stahl, perforierter Stahl	mehrläufig	Wangentreppe aus weiß beschichtetem Stahl mit gefalteten Tritt- und Setzstufen aus Stahlblech mit flächig aufgebrachtem Gehbelag
	 7	Massimiliano Fuksas Armani Store New York (US) 2009 DETAIL 4/2012	Walzstalzprofile- und bleche, Stahlrohr, glasfaserverstärkter Beton Geländer: Aluminiumnetz, Stahlrohr, glasfaserverstärkter Beton	gewendelt	vorgefertigte, innen liegende Stahlstruktur mit weiß beschichteter Betonbekleidung, Stahlrohrwangen
	 8	ARX Portugal Markthalle Abrantes (PT) 2015	Beton, weiß	gewendelt	geschossweise längs gespannte Stahlbetonkonstruktion aus Ortbeton mit begleitenden Betonbrüstungen als wangenartige Träger

Typologie		Projekt	Materialität	Form	Konstruktion
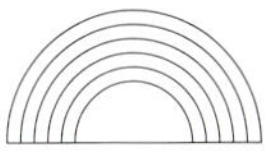	 1	OMA Prada Store New York (US) 2001 DETAIL 4/2002	Tropenholz Zebrano auf Sperrholzplatte und Stahlprofilen	einläufig	quergespannte Stahlträger unter jeder Stufe mit aufgesattelter, dem Treppenverlauf folgender Bekleidung aus Holzwerkstoffplatten
	 2	Diller Scofidio + Renfro/FXFowle Juilliard School New York (US) 2009 DETAIL 4/2010	Stahlblechstufe, gebogen und gestrichen, Seitenwand gestrichene Stahlplatte	einläufig	geschweißter Stahl, oben und unten gelagert auf Stahl Setzblock, verblendet
	 3	Vector Architects Seashore Chapel Quinhuangdao (CN) 2015	Stahlbeton, weiß	einläufig	sichtbare Stahlbetonkonstruktion in Ortbeton
	 4	Rojkind arquitectos siclo's cycle Mexiko City (MX) 2015	Beton	einläufig	massive Stahlbetonkonstruktion mit glatt geschalten Oberflächen aus Ortbeton
	 5	JKMM Bibliothek Seinäjoki (FI) 2012 DETAIL 6/2013	Beton, Sitzpolster	einläufig	Stahlbetonkonstruktion mit glatt geschalten Oberflächen aus Ortbeton und aufgesetzten Sitzpolstern
	 6	Yamazaki Kentaro Kindergarten Sakura (JP) 2014 DETAIL 7+8/2016	Holzdielen (Sicheltanne) auf Sperrholzplatte	einläufig	Vorprofilierung aus Stahlbeton mit auf Stelzlagern aufgesetzter Konstruktion aus Holzwerkstoffplatten
	 7	Vector Architects Bibliothek Beidaihe (CN) 2015 DETAIL 4/2016	Bambus, laminiert auf Lattung, Estrich, Stahlbeton	einläufig	Vorprofilierung aus Stahlbeton und aufgesattelte Holzwerkstoffplatten mit auflaminierter Bambusoberfläche
	 8	Foreign Office Architects (FOA) International Passenger Terminal Yokohama (JP) 2002 DETAIL 11/2004	unbehandeltes Ipé-Hartholz, Stahlfaltwerk, Stahlbeton	einläufig auslaufend in Gelände	Holzdeck z.T. in getreppter Form auf abgedichteter Stahlbetondecke

Typologie		Projekt	Materialität	Form	Konstruktion
	 1	Florian Busch Wohnhaus Kioto (JP) 2015	Stahl	zweiläufig	Stahlkonstruktion, abgehängt an Rundstahlprofilen
	 2	AIX Arkitekter Dom Sakra (SE) 2000 DETAIL 4/2002	Stahl, Gummibelag	einläufig	Anschweißplatte in Betonwand (jede 3. Setzstufe), verschweißte Stahlplatten, Stahlrahmen, Geländer über Handlauf an der Wand befestigt
	 3	Bohlin Cywinski Jackson Apple Store New York (US) 2006/2011	Glas	gewendelt	punktgehaltene Glastrittstufen mit beidseitig wangenartig ausgebildeten Glasbrüstungen
	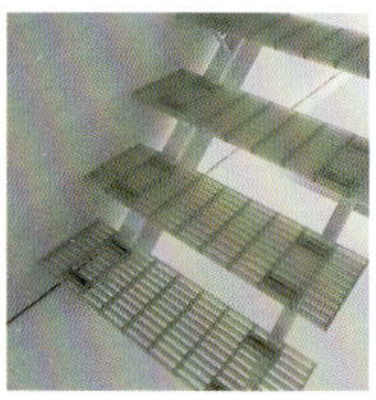 4	Kengo Kuma & Associates Plastic House Tokio (JP) 2002 DETAIL 12/2002	glasfaserverstärkter Kunststoff, Stahl	einläufig	Stahlrohr und U-Stahlprofil mit Schwert aus Stahlblech, wandauskragend und auf Stahlrohr aufliegend
	 5	Conradin Clavuot Schulhaus St. Peter (CH) 1998 DETAIL 1/2000	Massivholz	einläufig	Auflager an der Wand mit Verzapfung und zusätzlicher Metallschraube, zusätzlich mit dem aus Stricken bestehendem Geländer verschraubt
	 6	Studio Mumbai Belavali House Mumbai (IN) 2012	durchgefärbte und geglättete Zementschlämme, Tropenholz	einläufig mit gewendeltem Antritt	Tritt- und Setzstufen aus Tropenholz zwischen Wand und Wange eingespannt
	 7	Roger Boltshauer, Martin Rauch Lehmhaus Rauch Schlins (AT) 2008	Stufen aus Sichtbeton mit Steinen, die aus dem Erdreich gesiebt und mit Trasskalk gebunden sind	gewendelt	in begleitende Stampflehmwand eingespannte auskragende Sichtbetonstufen
	 8	Buchner Bründler Architekten Sommerhaus Linescio (CH) 2008 DETAIL 6/2014	massiver Beton	einläufig	monolithischer brettgeschalter Ortbeton als Sichtbetonkonstruktion

Typologie		Projekt	Materialität	Form	Konstruktion
	1 	Sauerbruch Hutton Kirche Köln (DE) 2013 DETAIL 10/2014	Furnierschichtholzplatte Fichte/ Dreischichtplatte; Kantholz	einläufig	gefaltete, die Treppengeometrie formulierende Brettsperrholzkonstruktion mit aufgedoppelten Furnierschichtholzplatten als Sichtoberfläche aus weiß gewachster Fichte
	2 	zanderroth architekten Wohnanlage Berlin (DE) 2010 DETAIL 5/2012	Beton, weiß verputzt	zweiläufig	Betonfertigteilläufe mit Brüstungen aus weiß beschichteten Werkstoffplatten
	3 	savioz fabrizzi architectes Chalet Val D'herens (CH) 2013	Sichtbeton	geknickt	mit glatten Tafeln geschalter Sichtbeton aus Ortbeton im Verbund mit den begleitenden Betonwänden hergestellt
	4 	SoHo Architekten Schwarzes Haus Memmingen (DE) 2008	Massivholz	einläufig	wangenartig ausgebildete, von der darüberliegenden Betondecke abgehängte Wände aus Holzwerkstoffplatten, verbunden mit offenen Trittstufen aus dem selben Werkstoff
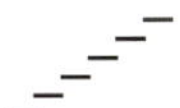	5 	Kengo Kuma & Associates Fujiya Onsen Obanazawa (JP) 2008 DETAIL 4/2008	Vollholzstufe (Ulme); Stahlstab	einläufig	an Stahlstäben abgehängte Massivholzstufen
	6 	TNA Wochenendhaus Karuizawa (JP) 2006 DETAIL 10/2007	furnierte Pressspanplatte Birke, Stahl	mehrläufig	furnierte Pressspanplatte, seitlich mit Stahlprofil befestigt, Treppenwange Flachstahl
	7 	Aparicio + Fernández-Elorza Ausstellungsraum Madrid (ES) 2016	Stahl	einläufig	Stahlrundstäbe als beidseitige Hängekonstruktion über Flachstahlplatte an Decke befestigt und an Boden fixiert, Stufen aus Flachstahlplatten daran befestigt
	8 	Manfred Lux Wohnhaus Neusäß (DE) 2012 DETAIL 7+8/2015	Vollholzstufe (Eiche) auf Stahlauflager	geknickt	stufenweise aus der begleitenden Sichtbetonwand auskragende Stahlkonsolen mit aufgesattelten massiven Holztrittstufen

Typologie		Projekt	Materialität	Form	Konstruktion
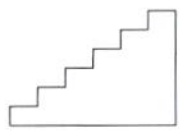	 1	dekleva gregorič arhitekti Wohnhaus Vrhovlje (SI) 2014 DETAIL 7+8/2015	Dreischicht-Fichtenholz, Stahlstab	einläufige Sambatreppe	Treppengeometrie aus Dreischicht-Holzplatten als Regalboxen gestapelt und an Stahlstäben von der darüberliegenden Decke abgehängt
	 2	Aires Mateus Wohnhaus Alcobaca (PT) 2011	Gipskartonplatte, weißer Anstrich, Stahlbeton, Natursteinstufen	einläufig	in die begleitenden Seitenwände einbindende massive Stahlbetonkonstruktion, weiß gespachtelt
	 3	Walter Angonese und Markus Scherer mit Klaus Hellweger Schloss Tirol Meran (IT) 2003	korrodierter Stahl	mehrläufig	Stahlkonstruktion, Oberflächen aus korrodierten Stahlplatten
	 4	Massimo Fiorido Associati Wohnhaus Marina di Castagneto Carducci (IT) 2008	Teakholz	einläufig	Holzwerkstoffplatten mit Teakholzoberfläche, gefaltet in der Abfolge der Treppengeometrie, als Regalmöbel unterbaut
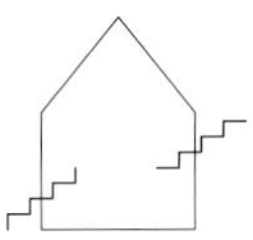	 5	Markus Scherer, Walter Dietl Festung Franzensfeste (IT) 2009	Stahlbetontreppe, schwarz, Geländerfüllung Streckmetall Flachstahl	mehrläufig	aus Stahlplatten geschweißte Kastenträger, zusammengesetzt aus Laufplatte und beidseitig wangenförmig tragenden geschlossenen Geländern, teilweise mit Zugstäben abgehängt
	 6	Studio Rolf.fr Black Pearl Residence Rotterdam (NL) 2008	Holz, weiß deckend lackiert	einläufig	mit Holzlatten bekleidete Holzholmtreppe, deckend lackiert
	 7	Nieto Sobejano Besucherzentrum Las Palmas Gran Canaria (ES) 2004 DETAIL 5/2014	korrodierter Stahl	einläufig	Kastenträger aus korrodierten Stahlplatten, zusammengesetzt aus Laufplatte und beidseitig wangenförmig tragenden geschlossenen Geländern
	 8	Carlo Scarpa Castelvecchio Verona (IT) 1975	korrodierter Stahl	einläufig	von der Decke abgehängte korrodierte Stahlbänder, senkrecht abgewinkelt und als Trittstufe bis zur begleitenden Wand geführt

Planungsleitfaden

1 Kaze-No-Oka Krematorium, Nakatsu (JP) 1997, Fumihiko Maki

Treppen ermöglichen den Nutzern eines Gebäudes, durch stufenweises Steigen den Höhenunterschied unterschiedlicher Ebenen in einem Gebäude zu überwinden. Neben einer gestalterischen Absicht dienen sie also vor allem funktionalen Kriterien. Im besten Fall nimmt der Benutzer einer Treppe diese im tagtäglichen Gebrauch gar nicht bewusst wahr. Dazu bedarf es einer dem menschlichen Körper angepassten geometrischen Ausbildung. Darüber hinaus gibt es weitere zu berücksichtigende Aspekte der Gebrauchstauglichkeit. Die Planung einer Treppe folgt dabei Kriterien, die im Folgenden näher erläutert werden.

In Deutschland sind Treppen von der Baugesetzgebung her Bestandteil der Landesbauordnungen. Darin sind die Mindestanforderungen in Bezug auf Treppen im Verlauf von Rettungswegen definiert. Die vollständige normative Verankerung von Treppen beschreibt der Abschnitt »Rechtliche Rahmenbedingungen/Normierung« näher. Detaillierte und verbindlich definierte Anforderungen zur Planung und Errichtung von Treppen sind in DIN 18065 Gebäudetreppen [1] festgelegt. Diese Norm im Range einer anerkannten Regel der Technik beinhaltet einen Großteil der normativen Anforderungen, die bei Planung und Bau von Treppen eingehalten werden müssen. Darin sind Begriffe, Messregeln und Hauptmaße für den Treppenbau festgelegt. Die damit verbundenen Festlegungen werden in den nachfolgenden Abschnitten vertieft dargestellt.

Die Inhalte der in Deutschland national verbindlichen rechtlichen Regelungen haben auch internationale Relevanz. Die damit eingeführte Terminologie kann uneingeschränkt übernommen werden. Die Anforderungen an Messregeln und Hauptmaße weisen jedoch nationale Unterschiede auf. Diese sind bei Benutzung der Treppen in den jeweiligen Ländern teilweise deutlich spürbar. In den Niederlanden z.B. waren noch in den 1990er-Jahren die gesetzlichen Anforderungen an Treppenbreiten, Stufenhöhen und Auftrittstiefen deutlich anders als in Deutschland [2]. Entsprechend steil sind die Treppen dort, sodass der Transport von sperrigen und schweren Gegenständen innerhalb von Wohneinheiten die Treppen hinab teilweise nur rückwärts gehend, analog dem Abstieg über eine Leiter, möglich ist. Mittlerweile haben sich die gesetzlichen Anforderungen in den Niederlanden durch die relevante Gesetzgebung von 2012 den normativen Anforderungen in Deutschland angenähert. In Österreich regelt die ÖNorm B 5371 2010-09-01 analog der DIN 18065 das Anforderungsprofil an Treppen, in der Schweiz diverse Gesetze und Verordnungen. Ein inhaltlicher Vergleich in diesen vier Ländern ergibt jedoch im Grundsatz ähnliche Anforderungen.

Treppenarten

Treppen unterscheiden sich nach ihren Grundformen. Ihre Benennung bezieht sich auf diese grundsätzlichen Unterscheidungsmerkmale, also Treppen mit geraden und/oder mit gewendelten Läufen. Treppen mit freien Formen werden in diesem Abschnitt nicht vertiefend behandelt.

Treppenart und Form bestimmen die räumliche Wirkung der Treppe und des Treppenraums. Die Art der Nutzung, die Wegeführung im Gebäude und das Erfassen des die Treppe umgebenden Raums hängen unmittelbar von der Treppenform ab. Geradläufige Treppen ermöglichen ein bequemes Begehen. Verbunden mit einem flachen Steigungsverhältnis dienen sie häufig repräsentativen Zwecken (Abb. 3).

2 steile, einläufig gerade Treppe in eng begrenztem Treppenraum, Wohnhaus, Tokio (JP) 2015, Makoto Takei + Chie Nabeshima
3 flache, einläufig gerade Treppe in weitläufigem Treppenraum, Museum Schäfer, Schweinfurt (DE) 2000, Volker Staab Architekten
4 zweiläufig gegenläufige Treppe mit Zwischenpodest
5 einläufig halbgewendelte Treppe, Wohnanlage in Bukarest (RO) 2014, ADN Birou de Arhitectură
6 Spindeltreppe, Staatsarchiv in Liestal (CH) 2007, EM2N
7 Treppenarten

2

3

Im Verlauf von Rettungswegen stellen geradläufige Treppen sicher begehbare und leistungsfähige Treppenarten dar. Spindeltreppen wie auch kombiniert gewendelte und geradläufige Treppenarten werden häufig in beengten räumlichen Verhältnissen als platzsparende Treppen eingesetzt. Gewendelte Treppen eignen sich besonders in geschossübergreifenden freien Lufträumen. Einerseits wegen ihrer raumplastischen Wirkung (Abb. 6 und S. 52, Abb. 17), andererseits kann – verbunden mit einem kontinuierlichen Bewegungsablauf und der sich dabei ständig verändernden Position des Benutzers auf der Treppe – der umgebende Raum gut erfasst werden.

Treppenelemente
In Abhängigkeit von der Treppenart setzen sich Treppen aus verschiedenen Elementen zusammen, denen unterschiedliche Funktionen zugeordnet werden. Die nachfolgenden Ausführungen orientieren sich an DIN 18065 Abschnitt 3 »Begriffe«.

Treppenlauf/Lauflinie
Der Treppenlauf ist eine ununterbrochene Folge von mindestens drei Steigungen zwischen zwei Ebenen. Ist der Höhenunterschied zweier Ebenen geringer als drei Steigungen, so spricht man von Ausgleichsstufen. Im Verlauf von Rettungswegen sind Ausgleichsstufen nicht zulässig.
Als Treppenlauflinie bezeichnet man die Konstruktionslinie, die den üblichen Weg des Benutzers einer Treppe angibt und im Gehbereich liegt. Die einzelnen Stufen unterteilen die Treppenlauflinie in gleichmäßige Auftrittsbreiten.

Podest / Zwischenpodest
Das Treppenpodest befindet sich als Treppenabsatz am Anfang oder Ende

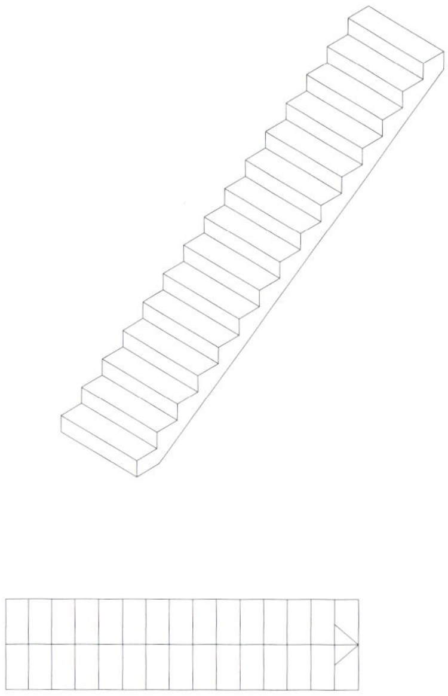
einläufig gerade Treppe

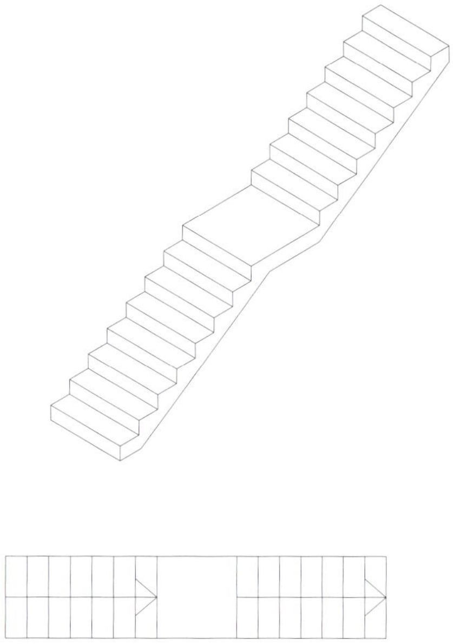
zweiläufig gerade Treppe mit Zwischenpodest

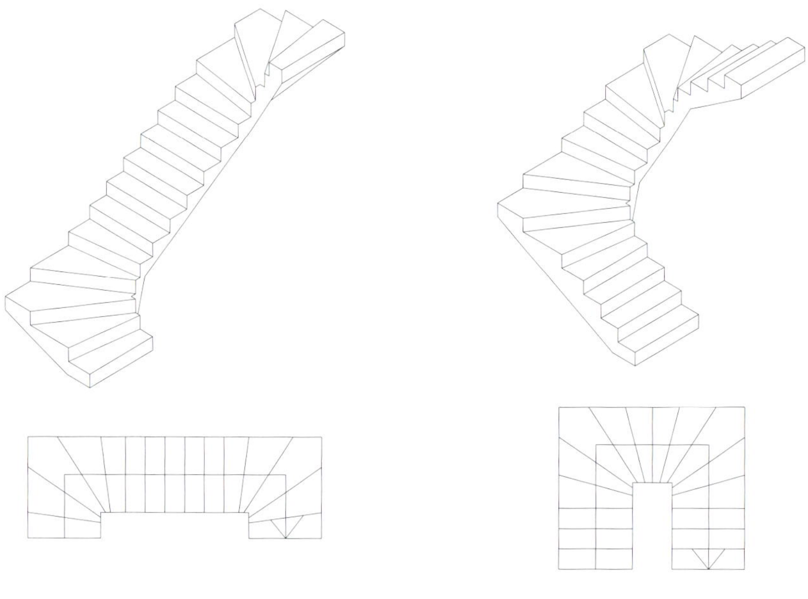
7 einläufig zweimal viertelgewendelte Treppe

einläufig halbgewendelte Treppe

4

5

6

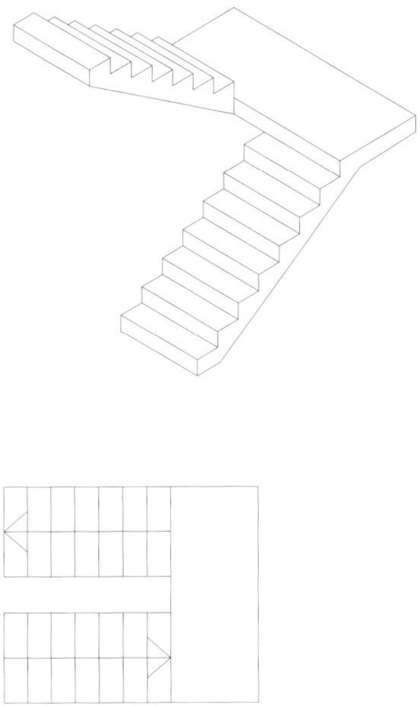

zweiläufig gegenläufige Treppe
mit Zwischenpodest

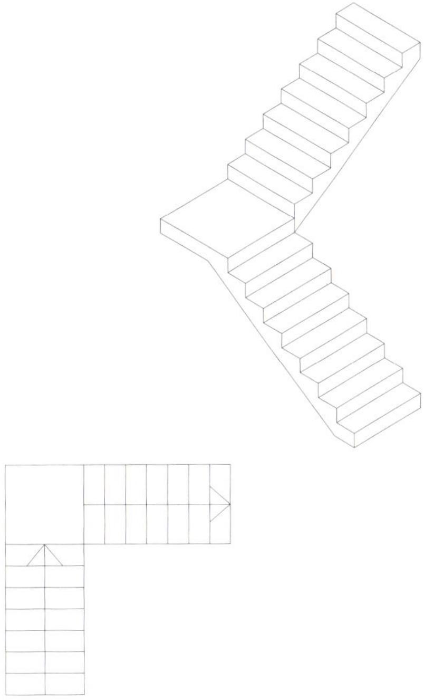

zweiläufig gewinkelte Treppe
mit Zwischenpodest

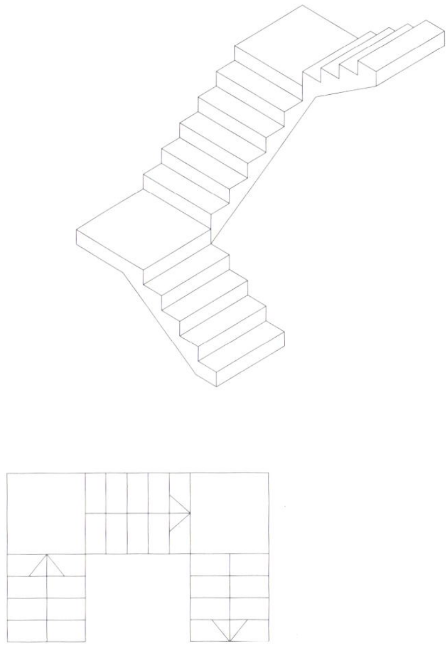

dreiläufig zweimal abgewinkelte Treppe
mit Zwischenpodesten

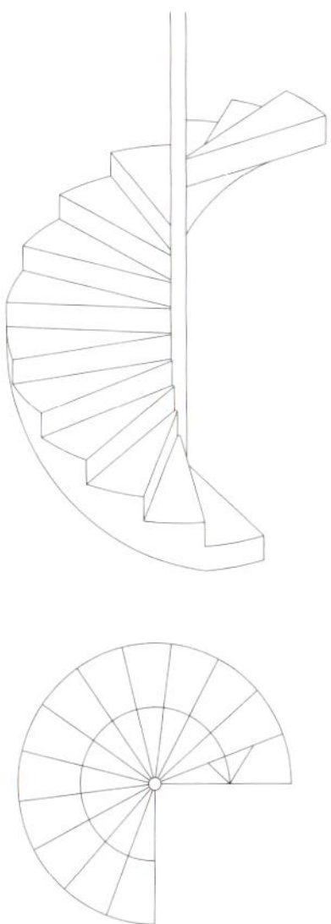

Treppe mit Treppenspindel
(Spindeltreppe)

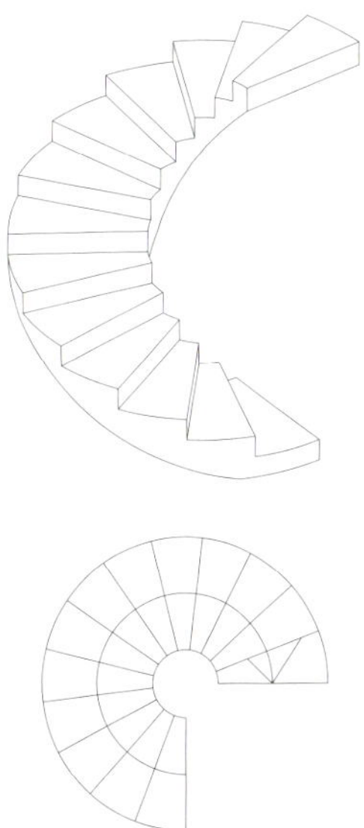

Treppe mit Treppenauge
(Wendeltreppe)

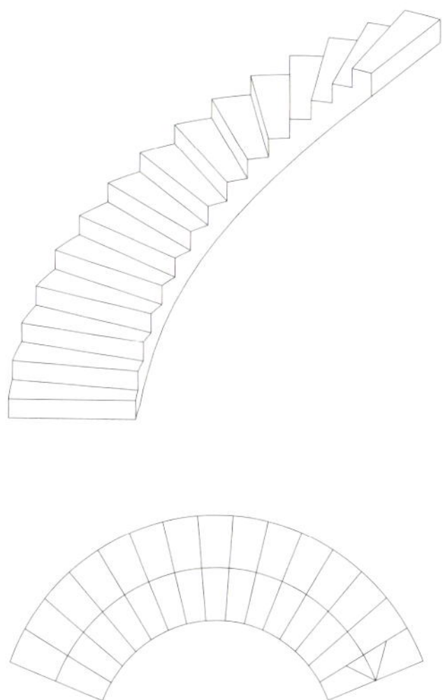

Bogentreppe

8 

9 

8 offene Treppe, Wohnhaus in Amsterdam (NL) 2013, meesvisser
9 geschlossene Treppe, Wohnhaus in Berlin (DE) 2010, zanderroth architekten
10 Treppenelemente
11 Stufen einer geschlossenen und offenen Treppe
12 Rathaus Bad Aibling (DE) 2012, Behnisch Architekten
13 Neigungswinkel von Rampen, Treppen, Leitern mit beispielhaften Steigungshöhen (s) und Auftrittsbreiten (a) in cm
14 Mindest- und Höchstmaße für Auftritt und Steigung nach DIN 18065
15 Mindestmaße der nutzbaren Laufbreite
16 Geländerhöhen nach DIN 18065

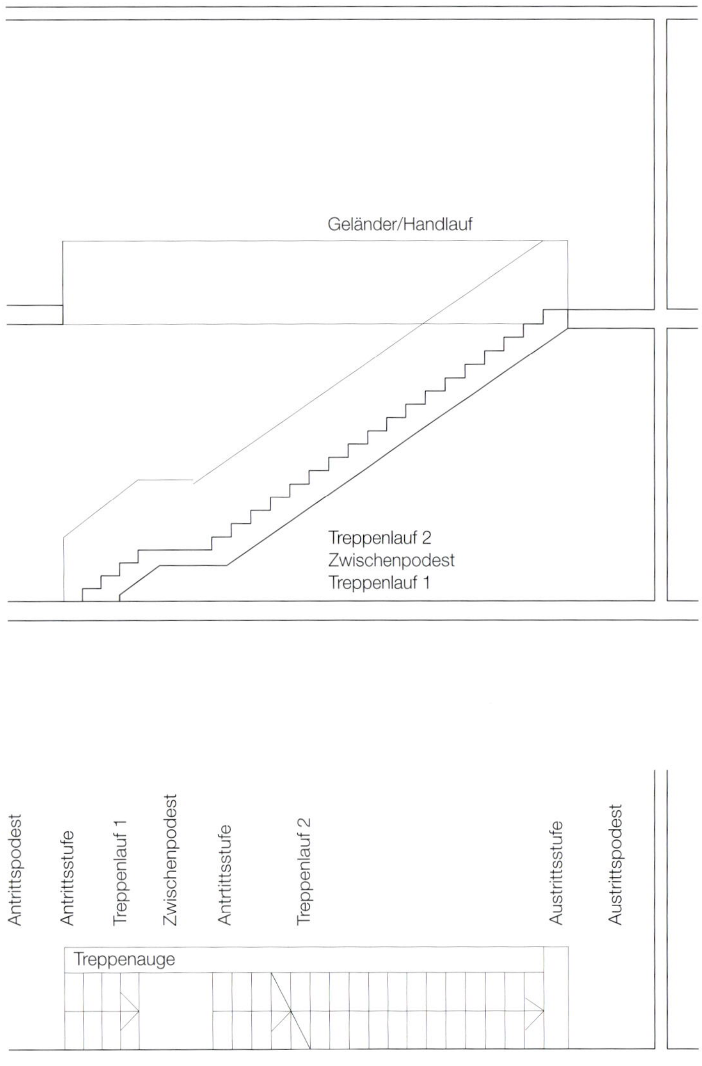

10

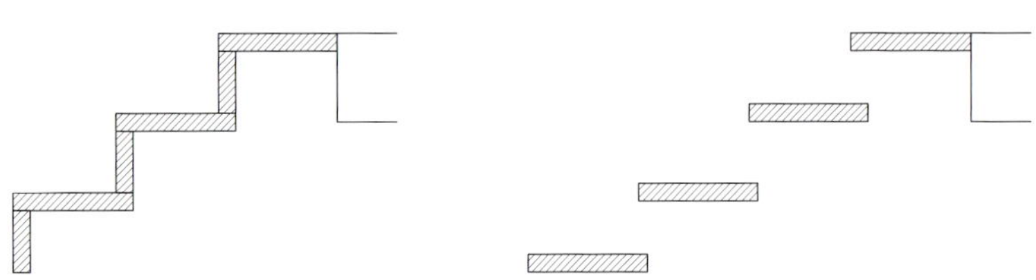

11

eines Treppenlaufs und ist oft Teil der Geschossdecke. Das Zwischenpodest unterbricht zwei Treppenläufe und ist zwischen den Geschossdecken angeordnet, um die maximal zulässige Stufenanzahl im Verlauf eines Treppenlaufes einzuhalten. Bei mehrläufigen Treppen dient es als Wendepodest zum Richtungswechsel.

Stufen
Bestehend aus Steigung und Auftritt wird eine Stufe im Verlauf einer Treppe üblicherweise mit einem einzigen Schritt begangen.
Die Austrittsstufe ist dabei die oberste, die Antrittsstufe die unterste Stufe eines Treppenlaufs. Die Antrittsstufe unterscheidet sich weder in der Form noch im Material von den anderen Stufen. Sie befindet sich auf gleicher Ebene wie das Austrittspodest und kann in Form und Materialität sowohl wie das Podest als auch wie die anderen Stufen ausgebildet sein. Als Trittstufe bezeichnet man den waagrechten Teil einer Treppenstufe, als Setzstufe den lotrechten Stufenteil.

Treppenauge, Treppenloch/-öffnung
Das Treppenauge ist der in senkrechter Projektion von den Treppenläufen und den Treppenpodesten inkl. Treppengeländer umschlossene freie Raum.
Mit Treppenloch oder Treppenöffnung bezeichnet man die Öffnung in der jeweiligen Geschossdecke zur Aufnahme der von einer tiefer liegenden Ebene ankommenden Treppe.

Geländer, Handlauf
Die Absturzsicherung an Treppenläufen und -podesten wird durch das Treppengeländer gebildet. Der Treppenhandlauf ist als griffsicheres Bauteil eine Gehhilfe für Benutzer der Treppe. Er ist an Treppengeländern, der Spindel oder an treppenbegleitenden Wänden angebracht.

12

Wange, Holm, Laufplatte, Treppenspindel
Die Wange begrenzt den Treppenlauf seitlich als tragendes Bauteil zur Aufnahme der Stufen. Der Treppenholm unterstützt die Treppenstufen als tragender Treppenbalken. Trägt ein flächiges Bauteil in Neigung der Treppe die oberseitig angeordneten Stufen, spricht man von einer Treppenlaufplatte. Eine Spindel ist der tragende Kern in der Mitte einer gewundenen Spindeltreppe (siehe »Konstruktionsarten«, S. 104ff.). All diese konstruktiven Bauteile einer Treppe sind in Abhängigkeit vom jeweils gewählten Baustoff entsprechend der Gesamtgestaltung der Treppe auszubilden.

Offene oder geschlossene Treppe
Während die offene Treppe, wie der Name schon sagt, Öffnungen zwischen den Trittstufen hat, verschließen bei der geschlossenen Treppe die Setzstufen diese Offnungen. Die Art der Austührung ist material- und konstruktionsbedingt.

Maßgrundlagen
Die allgemeinen Grundlagen zur Bemessung und Auslegung einer Treppe sind in Deutschland in den Landesbauordnungen sowie in Sonderverordnungen für Gebäude mit besonderer Nutzung wie z.B. der Arbeitsstättenrichtlinie oder der Versammlungsstättenverordnung festgelegt. Mit der ergänzenden DIN 18065 Abschnitt 4ff. »Messregeln« sowie mittels ergonomischer Grundregeln erfolgt eine weitere Differenzierung und Präzisierung der Anforderungen. Bei der Planung und Ausführung von Treppen sind diese Regeln mit großer Sorgfalt und Genauigkeit anzuwenden. Die zulässigen Toleranzen wie in DIN 18065 Abschnitt 7 beschrieben, geben diesbezüglich einen geringen Spielraum vor und stellen Maximalabweichungen dar. Weitere ausführungsbedingte Abweichungen, resultierend aus spezifischen Materialeigen-

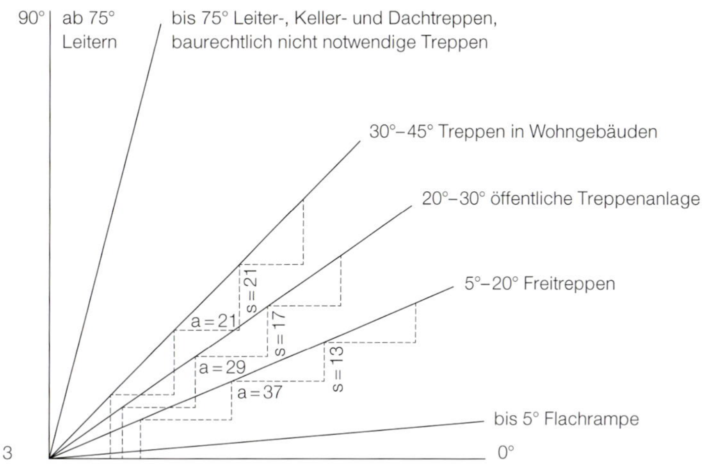

13

nach DIN18065	Steigung s max. [mm]	Auftritt a min. [mm]
notwendige Treppen	190	260
in Wohngebäuden mit max. zwei Wohnungen; Treppen, die zu Aufenthaltsräumen führen	200	230
in Wohngebäuden mit max. zwei Wohnungen; Treppen, die nicht zu Aufenthaltsräumen führen	210	210
in allen anderen Gebäuden	190	260
nicht notwendige Treppen in allen Gebäuden	210	210

14

notwendige Treppen	Breite
in Wohngebäuden mit nicht mehr als zwei Wohnungen und innerhalb von Wohnungen	> 80 cm
in allen anderen Gebäuden (BayBO)	> 100 cm
in Hochhäusern (HochhVO)	> 125 cm
in Versammlungsstätten: je 150 auf den Rettungsweg angewiesene Personen, jedoch max. 250 cm/Lauf; Auslegung nach der Bestuhlung des Raums (VStättVO)	100 cm
in Verkaufsstätten (VkVO)	> 200 cm < 250 cm
nicht notwendige Treppen	> 50 cm

15

Geländerhöhen (DIN 18065)	Höhe
Wohngebäude, Absturzhöhe bis 12 m	> 90 cm
Arbeitsstätten, Absturzhöhe bis 12 m	> 100 cm
Absturzhöhe über 12 m	> 110 cm

16

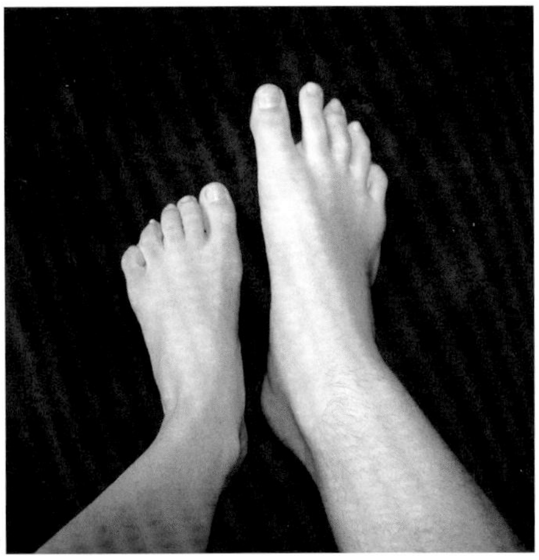
17

schaften oder fertigungs- und montagebedingten Gründen, müssen sich im gebauten Ergebnis innerhalb der benannten Toleranzen bewegen.
Bis Ausgabe 2000-01 forderte DIN 18065 die Benennung von Treppenauftritt, -steigung und Steigungsverhältnis in Zentimeterangaben, seit Ausgabe 2011-06 (aktuelle Ausgabe 2015-03) sind diese Maßangaben in Millimeter erforderlich. Diese enge Auslegung ohne große Spielräume belegt den enormen Stellenwert der Treppengeometrie für die Benutzbarkeit – sowohl bei normaler Nutzungsfrequenz als auch die hohe Bedeutung als Bauteil im Verlauf von Rettungswegen. Der Absatz »Rechtliche Rahmenbedingungen/Normierung« (S. 109f.) weist detailliert auf die rechtliche Verbindlichkeit von Gesetzen, Normen und Verordnungen in Bezug auf die Planung und Ausführung von Treppen hin.

Terminologie
Die Benutzung einheitlicher Begrifflichkeiten wie nachfolgend analog DIN 18065 beschrieben, ist Voraussetzung für die präzise Benennung und planerische Umsetzung der im daran anschließenden Abschnitt beschriebenen Maßregeln.

- Steigung s und Auftritt a
  Das Maß s benennt die Treppensteigung in mm als Differenz zweier übereinanderliegender Stufenkanten in waagrechter Projektion. Das Maß a benennt den Treppenauftritt in mm als Differenz zweier übereinanderliegenden vorderen Stufenkanten in senkrechter Projektion, gemessen im Verlauf der planerisch festgelegten Lauflinie.

- Steigungsverhältnis s/a
  Das Maßverhältnis der Treppensteigung s zum Treppenauftritt a in mm gibt das Steigungsverhältnis an und legt die Neigung der Treppe fest.

- Unterschneidung u
  Die Unterschneidung u ist das Maß, um das die Vorderkante einer Stufe über die Breite der Trittfläche der darunterliegenden Stufe vorspringt.

- lichte Treppendurchgangshöhe
  Das Maß der lichten Treppendurchgangshöhe im Verlauf der Treppensteigungen wird lotrecht gemessen bis zu den Unterseiten der darüber liegenden Bauteile, ausgehend von einer gedachten Linie, gebildet durch die Vorderkanten der Stufen. Über den Podesten als waagrechte Oberflächen einer Treppe setzt sich die Messung entsprechend fort.

- lichter Stufenabstand
  Bei offenen Treppen bildet das Maß zwischen Trittfläche und Unterfläche der darüber liegenden Stufe den lichten Stufenabstand.

- Seitenabstand
  Das lichte Fertigmaß zwischen den Auftrittsflächen der Treppenläufe oder Podeste sowie des Treppenhandlaufs und den begrenzenden Bauteilen wie Wänden oder Geländern wird als Seitenabstand bezeichnet.

- Treppenlauflänge
  Das in Lauflinie gemessene Grundrissmaß von Vorderkante Antrittsstufe bis Vorderkante Austrittsstufe bezeichnet die Treppenlauflänge.

- (nutzbare) Treppenlaufbreite
  Die Treppenlaufbreite bezeichnet die Konstruktionsbreite als Grundrissmaß. Bindet der Treppenlauf in begrenzende Konstruktionsteile wie zum Beispiel Wände ein, wird bis zur Oberfläche der Rohbauwand gemessen.
  Die nutzbare Treppenlaufbreite bezeichnet hingegen das lichte Fertigmaß in gebrauchsfertigem Zustand. Es wird waagrecht gemessen zwischen begrenzenden Oberflächen, Bauteilen und/oder Handlaufinnenkanten bzw. deren Projektionen.

- nutzbare Podesttiefe
  Analog zur nutzbaren Treppenlaufbreite handelt es sich hier um ein lichtes Fertigmaß, gemessen in Handlaufhöhe.

- Treppengeländerhöhe
  Die Höhe des Treppengeländers wird als lotrechtes Fertigmaß von Vorderkante Trittstufe bzw. Oberfläche Podest bis Oberkante Treppengeländer gemessen.

Maßregeln
Zur Sicherstellung der Gebrauchstauglichkeit einer Treppe gibt es verschiedene Maßregeln, die vor allem physiologische Aspekte berücksichtigen. Um Allgemeingültigkeit zu erlangen, müssen diese dem Körper angepasste Maßregeln ein großes Spektrum unterschiedlicher Körpermaße abdecken.

- Schrittmaßregel: 2s + a = Schrittmaß
  Ausgangspunkt für die Ermittlung des Schrittmaßes ist die mittlere Schrittlänge des Menschen. DIN 18065 legt diese unter Punkt 6.1.2 verbindlich zwischen 590 und 650 mm fest. Das Idealmaß wird mit 630 mm benannt.

- Sicherheitsregel: a + s = 460 mm
  Diese Regel sorgt dafür, dass die Auftrittsbreiten einer Stufe ausreichend groß sind.

- Bequemlichkeitsregel: a – s = 120 mm
  Die Differenz von Auftritt abzüglich Steigung ergibt die Steilheit der Treppensteigung. Die Bequemlichkeitsregel definiert dazu das Idealmaß, das beim Begehen der Treppe den geringsten Kraftaufwand erfordert.

17 verschieden große Füße
18 Museum in Nürnberg (DE) 2000, Volker Staab
19 grafische Darstellung der Maßregeln

18

Die Treppensteigung s/a von 170/290 mm entspricht exakt allen drei vorgenannten Maßregeln.
Die Sicherheitsregel und die Bequemlichkeitsregel haben jedoch nur empfehlenden Charakter und unterliegen in Deutschland in allen Bundesländern keiner verbindlichen Festlegung.

Anwendung
Die Grundlagen zur Bemessung und Auslegung einer Gebäudetreppe werden nachfolgend für die Anwendung im Planungsverlauf vertiefend behandelt. Die Hauptmaße in Abb. 14–16 sind Mindestanforderungen im Rahmen der verbindlich einzuhaltenden normativen Anforderungen basierend auf DIN 18065. Bei vielen Planungen stellt die Mindestanforderung sehr oft bereits die maximale planerische Möglichkeit bei der Ausnutzung räumlicher Ressourcen dar. Die Einhaltung der vorgegebenen Mindestanforderungen genügt hinsichtlich der Nutzbarkeit und vor allem in Bezug auf die physiologische Wahrnehmung nicht in jedem Fall den Anforderungen des täglichen Gebrauchs.
Abb. 19a weist ein lichtes Durchgangsmaß z.B. von mind. 2,0 m aus. Da die durchschnittliche Größe der Menschen kontinuierlich zunimmt, gibt es immer mehr Benutzer von Treppen, die abwärtsgehend in leicht vorgebeugter Haltung bei einer Treppe mit 2,0 m lichtem Durchgangsmaß zumindest mit den Haarspitzen Kontakt zu den begrenzenden Bauteilen haben. Bereits Menschen mit einer Körpergröße über 185 cm bemerken diese Berührung und empfinden sie als unangenehm. Es kommt zu einer Verunsicherung im normalerweise unterbewusst gesteuerten Benutzen einer Treppenanlage. Daher ist es empfehlenswert, in der Planung von Gebäudetreppen das lichte Durchgangsmaß mit min. 2,10 m anzunehmen.

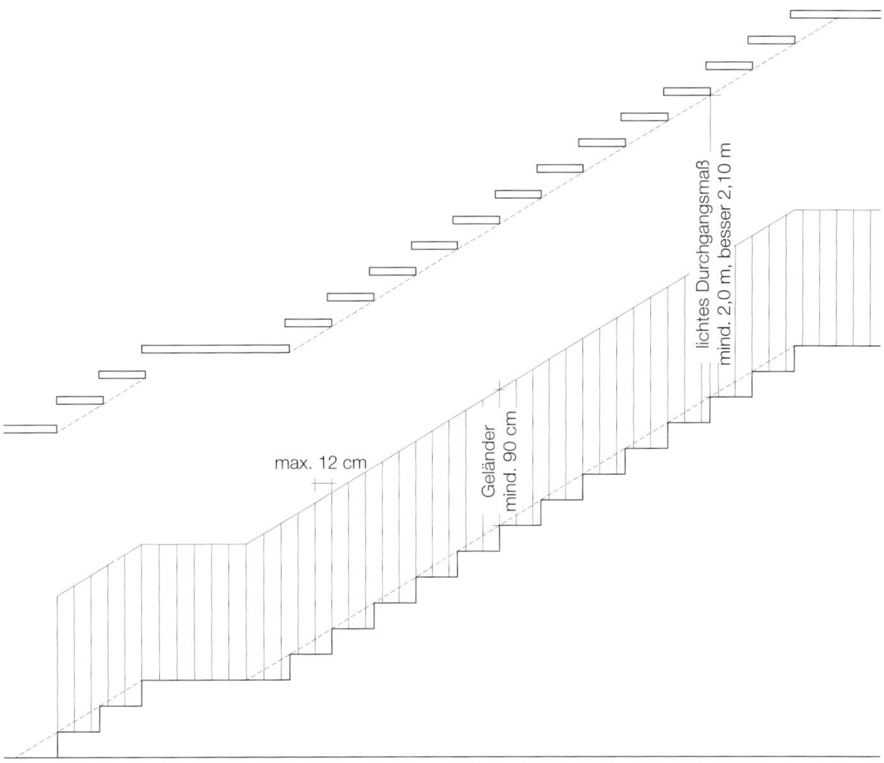

19a

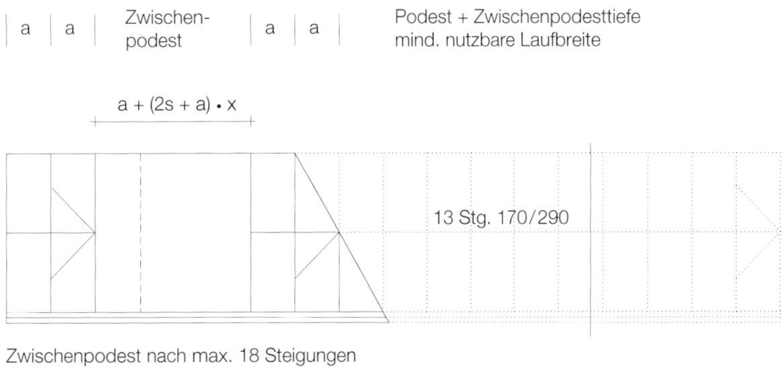

b

20 

21 

Entsprechend DIN 18065 muss die nutzbare Podesttiefe mindestens der notwendigen nutzbaren Treppenlaufbreite entsprechen. Zusätzlich wird die Podesttiefe unter Punkt 6.3.4. »Auftritt bei Podesten« in Tabelle 1 mit mindestens 3 bzw. 2,5 Auftritten gefordert. Darüber hinaus ist es bei Zwischenpodesten im Verlauf von einläufigen Treppen sinnvoll, die Schrittmaßregel mit 2s + a = Schrittmaß bei der Planung der Podesttiefe ebenfalls zu berücksichtigen. Die Podesttiefe sollte deshalb a + (2s + a) • x betragen (Abb. 19b). Damit lässt sich ein kurzer und störender Zwischenschritt im flüssigen Bewegungsablauf beim durchgängigen Begehen der gesamten Treppenanlage inklusive Zwischenpodest vermeiden.

Das Treppenraumprofil quer zur Bewegungsrichtung weist gemäß DIN 18065 neben der lichten Durchgangshöhe und -breite weitere maßliche Festlegungen auf. Die nutzbare Treppenlaufbreite darf im seitlichen unteren Bereich Einschränkungen des Lichtraumprofils z. B. durch Treppenwangen wie in Abb. 20 aufweisen. Dabei sind seitlich bis zu 10 cm und in der Höhe bis zu 15 cm zulässig (Abb. 22). Diese Regelung ist großzügig – die Gefahr, beim Begehen der Treppe auf diesen Bereich zu treten mit entsprechend negativen Folgen, ist sehr groß für Personen, die auf die Benutzung des Handlaufs zwingend angewiesen sind. Insbesondere kleine Kinder oder ältere Menschen haben ein hohes Sicherheitsbedürfnis und setzen den handlaufseitigen Fuß in orthogonaler Projektion gesehen sehr nahe am seitlichen Treppenrand auf. Es ist daher empfehlenswert, die zulässige Dimensionierung nur nach Bewertung dieses Aspekts voll auszuschöpfen.

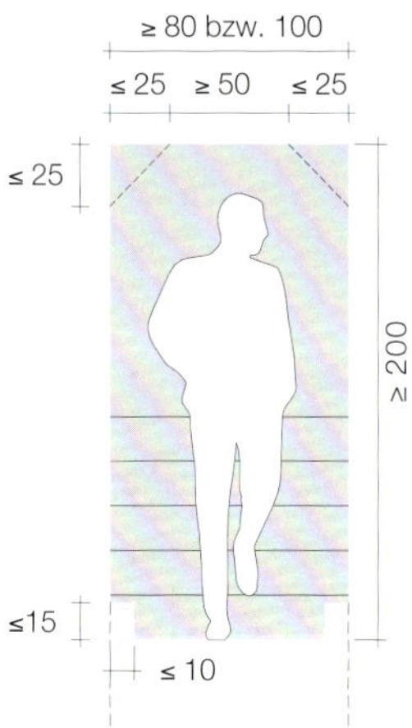

22

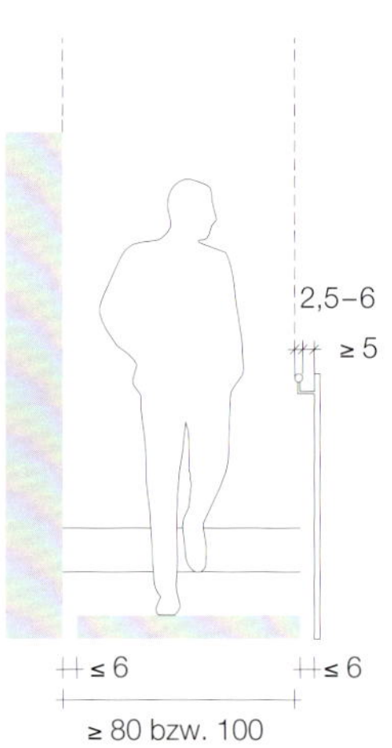

23

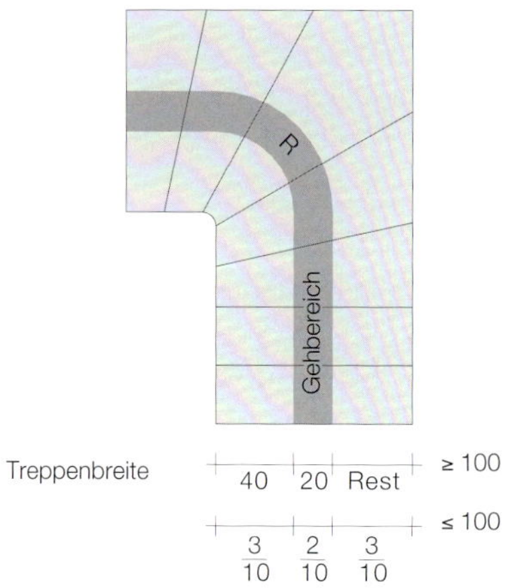

24

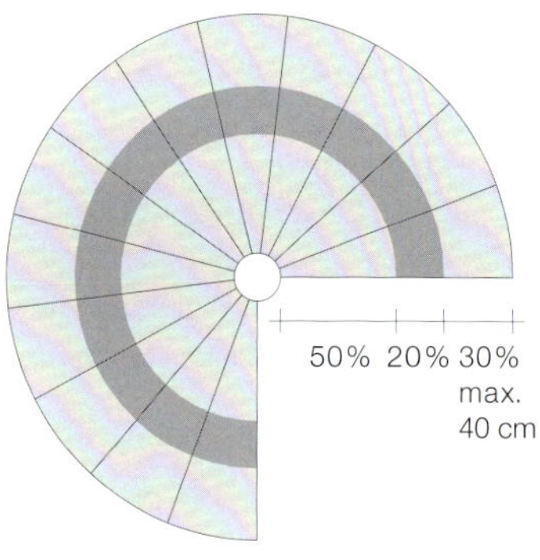

25

Der seitliche Geländerabstand von mindestens 5 cm ist bei runden oder eckigen Handläufen mit geringer Dimension angemessen und plausibel. DIN 18065 regelt nicht die geometrische Form von Handläufen bzgl. der Griffsicherheit. Es wird lediglich die Griffbreite auf 2,5 bis 6 cm eingeschränkt. DIN 18040 »Barrierefreies Bauen« stellt hierzu weitergehende Forderungen auf, deren Einhaltung auch in Bereichen mit anderen Planungsanforderungen sinnvoll erscheinen.

Häufig weisen seitliche Stufenränder einen Abstand aus, um aus ästhetischen Gründen eine schwebende oder bewusst abgelöste Stufe zu zeigen (Abb. 21, 23). Dieser seitliche Abstand zwischen Stufenbegrenzung und Treppenraumwand ist mit höchsten 6 cm benannt, eine Dimension, die zunächst angemessen erscheint. Es sollte in der Planung trotzdem berücksichtigt werden, mit welchem Nutzerkreis zu rechnen ist. Bei Nutzern mit kleinen Füßen und entsprechend kleinen Auftrittsflächen sind 6 cm weitaus mehr als die halbe Schuhbreite. Damit besteht die Gefahr des seitlichen Umknickens, wenn der Fuß unmittelbar am seitlichen Stufenrand aufgesetzt wird.

20 Wange im Lichtraumprofil, Apartment in New York (US) 1999, Maya Lin mit David Hotson
21 gewendelte Treppe aus Eichenholz, Ferienhäuser in Nossentin (DE) 2012, gmp
22 Lichtraumprofil (Angaben in cm)
23 Seitenabstände (Angaben in cm)
24 Gehbereich und Lauflinie bei gewendelten Treppen (Angaben in cm)
25 Gehbereich und Lauflinie bei Spindeltreppen (Angaben in cm)
26 Mehrfamilienhaus in Zürich (CH) 2007, Graber Pulver Architekten
27 Knicklinienverlauf bei zweiläufigen Treppen in Abhängigkeit der Position der »nullten« Stufe

26

Bei gewendelten Treppen kann die Lauflinie (siehe S. 96) innerhalb des Gehbereichs frei gewählt werden (Abb. 24). Im Krümmungsbereich der Lauflinie ist der Auftritt gleich der Sehne, die sich durch die Schnittpunkte der gekrümmten Lauflinie mit den Stufenvorderkanten ergibt. Im geraden Treppenbereich verläuft der Gehbereich in Treppenmitte. Bei nutzbaren Treppenlaufbreiten bis 100 cm hat der Gehbereich eine Breite von 20 % der nutzbaren Laufbreite und liegt im Mittelbereich der Treppe. Bei Treppen mit über 100 cm nutzbarer Laufbreite – außer bei Spindeltreppen – beträgt die Breite des Gehbereichs 20 cm. Der Abstand des Gehbereichs von der inneren Begrenzung beträgt 40 cm. [3]

Geometrie und Auflager

Mehrläufige Treppen, vor allem in massiver Bauart (siehe »massive Laufplatte«, S. 105), benötigen eine sorgfältige Planung des Verlaufs der Knicklinien, um auf die verschiedenen Anforderungen unterschiedlicher Auflagersituationen der Treppenläufe am Podest eingehen zu können. Es lässt sich zudem ein geordnetes Bild in der Untersicht der Treppe erreichen und ein kontinuierlicher Verlauf des Handlaufs auf einer Höhe über die gesamte Treppenanlage gewährleisten.
Die Knicklinie ist die Verschneidungslinie zwischen Podest und den aufwärts- bzw. abwärtsgehenden Treppenläufen in der Untersicht der Treppenläufe und -podeste. Bei mehrläufigen Treppen mit Wendepodest (180°-Drehung) sollte es Planungsziel sein, dass die Knicklinien beider Läufe sich am Podest in einem Punkt treffen.
Die Planungsparameter, die die Knicklinie beeinflussen, sind die Lage der Austrittsstufe zur Antrittsstufe sowie die Podest- und Laufplattendicke. Die Position der sogenannten nullten Stufe ist dabei von entscheidender Bedeutung. Die nullte Stufe bezeichnet den ebenengleichen horizontalen Versatz im Podestbereich zwischen letzter Steigung des abwärtsgehenden Treppenlaufs und erster Steigung des aufwärtsgehenden. Sie liegt also auf Podestebene, addiert sich jedoch zur nutzbaren Podesttiefe dazu. Abb. 27 zeigt drei grundsätzlich unterschiedliche Positionen der An- und Austrittsstufe und damit der nullten Stufe. Entweder die nullte Stufe verteilt sich im Podestbereich jeweils zur Hälfte auf den aufwärtsgehenden und abwärtsgehenden Treppenlauf (Abb. 27 a). Oder sie ist dem aufwärtsgehenden (Abb. 27 b) bzw. dem abwärtsgehenden Treppenlauf zugeordnet (Abb. 27 c).

Abb. 28 stellt die geometrischen Folgen der drei beschriebenen Grundvarianten für die Podestplattendicke und die Handlaufhöhe vertiefend dar. Ausgehend von der Laufplattendicke ergibt sich in Abb. 28 c die dünnste Podestdicke mit d = Laufplattendicke/cos der Treppenneigung. In Abb. 28 b verdoppelt sich dieses Maß gegenüber Abb. 28 c. Die Podestdicke vergrößert sich in Abb. 28 a gegenüber Abb. 28 c um den Faktor 1,5. Die Laufplatten- wie auch die Podestplattendicke spielt einerseits eine große Rolle bei der Treppengestaltung, andererseits hängt auch die Möglichkeit zur Lagerung des Treppenlaufs auf der Podestplatte bei längsgespannten Treppenläufen entscheidend davon ab. Die drei dargestellten geometrischen Varianten sind gleichermaßen geeignet für den Fall einer kontinuierlich durchlaufenden Massivkonstruktion von der Podest- in die Laufplatte. Sollten bauphysikalische Anforderungen des Schallschutzes schallentkoppelte Treppenläufe erfordern, benötigen die hierfür notwendigen Konsolauflager eine entsprechend große Podestdicke, um in der Höhe zwei Konsolstärken zuzüglich der Dicke des elastischen Auflager-

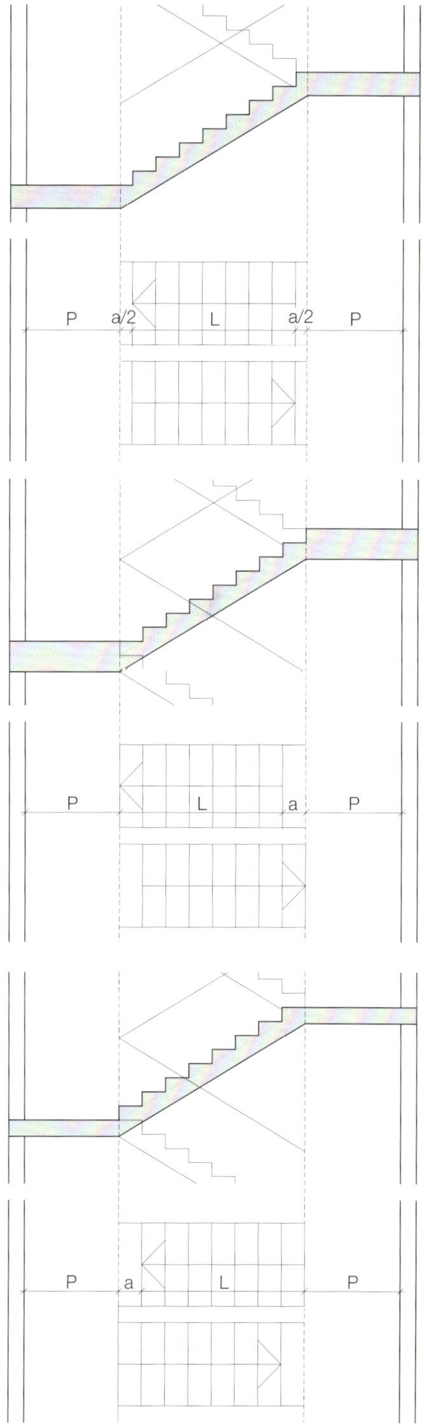

a
b
27 c

30

31

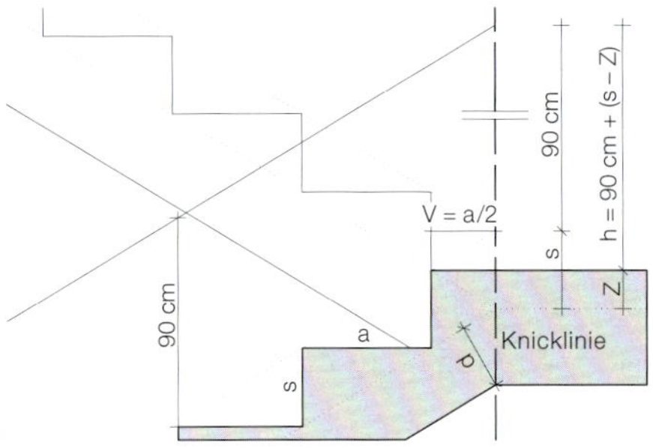

a

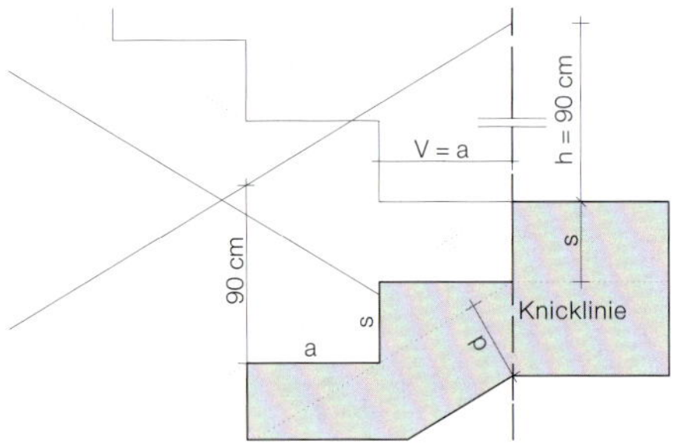

b

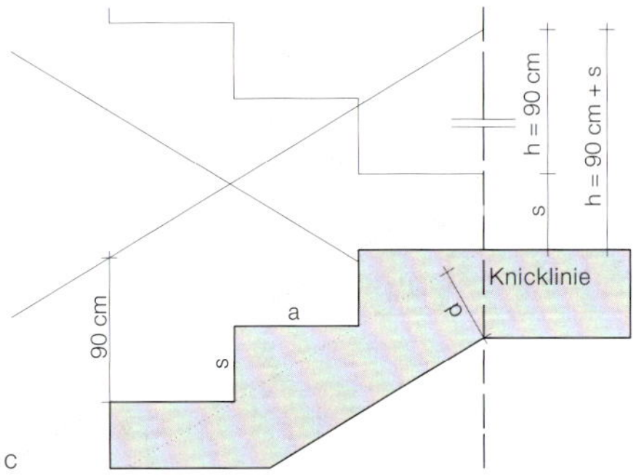

28 c

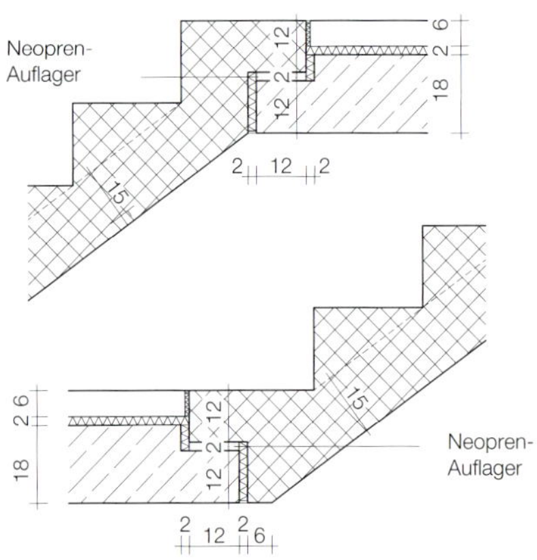

29

materials aufnehmen zu können. Bei einer entsprechend schlanken Ausbildung der Laufplatten kann Position c diese Auflagervariante nicht mehr gewährleisten. Position b ermöglicht dies normalerweise ohne Probleme. Bei Position a ist die Möglichkeit dieser Auflagerung im Einzelfall zu prüfen.
Für die aus dem Schnittpunkt der Handläufe resultierende Handlaufhöhe im Podest- bzw. Treppenaugenbereich ergeben sich ebenso variantenbedingt unterschiedliche Höhen. Bei der Umsetzung der Anforderung eines kontinuierlich durchlaufenden Handlaufs über die gesamte Treppenanlage ist dies zu berücksichtigen.

Die vorstehenden Erläuterungen verdeutlichen die komplexen Zusammenhänge der einzelnen Parameter und den Einfluss möglicher zusätzlicher Anforderungen aus der Bauphysik auf den Platzbedarf der Treppe. Der mit dem Gebäudeentwurf entwickelte und im weiteren Planungsverlauf zur Verfügung stehende Treppenraum entscheidet letztlich darüber, ob alle Parameter so berücksichtig werden können, dass sich der Entwurfsgedanke überzeugend umsetzen lässt. Der Planer sollte sich frühzeitig bemühen, diese Parameter mit den damit verbundenen Konsequenzen für den Platzbedarf abzuklären. Andernfalls droht die Gefahr, dass sich im Verlauf der fortschreitenden Planung nachträglich einfließende Anforderungen negativ auf die Gestaltung der Treppenanlage auswirken. Im Extremfall ist die Umsetzung der geplanten Treppe in der im Entwurf zur Verfügung stehenden räumlichen Disposition nicht mehr möglich.

Konstruktionsarten

Das Grundprinzip aller Treppen – gebildet aus der additiven Abfolge von Stufen – ist gleich. Ihr Erscheinungsbild jedoch wird neben der geometrischen Grundform entscheidend von der Konstruktionsart und der damit verbundenen Materialität bestimmt. Die Auswahl der Konstruktionsart hängt vorrangig von den ästhetischen Anforderungen der Treppe im Gesamtgefüge des Gebäudeentwurfs ab. Die Konstruktionsart definiert sich zunächst über die geometrische Beziehung der Auftrittsflächen zu den lastabtragenden Elementen und im weiteren über die sich daraus ableitende Lage und Ausbildung der übergeordneten lastabtragenden Elemente der Treppe. Daraus resultierend entwickeln sich unterschiedliche Tragsysteme. Alle Elemente der Treppe (siehe »Treppenelemente«, S. 96f.) erfüllen bedingt durch die Konstruktionsart spezifische statische Anforderungen. Die Lagerung der Stufen ist entsprechend der Lastübertragung jeweils unterschiedlich ausgebildet. Grob zusammengefasst gibt es zwei Gruppen von Konstruktionsarten: Zunächst die gebräuchlichen Konstruktionsarten wie massive Laufplatte, Wangentreppe, Holmtreppe und Einzelstufen sowie weiterführend die Gruppe der besonderen Konstruktionsarten wie Spindel-, Faltwerk-, Raumfachwerk- und abgehängte Treppe. Die Besonderheit der Konstruktionsart besteht einerseits in der Kombination von Prinzipien der gebräuchlichen Konstruktionsarten und andererseits aus der Entwicklung von neuartigen eigenständigen Konstruktionen. Ist die Konstruktionsart festgelegt, so bestimmt sie die konstruktiven Anforderungen an die Elemente der Treppe, die im weiteren Planungsverlauf wiederum entscheidend die Materialität beim Treppenbau beeinflussen (siehe »Werkstoffe im Treppenbau«, S. 107ff.).

Massive Laufplatte

Die Konstruktionsart der massiven Laufplatte entspricht einer geneigten, einach-

28a–c Podestplattendicke der drei Grundvarianten in Abhängigkeit von der Position der »nullten« Stufe
29 Konsolauflager der aufwärts- und abwärtsgehenden Treppenläufe am Treppenpodest (Angaben in cm)
30 »Nullte Stufe« halb/halb, Rathauserweiterung, Aarhus (DK) 2002, 3XNielsen
31 »Nullte Stufe« am Austritt, Sporthalle in Zug (CH) 2001, Bétrix & Consolascio Architekten mit Eric Maier
32 Typologie der Konstruktionsarten/Tragsysteme

sig gespannten Platte. Sie spannt vom unteren zum oberen Auflager und überträgt die Lasten im Bereich der linienförmigen Auflager in die Geschoss- bzw. Podestdecken, die ebenfalls ein plattenförmiges Bauteil darstellen. Treppen dieser Konstruktionsart bestehen aus Stahlbeton, sowohl in der Ausführung als Fertigteil- als auch als Ortbetontreppe. Die Auftritte sind meist aus demselben Material in die massive Laufplatte integriert oder werden durch auf die Laufplatte aufgebrachte Beläge gebildet. Die Auflager können dabei als homogener Übergang analog einem Faltwerk oder als Konsolauflager ausgeführt werden. Der Abschnitt »Schallschutz« (siehe S. 113) enthält dazu weitere Informationen.

Wangentreppe
Bei dieser Art von Treppe wirken die seitlich begrenzenden Wangen als geneigte Einfeldträger mit unteren und oberen Auflagerpunkten im angrenzenden Podestbereich und bilden daher das Haupttragwerk. Die Stufen als Einzeltragelemente befinden sich dazwischen und leiten die Lasten durch den statischen Verbund über die seitlichen Auflagerpunkte in die Wangen ein.
Im Holztreppenbau ist diese Konstruktionsart weit verbreitet und wird mit Holzstufen ausgeführt, die seitlich in eine in die Holzwange eingestemmte oder eingefräste Nut einbinden. Treppenwangen können nicht nur aus Holz, sondern auch aus Stahl gefertigt sein. Stufen lassen sich selbsttragend aus Holz, Stahlblech, Stein oder Verbundsicherheitsglas herstellen bzw. mit tragendem Stahlrahmen und flächiger Füllung ausführen.

Holmtreppe
Analog zu den Wangen einer Treppe wirken auch Holme als Einfeldträger mit unterem und oberem Auflager. Sie lagern dabei entweder auf den angrenzenden

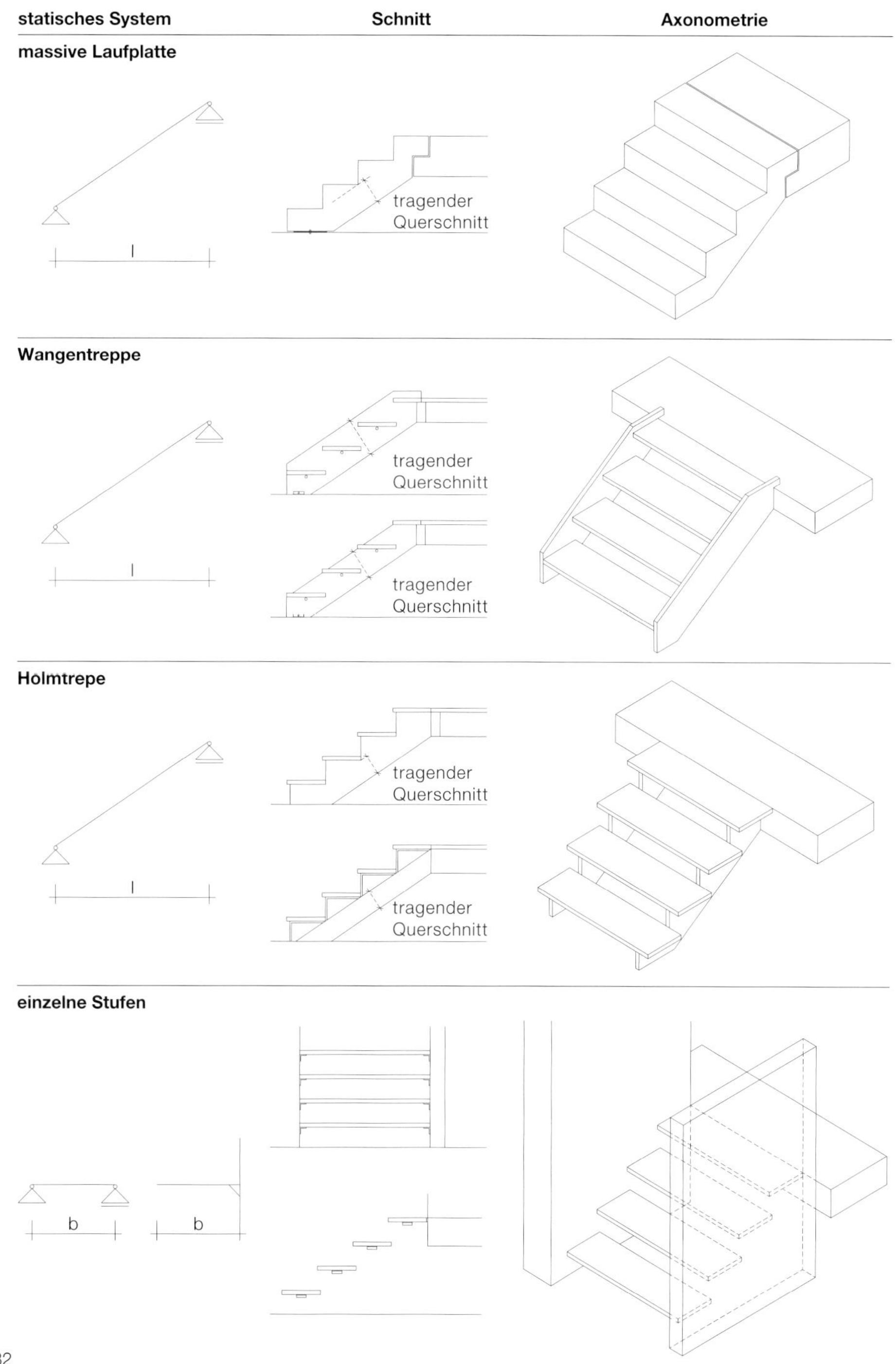

32

33

34

33 Mittelholmtreppe, Wohnhaus, Imabari (JP) 1999, Toru Murakami Architect & Associates
34 mehrere feingliedrige Holme, Verwaltungsgebäude in Struer (DK) 1998, KHR AS Architekten
35 geknickter Holm, Bürogebäude, Bozen (IT) 2007, Markus Scherer
36 freitragende Stufen
37 Faltwerktreppe, Wohnhaus im Kanton Waadt (CH), Eligio Novello
38 Kunstmuseum Küppersmühle, Duisburg (DE) 1999, Herzog & de Meuron
39 Wohnhaus in London (GB) 1997, Seth Stein Architects
40 Bekleidungsgeschäft in London (GB) 1997, David Chipperfield Architects

Podesten oder nehmen als geknickte Holme in ihrem horizontalen Abschnitt die Podestbeläge mit auf. Die Stufen und gegebenenfalls auch die Podestplatten liegen auf den darunter befindlichen Holmen auf, weshalb eine Holmtreppe auch aufgesattelte Treppe genannt wird. Aufgrund ihrer geometrischen Lage unter den Stufen und Podestplatten ist es möglich, die Holme gegenüber den seitlichen Stufenbegrenzungen der Wangentreppen einzurücken, sodass die Stufen um das Maß des Einrückens auskragen. Im Extremfall reduziert sich die Konstruktion auf einen Mittelholm mit darin eingespannt auskragenden Stufen (Abb. 33). Abb. 34 zeigt eine Variante der Holmtreppe, bei der mehrere in der Dimension stark reduzierte Holme unter den Stufen angeordnet sind.
Es gibt verschiedene Möglichkeiten, wie die Stufen auf den Holmen lagern. Beim gestuften Holm, dem sogenannten Sägezahn, lagern sie direkt auf der gestuften Oberseite auf, bei der geraden Holmoberkante müssen die Stufen keilförmig ausgebildet werden. Der gerade Holm lässt sich durch konsolartige Auflager ergänzen, auf die plattenförmige Stufen aufgesattelt werden. Stufenweise geknickte Holme setzen sich aus kurzen Stahleinzelstäben zusammen, die an den Knickpunkten biegesteif verbunden werden (Abb. 35).
Die drei vorgenannten Konstruktionsarten lassen sich bei geradläufigen Treppen wie auch bei gewendelten oder kombiniert geradläufig und gewendelten Treppen anwenden.

Einzelstufen
Aus mehreren Einzelstufen als konstruktiv eigenständiges Bauteil entsteht in der Addition eine Treppe. Die einzelnen Stufen stellen dabei jeweils ein abgeschlossenes statisches System dar, das die Lasten an die treppenbegrenzenden Bauteile des Gebäudes wie Wände und Decken weitergibt (Abb. 36). Es sind also keine weiteren statisch wirkenden Konstruktionselemente wie Wangen oder Holme nötig.

Spindeltreppe
Aufgrund ihrer spezifischen Geometrie setzen sich Spindeltreppen aus einer Kombination unterschiedlicher Konstruktionsarten zusammen. In der Spindel, dem vertikalen Tragelement im Zentrum einer runden Treppe, treffen sich die spitz zulaufenden Stufen. Diese können bei Stahlkonstruktionen von der als Vertikalstab durchlaufenden Spindel ausgehend frei auskragen. Es ist ebenso möglich, die Stufen zusätzlich am äußeren Rand mit einer tragenden spiralförmigen Wange oder einem begleitenden Holm als Auflager zusammenzufassen. Massive Stufen aus Beton oder Naturstein werden spiralförmig aufgemauert und bilden dabei in Addition der konischen Spindelsegmente eine Spindel. Die breiten Stufenseiten binden dabei in eine begleitende Umfassungswand ein.

Faltwerktreppen
Frei tragende Faltwerktreppen entsprechen dem statischen Prinzip des gefalteten Einfeldträgers genutzt als Laufplatte (Abb. 37). Zur Verwendung kommen Stahlblechplatten, die gekantet bzw. aus Einzelplatten im Knickpunkt verschweißt werden. Plattenförmige Holzwerkstoffe lassen sich durch Verleimung, Verschraubung oder Bolzenverbindungen biegesteif verbinden. Aus faserarmiertem ultrahochfestem Beton können Faltwerke ohne sichtbare Fügungen in einem Stück vorgefertigt hergestellt werden.

Raumfachwerktreppen
Treppen mit komplexer Grundgeometrie wie z. B. frei tragenden, mehrfach ge-

35

36

37

krümmten bzw. abknickenden Verläufen nutzen das statisch hochleistungsfähige Raumfachwerk mit darin eingebundenen Stufen als Konstruktionsart.

Abgehängte Treppen
Die Stufen einer abgehängten Treppe sind an der Decke des darüberliegenden Geschosses mit Zugstäben bzw. -seilen aus Stahl befestigt, die zugleich das Geländer bilden (siehe »Wohnhaus in Vrhovlje«, S. 82ff.).

Werkstoffe im Treppenbau
In der Konstruktionstypologie (S. 48ff.) leitet sich die Kategorisierung aus den für die primäre Tragkonstruktion verwendeten Werkstoffen ab. Die nachfolgende Beschreibung geht den umgekehrten Weg und ordnet den Elementen der Treppe je nach Konstruktionsart dafür die zur Verfügung stehenden Werkstoffe zu. Die Vielzahl dieser Werkstoffe und deren mögliche Bearbeitung kann hier nicht vollumfänglich aufgeführt werden, die Auflistung beschränkt sich daher auf die gängigen Anwendungen und deren Erscheinungsbild.

Primäre Tragkonstruktion
Für Treppen mit massiven Laufplatten kommt ausschließlich Stahlbeton als Werkstoff zum Einsatz. Mit diesem Material lassen sich zudem hohe Brandschutzanforderungen mit verhältnismäßig geringem konstruktivem Aufwand erfüllen. Es besteht die gestalterische Möglichkeit, die Grundkonstruktion als sichtbare Oberfläche herzustellen. Dafür steht das komplette Spektrum der Oberflächenbearbeitung von Beton, wie auch der Beeinflussung des Frischbetons durch Variation der Zuschlagsstoffe zur Verfügung. Im Museum Küppersmühle geben die Architekten Herzog & de Meuron der Betontreppe eine monolithisch organische Form (Abb. 38). Mit Ausnahme des nachträglich aufgebrachten Gehbelags aus Terrazzo zeigen alle Oberflächen aus Sichtbeton das Oberflächenbild der verwendeten Holzbrettschalung. Der Beton ist eingefärbt und die Brüstungsoberflächen sind nachträglich geschliffen. Im Gegensatz dazu kann der Stahlbetonkörper als rein dienende Tragkonstruktion ausgeführt und im Anschluss durch Beschichtung oder Aufdoppelung mit anderen Oberflächenmaterialien vollständig verborgen werden.

Wangen und Holme der Treppen einer Konstruktionsart sind meist ebenfalls in Stahl oder Holz erstellt. Diese Treppen zeigen häufig sichtbar das Konstruktionsmaterial und haben per se ein filigranes Erscheinungsbild. Stahlbeton wird hierfür wegen seiner großen erforderlichen Querschnitte selten eingesetzt. Bestehen Wangen oder Holme aus Holzwerkstoffen, so verwendet man diese in der Regel bedingt durch die einfache Fügetechnik auch für die Stufen.
Für Treppen mit Wangen oder Holmen aus Stahl werden neben Stufen aus Stahl auch häufig Stufen aus anderen Werkstoffen eigesetzt. Die Wohnhaustreppe von Seth Stein Architects in London hat zwischen den Stahlwangen in Stahlwinkeln gefasste Glasstufen (Abb. 39).
Die zunehmenden technischen Möglichkeiten, andere Werkstoffe dünnschichtig flächig auf Stahlbauteile »aufzulaminieren«, führt dazu, dass unter Beibehaltung des filigranen Erscheinungsbilds der Werkstoff Stahl häufig nicht mehr als gestaltbildende Oberfläche verwendet wird. Die Wendeltreppe in einem Bekleidungsgeschäft in London von Chipperfield Architects hat eine Außen- und Innenwange aus gebogenen Stahlplatten, die gleichzeitig als Brüstung und Handlauf dienen (Abb. 40). Die Stahlplatten sind jedoch vollständig mit flächig aufgebrachten lackierten Sperrholzplatten bekleidet.

38

39

40

41 a

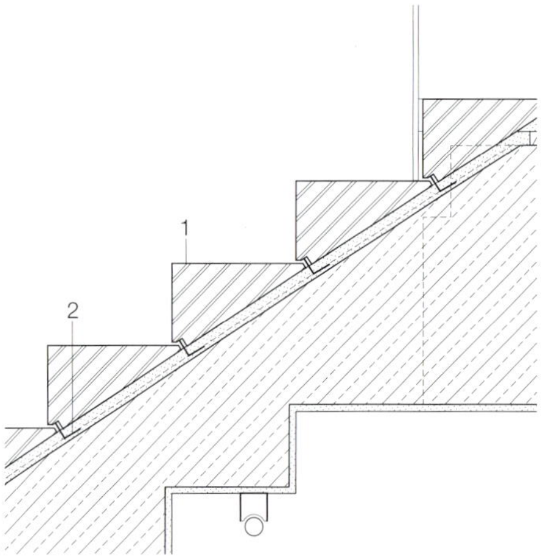

b

Schnitt
Maßstab 1:20

1 Blockstufe
Naturstein
auf 30 mm
Mörtelbett
Stahlbeton
Putz 15 mm
2 Stahlwinkel
L 40/40/5 mm
auf Beton gedübelt

Einseitig eingespannte und auskragende Einzelstufen werden überwiegend in Stahl, seltener als Steinplatten oder Massivholzstufen ausgeführt. Kragen Stufen mit Holzoberflächen aus, so befindet sich im Inneren meist eine tragende Stahlkonstruktion.
Beidseitig aufliegende Einzelstufen sind aus plattenförmigen Holzwerkstoffen einfach herzustellen. Ebenso kommen gekantete Stahlbleche oder Stahlrahmen mit Füllungen zum Einsatz. Steinstufen oder selbsttragende Glasplatten aus entsprechenden Verbundgläsern sind technisch ebenfalls möglich.

Stufenbeläge und Füllungen
Es gibt zwei Möglichkeiten, Stufenbeläge von Treppen auszubilden, sofern nicht die Oberfläche der Konstruktion bereits die Sichtoberfläche bildet. Entweder als Gehbelag, der auf den Stufen der Treppe – ob aus Stahlbeton, Stahlblech oder Holzwerkstoff – aufgebracht wird. Oder mithilfe keilförmiger Formteile aus Natur- oder Betonwerkstein (Abb. 41 b), die die Treppengeometrie der Steigungen und Auftritte auf schrägen Laufplatten bilden. In beiden Fällen lassen sich die Beläge sowohl dünnschichtig wie z.B. aus textilen und elastischen Belägen oder Flüssigkunststoffen, als auch aus Aufdoppelungen mit plattenförmigen Holzwerkstoffen, keramischen oder Natursteinplatten und Verbundwerkstoffen (Laminaten) ausführen.
Stufen aus umlaufenden Stahlrahmen benötigen in jedem Fall eine flächige Füllung aus einem selbsttragenden Material als Laufbelag (Abb. 44).
Neben rein gestalterischen Aspekten bestimmt die Verbesserung technischer und funktionaler Eigenschaften, wie Rutschhemmung oder trittschallreduzierende Wirkung die Materialwahl. Welcher gestalterische Spielraum hierbei möglich ist, zeigen die folgenden Beispiele: Im Wohnhaus in Morcote stellten die Architekten Markus Wespi + Jérôme de Meuron die Stufenbeläge beispielsweise aus sichtbar aufgemauerten Ziegelsteinen her (Abb. 9, S. 50).
Die Trittstufen der aus Stahlblechen faltwerkartig gebildeten Treppe im Dom zu Skara von AIX Architekter erhielten einen Stufenbelag aus geriffeltem Gummi mit einer darunterliegender Trittschalldämmung (Abb. 42, Abb. 15, S. 52).
Im Wohnhaus in Kajagaya von Atelier Den dient Streckmetall sowohl als Füllung für die Stufen als auch für das Geländer (Abb. 44). Dadurch wirkt die Treppe als transparenter Lichtfilter. Ähnliche Effekte lassen sich mit Stufenfüllungen aus Glas erzielen (Abb. 39).

Geländer/Absturzsicherung
Die Tragkonstruktion der Treppe und das Geländer werden oft als konstruktive Einheit entwickelt. Häufig übernimmt das Geländer als stufenabschließende Treppenwange zugleich eine Tragfunktion. Damit bestimmt die Materialität der Treppengrundkonstruktion auch die Materialität des Geländers bzw. der seitlichen Absturzsicherung. Herzog & de Meuron konstruieren Treppe und Geländer im Kunstmuseum Küppersmühle in einem Guss aus rot eingefärbtem Stahlbeton (Abb. 38), während Diller, Scofidio + Renfro / FXFowle bei der Stahltreppe in der Juilliard School in New York Stufe und Brüstung aus einzelnen, 19 mm starken Stahlplatten formen (Abb. 43). Häufig bestehen Geländer aus einem Rahmen, der zur Absturzsicherung mit vertikalen Stäben in einem Raster mit maximalem Abstand von 12 cm verdichtet werden muss. Der Gestaltung sind auch hier keine Grenzen gesetzt, ob Rund- oder Flachstahl in verschiedenen Stärken, z.B. durch Differenzierung von Trag- und Füllstäben (Abb. 45). Für die

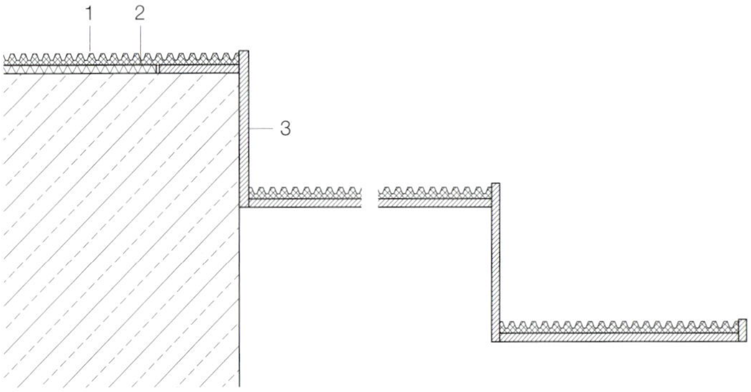

42

Schnitt
Maßstab 1:10

1 Gummibelag, geriffelt 15 mm
2 Trittschalldämmung 10 mm
3 Flachstahl 10 mm

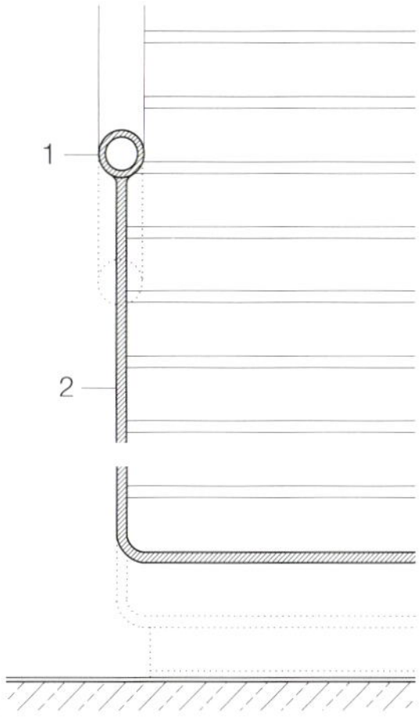

43a

Schnitt
Maßstab 1:20

1 Handlauf: Stahlrohr gestrichen ∅ 76 mm
2 Seitenwand: Stahlplatte gestrichen 19 mm

b

Füllung der Felder eignen sich auch sämtliche flächige Werkstoffe aus Metall, Holz, Kunststoffen, Glas oder Verbundwerkstoffen sowie Seilnetze, Metallroste und -gitter oder Rundstabmatten. Der oberste Horizontalstab ist häufig gleichzeitig der Handlauf. Dieser kann jedoch auch als einzelnes Element aufgesetzt werden.
Geländer mit eigenständiger Konstruktion und Materialität stehen häufig im Kontrast zur Treppe. Eine seitliche Absturzsicherung aus selbsttragendem Sicherheitsglas kann z. B. die skulpturale Wirkung des Treppenlaufs stärken, da sie selbst gestalterisch zurücktritt (Abb. 41 a).

Aktuelle Entwicklung neuer Werkstoffe und Technologien
Die rasante Entwicklung von Spezialgläsern hat dazu geführt, dass deren Anwendung im Treppenbau fast schon einer technischen Standardlösung entspricht. Verfügbar sind Sicherheitsgläser aus mehreren Scheiben im Verbund oder aus gehärtetem Glas – gerade oder gebogen als Formteile. Lediglich die noch verhältnismäßig hohen Kosten verleihen dieser Technik eine gewisse Exklusivität.
Faserverbundwerkstoffe wie hochfester karbonfaserarmierter Beton oder glasfaserverstärkter Kunststoff sind mittlerweile anwendungsreife Technologien, denen eine ähnliche Verbreitung wie den Spezialgläsern bevorsteht.
Klebstoffe und deren Verarbeitungsmöglichkeiten sind heute weit verbreitet, sodass laminierte Werkstoffe als Massenartikel zur Verfügung stehen. Durch die schichtenweise Kombination unterschiedlicher Werkstoffe weisen selbst dünne Platten eine hohe Tragfähigkeit, mechanische Widerstandsfähigkeit oder Witterungsbeständigkeit auf. Die Gestaltung der Oberflächen ist materialunabhängig durch bildhafte Reproduktionen sehr vielfältig. Es bleibt jedoch abzuwarten, ob daraus eine eigenständige Werkstofftypologie entsteht.

Rechtliche Rahmenbedingungen / Normierung
Die nationalen Zuständigkeiten erzeugen eine Vielzahl an gesetzlichen Regelungen und Normen. Es ist nicht möglich, im Rahmen dieses Buchs eine vollumfängliche Bearbeitung des Themas zu gewährleisten. Die nachfolgende Betrachtung ist daher insbesondere bezüglich ihrer Relevanz für das öffentliche Baurecht exemplarisch zu sehen. Die Strukturierung des Themas und die inhaltliche Aufbereitung sorgen für einen thematischen Überblick, um sich im für das jeweilige Projekt relevanten Rechtsrahmen orientieren zu können. Der Detaillierungsgrad der Einzelthemen ordnet sich dabei der Übersichtlichkeit unter.

Landesbauordnungen
Im föderalistisch organisierten Deutschland ist das öffentliche Baurecht Aufgabe der Bundesländer. Die Landesbauordnungen (LBO) regeln den für die Bauausführung in dem jeweiligen Bundesland verbindlichen gesetzlichen Rahmen. Gefahr für Leib und Leben abzuwenden, ist neben anderen Zielen der hauptsächliche Zweck. Zur Vereinheitlichung der unterschiedlichen Landesbauordnungen wurde die Musterbauordnung (MBO) als übergeordneter Orientierungsrahmen für alle Bundesländer geschaffen. Die Landesbauordnungen beinhalten deshalb im Wesentlichen übereinstimmende Vorschriften mit bundeslandspezifischen Besonderheiten. Nachfolgend wird als konkretes Beispiel exemplarisch die Bayerische Bauordnung (BayBO) betrachtet.

41 Verwaltungsgebäude, München (DE) 1998, Betz Architekten
a Brüstungen aus Glas
b Treppenstufen aus keilförmigen Naturwerksteinen
42 Trittstufen aus Stahlblech, Dom zu Skara (SE) 2000, AIX Architekter
43 Juilliard School in New York (US) 2009, Diller Scofidio + Renfro / FXFowle
44 Treppenstufen und -geländer aus Streckmetall, Wohnhaus, Kajigaya (JP) 2001, Atelier Den
45 unterschiedlich dimensionierte Trag- und Füllstäbe des Treppengeländers, Rathauserweiterung, Aarhus (DK) 2001, 3XNielsen

44

45

46

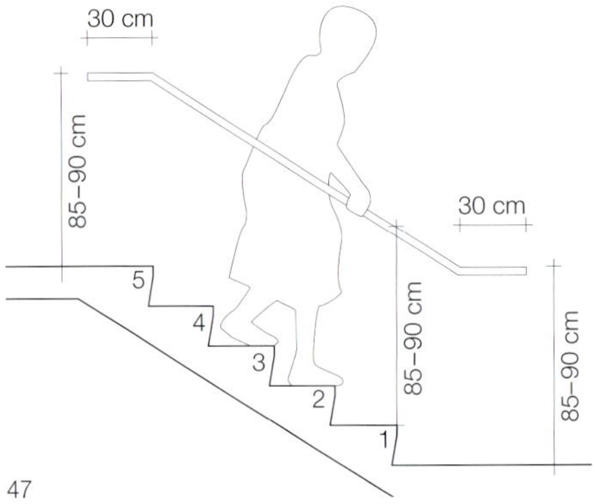

47

46 Forschungsgebäude in Dübendorf (CH) 2016, Gramazio Kohler Architects
47 Handlaufhöhe über Stufenvorderkanten und Podestflächen, waagerecht geführte Handlaufenden. Am unteren Ende des Treppenlaufs muss der schräge Teil des Handlaufs um eine Antrittstiefe fortgesetzt werden, um einen Übergang ohne Höhenversatz zur Waagerechten zu erhalten.
48 Blavatnik School of Government in Oxford (GB) 2015, Herzog & de Meuron

- Art. 2 »Begriffe« regelt unter Absatz 3 die Gebäudeklassen, die wesentliche Bedeutung für die Ausbildung von Treppen haben. Absatz 4 regelt die Sonderbauten, für die es weiterführende Rechtsverordnungen gibt, die auch spezielle Festlegungen zur Ausbildung von Treppen beinhalten. Dies betrifft zum Beispiel Hochhäuser, Verkaufsstätten, Versammlungsstätten, Gaststätten, Pflege- und Betreuungseinrichtungen, Krankenhäuser, Wohnheime, Tagesbetreuungseinrichtungen oder Schul- bzw. Hochschulbauten.
- Art. 3 »Allgemeine Anforderungen« verweist auf die allgemein anerkannten Regeln der Baukunst und Technik zur Wahrung der öffentlichen Sicherheit und Ordnung. Er regelt in Absatz 2 Satz 1 die technischen Baubestimmungen, die durch öffentliche Bekanntmachung rechtlich verbindlich eingeführt werden.
- Abschnitt V »Rettungswege, Öffnungen, Umwehrungen« mit den Art. 31–36 beinhaltet die wesentlichen Festlegungen für die Planung von Treppen.
- Art. 32 »Treppen« regelt den Begriff der »notwendigen Treppe«, die je nach Gebäudeklasse (siehe Art. 2) unterschiedlichen Anforderungen unterliegt und genügen muss.
- Art. 33 »Treppenräume« regelt die Erfordernisse und Anforderungen, die relevant für die Ausbildung von Treppenräumen notwendiger Treppen sind.
- Art. 36 »Umwehrungen« regelt in Absatz 3 die Anforderungen bzgl. Umwehrungen an freien Rändern von Treppen und Treppenpodesten.
- Abschnitt VII »Nutzungsbedingte Anforderungen« hebt in Art. 48 nochmals die Bedeutung der Anforderungen an das barrierefreie Bauen hervor.

Die Landesbauordnungen treffen in ihren Paragraphen und Artikeln bezogen auf Treppen kaum Aussagen zu konkreten Anforderungen, wie z.B. maßliche Festlegungen. Sie beinhalten dafür aber viele allgemeine Hinweise zu Anforderungen, die sich erst umfänglich erschließen lassen, wenn weiterführende Rechtsverordnungen und technische Baubestimmungen dazu studiert werden.

Eingeführte technische Baubestimmungen
Bei technischen Regeln wie z.B. DIN-Normen handelt es sich zunächst um ein privates Regelwerk mit Empfehlungscharakter. Allgemeine Verbindlichkeit erhalten diese erst durch die Einführung als technische Baubestimmung. Die BayBO regelt diesen Vorgang in Art 3.2.1: Nach Bekanntgabe durch das Bayerische Staatsministerium des Innern sind in der aktuellen Fassung von Januar 2015 unter Abschnitt 7 »Technische Regeln als Planungsgrundlagen« nur drei technische Regeln benannt. Darunter DIN 18065 Gebäudetreppen und DIN 18040 Teil 1 und Teil 2 Barrierefreies Bauen – Planungsgrundlagen. Für die Anwendung der technischen Regeln gibt es mit der Bekanntgabe jeweils begleitende Erläuterungen, durch die Bestandteile ausgenommen oder besondere Aspekte vertiefend kommentiert werden können.
Die Einführung der DIN 18065 als technische Baubestimmung stellt die inhaltliche Bedeutung dieser umfänglichen technischen Regel heraus. Die vorliegende Publikation orientiert sich deshalb thematisch eng an den Inhalten dieser DIN.

Rechtsverordnungen
Rechtsverordnungen konkretisieren einzelne in der Landesbauordnung benannte Inhalte bezüglich besonderer Gebäude oder Nutzungen und haben allgemeine Verbindlichkeit. In Bezug auf Planung und Ausführung von Treppen ist hinzuweisen auf:

- Hochhausrichtlinie Ausgabe 21. April 2015
- Verkaufsstättenverordnung (VkV) Ausgabe 6. November 1997
- Versammlungsstättenverordnung (VStättV) Ausgabe 12. Februar 2012
- Beherbergungsstättenverordnung (BStättV) Ausgabe 2. Juli 2007
- Arbeitsstättenverordnung (ArbStättV) Ausgabe 12. August 2004
- Heimmindestbauverordnung (HeimMindBauV) Ausgabe 3. Mai 1983

Die vorgenannten Gesetze, Bestimmungen und Verordnungen befassen sich nicht mit privatrechtlichen Belangen, sondern mit solchen des öffentlichen Baurechts. Hinzuweisen ist zudem auf planerisch relevante Belange bei öffentlich geförderten Baumaßnahmen, die als Bedingung die Einhaltung weiterer Empfehlungen und Verordnungen vorschreiben können.

Barrierefreiheit
Die im Folgenden aufgeführten Anforderungen an die Barrierefreiheit von Treppen sind mit verhältnismäßig geringem Aufwand in die Planung zu integrieren und in einem wirtschaftlich vertretbaren Rahmen auszuführen. Die Notwendigkeit zum Umzug in eine spezielle Einrichtung für Menschen mit Einschränkungen wird dadurch hinausgezögert. Temporäre oder geringe motorische Einschränkungen führen somit nicht zum Verlust der Selbstständigkeit. Erstes Ziel des barrierefreien Bauens sollte sein, das gewohnte Umfeld für den Alltag barrierefrei nutzbar auszustatten und damit die Selbstständigkeit der Betroffenen niederschwellig möglichst lange Zeit zu erhalten.
Die Aufnahme eines gesonderten Artikels bzw. Paragraphen zum barrierefreien Bauen in die Landesbauordnungen und die Einführung der DIN 18040 Barrierefreies Bauen als technische Baubestim-

48

mung verdeutlichen den Stellenwert dieses Themas. Die Norm besteht aus drei Teilen: Teil 1 behandelt öffentlich zugängliche Gebäude, Teil 2 Wohnungen und Teil 3 den öffentlichen Verkehrs- und Freiraum.
Anforderungen an Treppen regelt für die Teile 1 und 2 jeweils Absatz 4.3.6 mit vier Unterpunkten.
Punkt 1 weist darauf hin, dass es sich in diesem Absatz um Maßnahmen zur verbesserten Benutzbarkeit und höheren Sicherheit für Menschen mit begrenzten motorischen Einschränkungen sowie für Blinde und Sehbehinderte handelt.
Punkt 2 befasst sich mit der Laufgestaltung und der Stufenausbildung. Ist der Treppenlauf nicht gerade, so muss er bei öffentlich zugänglichen Gebäuden gemäß Teil 1 einen entsprechend großen Innenradius größer 100 cm aufweisen. Die Treppenlauflinie rechtwinklig zu den Stufenkanten sorgt für ein sicheres Aufsetzen der Füße und einen natürlichen Gehrhythmus. Offene Treppen ohne Setzstufen sind für eine barrierefreie Treppenausbildung nicht geeignet. Stufen müssen ohne Unterschneidung ausgebildet, Setzstufen können über die gesamte Stufenhöhe maximal 2 cm schräg gestellt werden.
Punkt 3 fordert die beidseitige Anordnung eines Handlaufs auf einer Höhe zwischen 85 und 90 cm mit einer unterseitigen Halterung (Abb. 47). Handläufe sind an Treppenaugen und Treppenpodesten ohne Unterbrechung zu führen. Die Enden müssen am Anfang und Ende der Treppe waagrecht 30 cm weitergeführt und – sofern sie frei in den Raum ragen – abgerundet werden. Eine runde oder ovale Form sorgt für bessere Griffsicherheit.
Punkt 4 beschreibt Maßnahmen zur besseren Erkennbarkeit von Elementen der Treppe durch sehbehinderte Menschen. Dies wird durch die Kenntlichmachung von Stufenkanten durch kontrastierendes Absetzen von den anderen Flächen der Tritt- und Setzstufen erreicht. Handläufe sollen sich ebenfalls kontrastreich vom Hintergrund abheben (Abb. 48).

Brandschutz

Treppen werden in den Landesbauordnungen neben ihrer Funktion als notwendige Erschließungseinrichtung eines Gebäudes vor allem als Rettungsweg im Brandfall betrachtet. Der inhaltliche Umfang brandschutzrelevanter Themen beim Treppenbau verdeutlicht die Bedeutung dieses Aspektes. Die nachfolgenden Ausführungen berücksichtigen die Brandschutzanforderungen in Deutschland, orientiert an der MBO bzw. der BayBO.

Notwendige Treppe

Die Gebäudetreppe dient nach Landesbauordnung (z. B. BayBO Art. 32) dazu, nicht zur ebenen Erde liegende Geschosse nutzungsgerecht zu erschließen und im Brandfall Personenrettung und Löschangriff sicherzustellen. Sie bildet damit den vertikalen Teil des Rettungswegs und muss in einem Zug zu allen angeschlossenen Geschossen führen. Die Bauordnung bezeichnet diese Treppe als notwendige Treppe.

Treppenraum

Die Notwendigkeit und ggf. die Bauart des Treppenraumes wird durch die nach Landesbauordnung geregelte Einteilung der Gebäude in in Gebäudeklassen (siehe BayBO Art. 2.3) bestimmt. Damit verbunden sind auch die Anforderungen an die Bauart der Treppe.

Anzahl, Entfernung und Dimensionierung notwendiger Treppen

Die flächige Ausdehnung des Gebäudes entscheidet über die Anzahl der notwendigen Treppen. Von jeder Stelle eines Aufenthaltsraums muss der Treppenraum mindestens einer notwendigen Treppe in 35 m erreichbar sein. In den Sonderbauverordnungen reduziert sich diese Entfernung je nach Nutzungsart.
In Schulbauten, Versammlungs- oder Verkaufsstätten besteht die Forderung nach mindestens zwei notwendigen Treppen. Die Mindestanforderung an die nutzbare Treppenbreite definiert DIN 18065, wobei Sonderbauten besonderen Anforderungen unterliegen. Bei Versammlungsstätten bestimmt beispielweise die Anzahl der auf die Treppe angewiesenen Nutzer die nutzbare Treppenbreite: Je 150 Nutzer ist mindestens 1 m Treppenbreite vorzusehen.
Sollte nutzungsbedingt der Transport von liegenden Kranken auf Tragen erforderlich sein, müssen deren Maße (nach DIN 13024 mit 2,26 m Länge und 0,6 m Breite) durch entsprechende Abmessungen in der räumlichen Ausbildung der Treppe berücksichtigt werden.

Feuerwiderstandsdauer notwendiger Treppen und von Treppenräumen

Tragende Teile notwendiger Treppen müssen feuerbeständig (90 Min. Feuerwiderstandsdauer) ausgebildet sein. In Gebäuden geringer Höhe (Gebäudeklasse 3) müssen sie nicht brennbar oder mindestens feuerhemmend (30 Min. Feuerwiderstandsdauer) sein. Damit soll gewährleistet werden, dass im Falle einer direkten Brandeinwirkung die Treppe begehbar bleibt.
Treppenraumwände sind feuerbeständig, bei Gebäuden nicht geringer Höhe in der Bauart von Brandwänden herzustellen. Der Treppenraum bildet somit einen eigenen Brand- bzw. Rauchabschnitt, ohne dass er in Bezug auf die Treppenraumabschlüsse die Forderungen eines Brandabschnitts erfüllen muss. Treppenräume lassen sich außen bzw. innen liegend ausbilden.

Sonstige Anforderungen an Treppenräume
Das Eindringen von Rauch aus den angrenzenden Geschossen ist durch entsprechend ausgebildete Türen als Treppenraumabschlüsse zu verhindern. Ebenso darf von außen kein Rauch ins Gebäude gelangen. Eingedrungener Brandrauch ist schnell abzuführen. Sichere Begehbarkeit und möglichst lange Standzeit im Brandfall sind notwendig. Je nach Gebäudeklasse müssen die verwendeten Bauelemente und Materialien einen entsprechenden Feuerwiderstand aufweisen. Treppenräume dürfen aufgrund der verwendeten Materialien und eventueller Einrichtungsgegenstände keine eigene Brandlast enthalten.

Außen liegende Treppenräume
Ein notwendiger Treppenraum sollte normalerweise an einer Außenwand liegen und einen direkten Ausgang ins Freie besitzen. Der außen liegende Treppenraum ist folglich der Regelfall. Dadurch ist es möglich, in der Außenwand Öffnungen zur Entrauchung des Treppenraums vorzusehen. Je Geschoss ist dafür eine Öffnung von mind. 0,5 m^2 erforderlich.

Innen liegende Treppenräume
Als Abweichung vom Grundsatz des außen liegenden Treppenraums sind auch innen liegende Treppenräume möglich. An oberster Stelle ist dann eine Rauchabzugsvorrichtung mit einem lichten Querschnitt von 5 % der Treppenraumgrundfläche, jedoch mindestens 1 m^2, notwendig.

Sicherheitstreppenraum
In Hochhäusern ist die Personenrettung von außen durch Leitern nicht mehr möglich. Deshalb wird ein zweiter notwendiger Treppenraum oder ersatzweise für zwei notwendige Treppenräume ein einzelner Sicherheitstreppenraum gefordert. Der Sicherheitstreppenraum muss vor eindringendem Rauch wirkungsvoll geschützt sein. Dies kann eine im freien Luftstrom liegende Schleuse gewährleisten.

Nottreppen
Wenn ein zweiter Rettungsweg nicht möglich ist, kann ersatzweise eine außen liegende Nottreppe eingesetzt werden. Diese Treppen dürfen durch Brandüberschlag von angrenzenden Gebäudeöffnungen nicht gefährdet werden. Nottreppen dürfen gewendelt sind und müssen aus nichtbrennbaren Baustoffen bestehen. Sie dürfen auf einem sicheren Wartepodest enden, von dem eine weitere Rettung möglich ist.

Nicht notwendige Treppen
Nicht notwendige Treppen werden häufig aus funktionalen Gründen geplant und sind offene Treppen ohne Treppenraum. In Gebäuden ab Gebäudeklasse 3 dürfen sie maximal zwei Geschosse verbinden. Zahl und Lage der notwendigen Treppen bleiben davon unberührt.

49

Schallschutz

Der Schallschutz ist ein wesentliches Qualitätsmerkmal eines Gebäudes. Die nach anerkannten Regeln der Technik erforderlichen Mindestanforderungen genügen häufig nicht der Erwartungshaltung der Nutzer. Es gibt eine Vielzahl juristischer Auseinandersetzungen wegen unterschiedlicher Auffassungen von geschuldetem und geliefertem Schallschutzmaß. Eine exakte Vereinbarung des gewünschten Schallschutzes sollte aus diesem Grund mit dem Bauherrn werkvertraglich geregelt werden.
Die Gebäudetreppe muss dabei Anforderungen an den Trittschallschutz erfüllen. Dazu sind definierte und im Schallschutz bewertbare Anschlüsse der Treppe an die begrenzenden Bauteile des Gebäudes erforderlich. Bei Massivkonstruktionen sind mittels Konsolauflagern relativ einfache und wirkungsvolle Maßnahmen möglich (Abb. 50). Dazu bedarf es aber bestimmter geometrischer Voraussetzungen für die Lagerung der Laufplatte und die Kräfteübertragung im Auflager. Sind diese nicht vorhanden, können nur speziell entwickelte Bauteile für die Treppenlagerung eingesetzt werden. Diese Konstruktionen basieren auf dem Prinzip der elastischen Lagerung. Eine entsprechende Lagerung der Auflagerpunkte und Kontaktstellen der Treppe mit den umgebenden Bauteilen sorgt für eine Schwingungsentkoppelung. Die durch Benutzung eingetragenen Frequenzen werden nicht in schutzbedürftige Räume weitergeleitet.
Sowohl die Planung als auch die Ausführung dieser Anschlusspunkte bedarf großer Sorgfalt. Bereits kleinste Schwachstellen verursachen Schallbrücken, die den Erfolg der Maßnahme vollständig gefährden.
Verbunden mit der Entkoppelung von Treppenläufen ist eine exakte Planung des Fugenverlaufs notwendig. Zum einen müssen die geometrischen Anforderungen an die Lagerung eingehalten werden, zum anderen können die sichtbaren Fugen auch gestalterischen Einfluss nehmen.
Neben der Schallentkoppelung der gesamten Treppe besteht alternativ die Möglichkeit, die Stufenbeläge im Auflager akustisch zu trennen. Dabei werden die Stufenbeläge durch die Unterlage einer Entkoppelungsmatte vom Auflager schwingungsentkoppelt. Da es sich hier um eine große Fläche handelt, ist das Risiko eines Baumangels hoch. Wenn möglich, hat die Schallentkopplung der gesamten Laufplatte Präferenz gegenüber der stufenweisen Entkoppelung.

Bei hohen Anforderungen an den Trittschallschutz von Treppenkonstruktionen ist es ratsam, auf eine bauphysikalische Beratung durch einen Sonderfachmann zurückzugreifen.

Anmerkungen

[1] DIN 18065:2015-0 Gebäudetreppen – Begriffe, Messregeln, Hauptmaße
[2] Bolleray, Franziska: Früher aus Holz, noch heute steiler als anderswo – die Treppe in den Niederlanden. In: Detail 2/1998, S. 141–146
[3] nach DIN 18065 Abschnitt 8

49 vor einer feuerbeständigen Wand liegende Fluchttreppen, Entertainmentcenter in Wien (AT) 2001, Rüdiger Lainer
50 Maßnahmen zur Schallentkoppelung (Angaben in cm), Maßstab 1:20
a oberer Anschluss Treppenlauf an Podest/Geschossdecke
b unterer Anschluss Treppenlauf an Podest/Geschossdecke
c Anschluss Treppenlauf an Bodenplatte
51 Mittelholmtreppe mit Betonstufen

1 Natursteinbelag
2 Treppenlauf
3 Randdämmstreifen
4 Elastische Fuge
5 Estrich auf Trennlage
Trittschalldämmung
Stahlbetondecke
6 Konsolauflager trittschallgedämmt
7 Auflager trittschallgedämmt

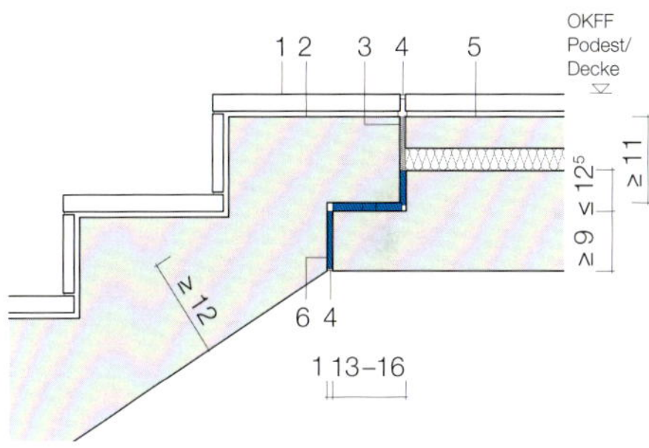

a

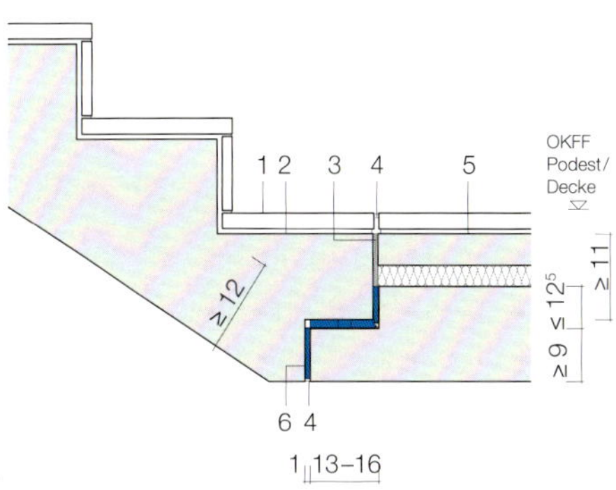

b

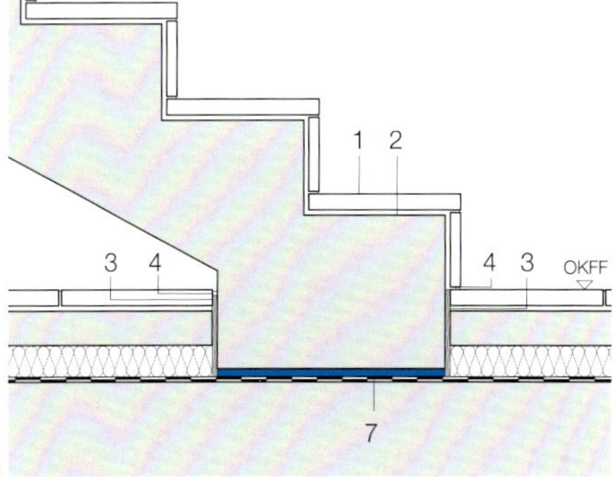

50c

51 

Step-by-Step – Festlegung der Treppengeometrie

Wie sich Schritt für Schritt die Geometrie für eine ein- bzw. zweiläufige Treppe ermitteln und festlegen lässt, zeigen die folgenden Rechenbeispiele. Angenommen wird hier ein Treppenhaus in einem Wohngebäude mit mehr als drei Wohnungen und einer Geschosshöhe von 2,85 m (2,50 m Raumhöhe + 35 cm Deckenaufbau). Das Steigungsverhältnis sollte max. 190/260 und die nutzbare Treppenlaufbreite mind. 1,00 m betragen.

1. *Anzahl der Treppenstufen ermitteln:*
   Zur Eingrenzung wird die Geschosshöhe durch die maximal mögliche Steigungshöhe (19 cm) geteilt:
   285 cm : 19 cm = 15 Stufen (mind.)
   → Wahl 15 oder 16 Treppenstufen

2. *Treppensteigung s berechnen:*
   Geschosshöhe wird durch die Anzahl der Treppenstufen geteilt:
   - z. B. 285 cm : 15 Stufen = 19,0 cm
     → Steigung s = 190 mm
   - z. B. 285 cm : 16 Stufen = 17,8 cm
     → Steigung s = 178 mm

3. *Maß für Treppenauftritt a festlegen (mit Kontrolle der Schrittmaßregel):*
   - z. B. 15 Stg. 90/260 → Kontrolle:
     2s + a = 2 · 190 + 260 mm = 640 mm
     → Schrittmaßregel erfüllt
   - z. B. 16 Stg. 178/280 → Kontrolle:
     2s + a = 2 · 178 + 280 mm = 636 mm
     → Schrittmaßregel erfüllt

4. *Treppenlauflänge ermitteln (einläufige Treppe):*
   Anzahl der Auftritte a (Anzahl Steigungen s - 1) wird mit dem Auftrittsmaß multipliziert.
   - bei 15 Steigungen: 14 (a) · 260 mm = 3640 mm = 3,64 m Treppenlauflänge
   - bei 16 Steigungen:
     15 (a) · 280 mm = 4200 mm
     = 4,20 m Treppenlauflänge

einläufige Treppe

15 Stg. 190/260 → Treppenlauflänge: 3,64 m

16 Stg. 178/280 → Treppenlauflänge: 4,20 m

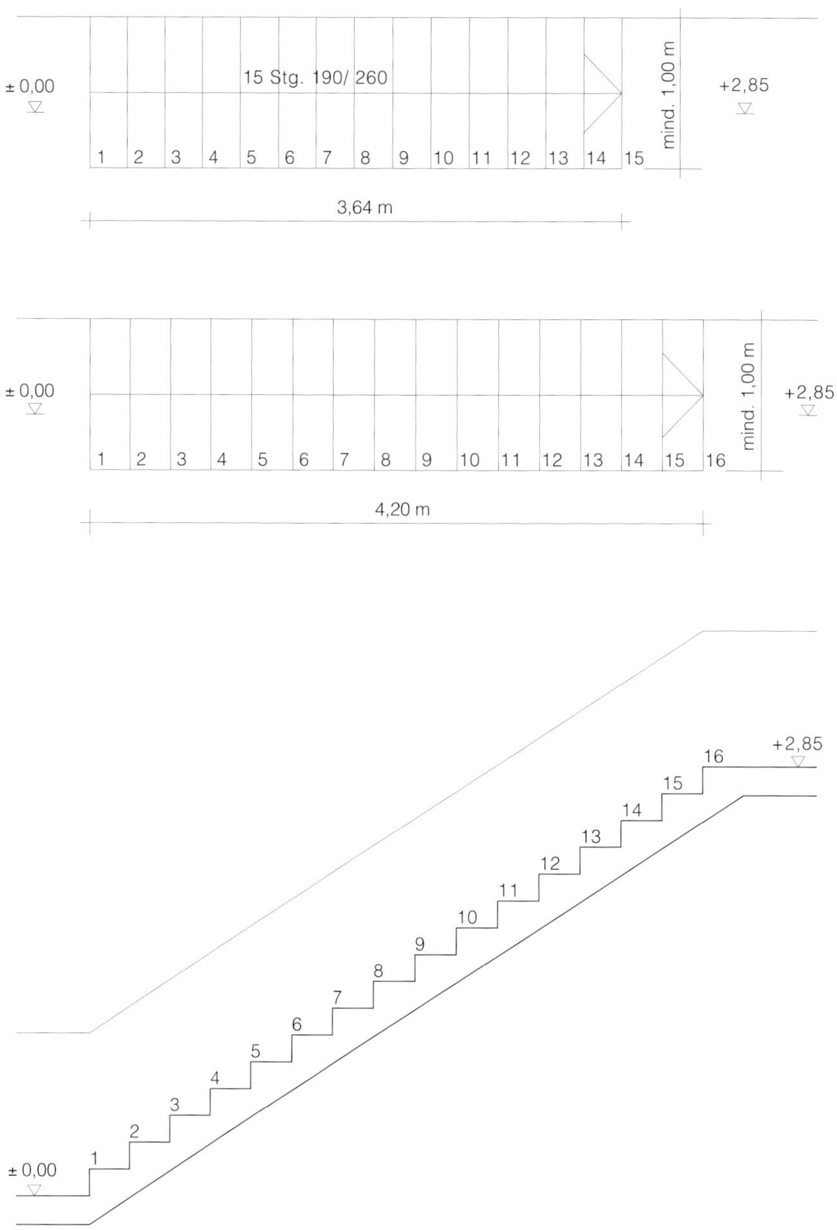

zweiläufige Treppe
2× 8 Stg. 178/280 → Treppenlauflänge: 2,24 m

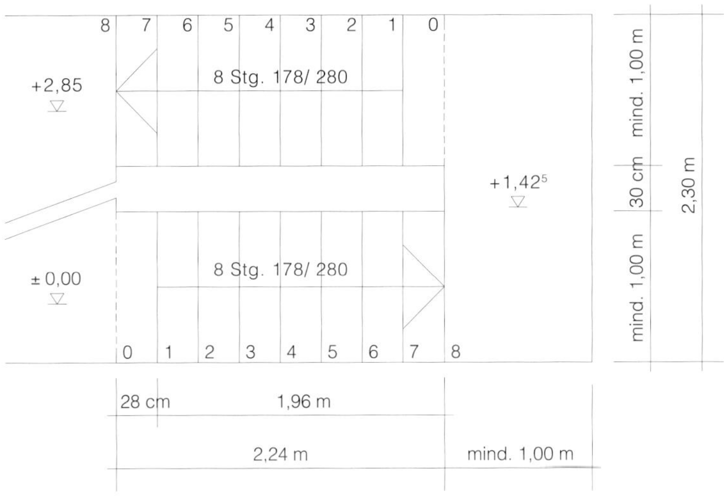

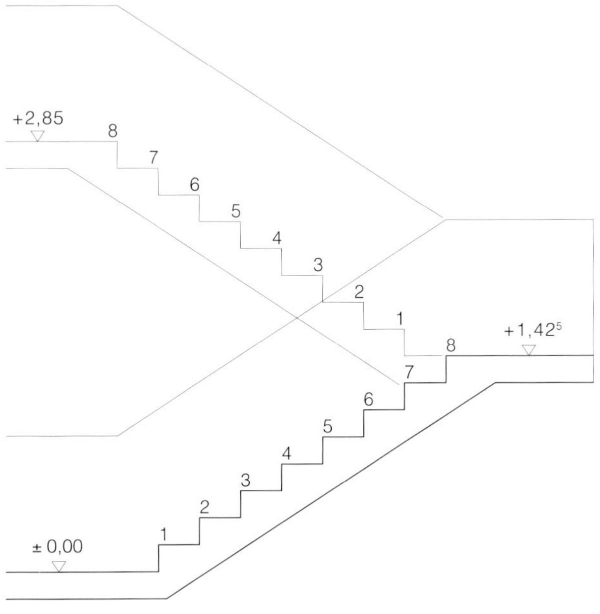

4. *Treppenlauflänge ermitteln (zweiläufige Treppe):*
16 Stg. 178/280 bei zwei Läufen
→ 2× 8 Stg. 178/280:
Anzahl der Auftritte a (Anzahl Steigungen s-1) wird mit dem Auftrittsmaß multipliziert.
Je Lauf bei 8 Steigungen:
7 (a) · 280 mm = 1960 mm
= 1,96 m Treppenlauflänge

Soll der Handlauf auf der Seite des Treppenauges in einer kontinuierlichen Neigung ohne Höhenversatz weitergeführt werden, muss am Antritt der Treppe eine »nullte« Stufe auf Podestebene ergänzt werden. Die Lauflänge wird dadurch um eine Auftrittsbreite vergrößert.

Je Lauf bei 8 Steigungen:
7 (a) + 1 (a) · 280 mm = 2240 mm
= 2,24 m Treppenlauflänge

Tiefe Zwischenpodest: mind. 1,00 m zwischen den Handläufen
Treppenauge: Größe je nach Platz / Anordnung Geländer / gestalterischer Absicht.

5. *weitere Festlegungen:*
   - Wahl der Tragkonstruktion (massive Laufplatte, Holm, Wange, auskragende Einzelstufen, etc.)
     → Dimensionierung durch Statik
   - Material der Tragkonstruktion (Holz, Stahl, Blech, Beton, etc.)
     → Einschränkung durch Brandschutzanforderung
   - Material Tritt- und Setzstufe (Holz, Stahl, Blech, Beton, Naturstein, Glas, Fliesen, Kunststoff, etc.)
   - Konstruktion und Material Geländer / Handlauf

Autoren

Christian Peter
Dipl.-Ing. Architekt
geboren im Juni 1960 in Heidenheim a. d. Brenz
Studium der Architektur an der TU Berlin und TU München, 1985 Diplom
bis 1992 Mitarbeit in verschiedenen Architekturbüros in München und Stuttgart
1992–1995 Lehrbeauftragter an der Hochschule München
2010–2012 Lehrbeauftragter an der Hochschule Augsburg
seit 1994 SPP Architekten + Ingenieure, gemeinsam mit Christine Peter und Wolfgang Sturm
seit September 2012 Professur für Baukonstruktion und Entwerfen an der Hochschule Augsburg
Mitglied der Bayerischen Architektenkammer

Christine Peter
Dipl.-Ing. Architektin BDA
geboren im Juni 1963 in Stuttgart
1983 Studium der Kunstgeschichte an der LMU München
1983–1988 Studium der Architektur an der TU München, 1988 Diplom
1986 Stipendium der Studienstiftung des deutschen Volkes
1988–1991 Mitarbeit in verschiedenen Architekturbüros in München und Freiburg
1992–1995 wissenschaftliche Assistentin am Lehrstuhl für Baukonstruktion und Entwerfen, Prof. Hugues, TU München
1997–2001 Tutorin am Lehrstuhl für Baukonstruktion, Prof. Schunck, TU München
2010–2012 Vertretungsprofessur an der Hochschule München
seit 1994 SPP Architekten + Ingenieure, gemeinsam mit Christian Peter und Wolfgang Sturm
seit 2001 diverse Lehraufträge an der Hochschule München und Augsburg
Mitglied der Bayerischen Architektenkammer und des BDA Bayern

Daniel Reisch
Dipl.-Ing. (FH) Architekt
geboren im Mai 1974 in Stuttgart
1994–1995 Studium der Germanistik und Romanistik an der LMU München
Studium der Architektur an der Hochschule München, 2002 Diplom
2000–2004 Mitarbeit bei Herzog & de Meuron in München
2004–2006 Mitarbeit bei Herzog & de Meuron in Basel
2006–2012 wissenschaftlicher Mitarbeiter am Lehrstuhl Entwerfen und Baukonstruktion der Bauhaus-Universität Weimar
2013–2014 wissenschaftlicher Mitarbeiter im Studio Krucker Bates der TU München
seit 2010 Zusammenarbeit mit Katinka Temme im studio3
seit 2015 freier Redakteur bei Detail Business Information GmbH
seit 2015 Lehraufträge an der Hochschule Augsburg
Mitglied der Bayerischen Architektenkammer und der Bundesstiftung Baukultur

Katinka Temme
M. Arch. Architektin
geboren im Mai 1976 in Hilden
Studium der Architektur an der TH Karlsruhe und der Arizona State University/USA, 2000 Abschluss
2001 Mitarbeit bei Gerber Architekten Generalplaner in Dortmund
ab 2001 Mitarbeit bei Kengo Kuma & Associates in Tokio
2004–2005 Mitarbeit bei Herzog & de Meuron in Basel
2005–2011 Projektarchitektin bei Kengo Kuma & Associates
2011–2012 wissenschaftliche Mitarbeiterin an der TU Darmstadt Fachbereich Architektur am Lehrstuhl Entwerfen und Freiraumplanung
seit 2010 eigenes Kreativstudio »kyLAB« in Tokio
seit 2010 Zusammenarbeit mit Daniel Reisch im studio3
seit Februar 2013 Professur für Analoge Architektur & Entwerfen an der Hochschule Augsburg
Lehrtätigkeit an verschiedenen nationalen und internationalen Hochschulen
Mitglied der Bayerischen Architektenkammer

Normen, Richtlinien

Normen
DIN 18040: 2010-10 Barrierefreies Bauen – Planungsgrundlagen. Teil 1: Öffentlich zugängliche Gebäude
DIN 18040: 2010-10 Barrierefreies Bauen – Planungsgrundlagen. Teil 2: Wohnungen
DIN 18065: 2015-03 Gebäudetreppen – Begriffe, Messregeln, Hauptmaße

ÖNorm B 5371 Treppen, Geländer und Brüstungen in Gebäuden und von Außenanlagen – Abmessungen. Ausgabedatum 2011-08-15

Bauordnungen der Bundesländer
Musterbauordnung (MBO) in der Fassung vom 1. November 2002. Zuletzt geändert durch den Beschluss vom 21. September 2012. Normgeber Bund
exemplarisch: Bayerische Bauordnung (BayBO) in der Fassung der Bekanntmachung vom 14. August 2007. Zuletzt geändert 12. Juli 2017

Rechtsverordnungen
Arbeitsstättenverordnung ArbStättV. Ausgabe 12. August 2004. Zuletzt geändert 30.11.2016. Herausgeber Bundesministerium für Arbeit und Soziales
Beherbergungsstättenverordnung BStättV. Ausgabe 2. Juli 2007. Zuletzt geändert 08.07.2009 exemplarisch für den Freistaat Bayern
Heimmindestbauverordnung HeimMindBauV. Ausgabe 3. Mai 1983. Zuletzt geändert 25.11.2003 (aktuelle Fassung). Normgeber: Bund
Muster-Richtlinie über den Bau und Betrieb von Hochhäusern (Muster-Hochhaus-Richtlinie – MHHR) in der Fassung vom 18. April 2008. Zuletzt geändert durch Beschluss der Fachkommission Bauaufsicht vom Februar 2012
Verkaufsstättenverordnung VkV, Ausgabe 6. November 1997. Zuletzt geändert 29.11.2007 exemplarisch für den Freistaat Bayern
Versammlungsstättenverordnung VStättV. Ausgabe 2. November 2007. Zuletzt geändert 08.04.2013 exemplarisch für den Freistaat Bayern

Literatur

Daidalos, Nr. 9/1983 Treppen
Deplazes, Andrea (Hrsg.): Architektur konstruieren – vom Rohmaterial zum Bauwerk. Basel 2008
I Ging: Das Buch der Wandlungen, Übersetzung von Richard Wilhelm. Düsseldorf 1999
Loidl, Hans; Bernard, Stefan: Freiräume. Entwerfen als Landschaftsarchitektur. Basel 2003
Los, Sergio: Carlo Scarpa. Köln 1994
Mielke, Friedrich: Handbuch der Treppenkunde. Hannover 1993
Nerdinger, Winfried (Hrsg.): Konstruktion und Raum in der Architektur des 20. Jahrhunderts. München, Berlin, London, New York 2003
Norberg-Schulz, Christian: Logik der Baukunst. Braunschweig, Wiesbaden 1980
Rasmussen, Steen Eiler: Architektur Erlebnis. Stuttgart 1980
Schittich, Christian (Hrsg:): Erschließungsräume. München 2013
van der Laan, Hans: Der architektonische Raum. Leiden, New York, Köln 1992

Bildnachweis

Allen, die durch Überlassung ihrer Bildvorlagen, durch Erteilung von Reproduktionserlaubnis und durch Auskünfte am Zustandekommen des Buches mitgeholfen haben, sagen die Autoren und der Verlag aufrichtigen Dank. Sämtliche Zeichnungen in diesem Werk sind eigens angefertigt. Nicht nachgewiesene Fotos stammen aus dem Archiv der Architekten oder aus dem Archiv der Zeitschrift Detail. Trotz intensivem Bemühen konnten wir einige Urheber der Fotos und Abbildungen nicht ermitteln, die Urheberrechte sind aber gewahrt. Wir bitten um dementsprechende Nachricht.

Titel: Eva Schönbrunner

Entwurfstypologie – Methodik

1, 2 Katinka Temme

Entwurfstypologie – Himmelsleiter und Skulptur

1 Eva Schönbrunner
2 Carschten (CC BY-SA 3.0)
3 Zoonar GmbH / Alamy Stock Photo
4 Judith Stichtenoth
5 Daniel Schwen (CC BY-SA 4.0)
6 Sander Meisner
7 https://figosfromagio.wordpress.com/2013/05/20/huashan-the-most-wonderful-of-mountains-part-1/
8a Ei Katsumata / Alamy Stock Photo
8b nach: wikiwikiyarou
9 akg-images
10 aus: Swarbrick, John: Robert Adam & his brothers: their lives, work & influence on English architecture, decoration and furniture. London 1915
11 Andy Ryan
12 Koji Okamoto
13b Francesco Martello
14b Juan Rodriguez
15b Hannes Henz
16b Walter Mair
18 Ruedi Walti
20a www.italianways.com/stairs-and-theater-at-palazzo-dello-spagnolo/
20b aus: Daidalos 9/1983, S. 79
21 Garnier, Charles (1880). Le nouvel Opéra, vol. 2, plate 8. Paris: Ducher
22 Janine Mahler / IBA
23 Matevž Paternoster
24 Duccio Malagamba
25 Christian Richters
26 Hufton + Crow
27 Shen Zhonghai

Entwurfstypologie – Bühne und Landschaft

1 Birgit Verwiebe (Hg): Unter den Linden. Berlin 1997
2 Filmbildfundus Robert Fischer
3 http://evil.wikia.com/wiki/File:The_Illusionary_Maze.jpg
4 Filmkopien des Filmmuseums München, Gerhard Ullmann
5 ApA(c) R. Roozen
6 Iwan Baan
7 Chen Hao
8 Jaime Navarro Soto
9 Atelier Bow-Wow
10 Thomas Jantscher
11 Therme Vals
12 Michael Bause
13 David Monniaux
14 Álvaro Leite Siza Vieira
15 Fernando Guerra
16 Hisao Suzuki
17 Erik Berg/Den Norske Opera & Ballett
18 Jean-Pierre Dalbéra
19 Simon King (CC BY-NC-ND 2.0)
20 Rosemie Callewaert
21 Hufton + Crow
22 Iwan Baan
23 Naoomi Kurozumi
24 Hal Chen
25 Li Xiaodong

Entwurfstypologie – Technische Ästhetik vs. Sehnsucht nach dem Urtyp

1 Michal Huniewicz
3 Ike E:son Lindman
4 Arturo Duarte jr.
5 Filip Šlapal
6a Andreas Keller
6b Bloomberg
7 Christian Richters
8 Giovanna Silva
9 Werner Kaligofsky
10 Mitsumasa Fujitsuka / helico
11 Katsuhisa Kida
12 jean claude braun
13 Cardaf
14 Beat Bühler
15b Filip Dujardin
16 John Mitchell / Alamy Stock Photo
17 Cristobal Palma
18 Helene Binet
19 Paula Herrero
20 Ike E:son Lindman
21 Lucia Degonda
22 Ruinelli Associati
23 Ruedi Walti
24, 25 Tomas Heimann

Entwurfstypologie – Raumkörper vs. körperlose Treppe

1 Katsutoshi Sasaki + Associates
2 Addison Godel
3 Thomas Jantscher
4 Adolf Bereuter
5 Daniel Malhão / DMF
6 www.vanderlaanstichting.nl
7 Allard Bovenberg
9 Rainer Retzlaff
11b Juan Rodriguez
11c Juan Rodriguez
12b Iñigo Bujedo Aguirre
13 Roland Halbe
14 Steven Massart
15 Jens Weber
16 Marco Introini, Kengo Kuma & Associates
17 Mitsumasa Fujitsuka, Kengo Kuma & Associates

Entwurfstypologie – Möbel und Bestandsergänzung

1 j l t
2 www.sundaymorning.it/House_in_pinewood.html
3a Kouji Okamoto / Techni Staff
3b Shinkenchiku-sha
4 Shinkenchiku-sha
5 Janez Marolt
6 Design + Weld Limited
7 Stéphane Chalmeau
8, 9 Roland Halbe
10 José Campos
11 Victoria Sambunaris / DAM Frankfurt
12 Stijn Poelstra
13 Bruno Klomfar
14 Christian Schittich
15 Andreas Meichsner
16a aus: Fondazione Querini Stampalia Onlus (Hrsg.): Carlo Scarpa – la fondazione querini stampalia a venezia. Verona 2006, S. 52
16b aus: Fondazione Querini Stampalia Onlus (Hrsg.): Carlo Scarpa – la fondazione querini stampalia a venezia. Verona 2006, S. 55
17 seier+seier
18 Luca Onniboni

Konstruktionstypologie

1 Zoonar / Jürgen Vogt
2 R. Schweitzer
3 Florian Monheim / arturimages
4 Jens Hauspurg
6 Barbara Staubach / arturimages
8 Roberto Collovà
9 Hannes Henz
10 aus: Behse, W. H.: Treppenwerk für Architekten, Zimmerleute und Tischler sowie für Baugewerk- und Gewerbeschulen. Tafel 1. Weimar 1873
11 Filip Dujardin
12 Christian Schittich
13 Archives d'Architecture Moderne
14 Mitsuo Matsuoka
15 Ike E:son Lindman
16 Iwan Baan
17 Zooey Braun / arturimages
18 Lukas Roth
19 Andreas Keller
20 Ramon Prat

Projektbeispiele

S. 56 oben links, 58–61 Hannes Henz
S. 56 unten links, 62, 63 links Leonardo Finotti
S. 63 Mitte, 63 rechts, 64 Pietro Savorelli
S. 66 unten Armin Linke
S. 67 unten Michael Moran
S. 56 unten Mitte, 68–70 Tuomas Uusheimo
S. 56 oben rechts, 71–73 Nacasa & Partners
S. 56 unten rechts, 74–76 Ralph Feiner
S. 77, 78 unten Margot Gottschling
S. 57 oben links, 78 oben, 79 Annette Kisling
S. 57 unten links, 80–81 Daici Ano
S. 57 oben rechts, 82–84 Janez Marolt
S. 57 unten rechts, 85, 86 oben, 87 Alessandra Chemollo
S. 86 Mitte, unten René Riller

Matrix

S. 88, Bild 1 Hannes Henz
S. 88, Bild 2 Paola de Pietri
S. 88, Bild 3 Francesco Martello
S. 88, Bild 4 Hannes Henz
S. 88, Bild 5 Leonardo Finotti
S. 88, Bild 6 Andy Ryan
S. 88, Bild 7 Ramon Prat
S. 89, Bild 2 Iwan Baan
S. 89, Bild 3 Chen Hao
S. 89, Bild 4 Jaime Navarro Soto
S. 89, Bild 5 Tuomas Uusheimo
S. 89, Bild 6 Naoomi Kurozumi
S. 89, Bild 7 Hal Chen
S. 89, Bild 8 Hisao Suzuki
S. 90, Bild 1 Nacasa & Partners
S. 90, Bild 2 Ike E:son Lindman
S. 90, Bild 3 Andreas Keller
S. 90, Bild 5 Ralph Feiner
S. 90, Bild 6 Helene Binet
S. 90, Bild 7 Beat Bühler
S. 90, Bild 8 Ruedi Walti
S. 91, Bild 1 Annette Kisling
S. 91, Bild 2 Simon Menges
S. 91, Bild 3 Thomas Jantscher
S. 91, Bild 4 Rainer Retzlaff
S. 91, Bild 5, 6 Daici Ano
S. 91, Bild 7 Roland Halbe
S. 91, Bild 8 Jens Weber
S. 92, Bild 1 Janez Marolt
S. 92, Bild 3 Bruno Klomfar
S. 92, Bild 4 www.sundaymorning.it/House_in_pinewood.html
S. 92, Bild 5 Alessandra Chemollo
S. 92, Bild 6 Andreas Meichsner
S. 92, Bild 7 Roland Halbe
S. 92, Bild 8 Luca Onniboni

Planungsleitfaden

1 Shinkenchiku-sha
2 Daici Ano
3 Gerhard Hagen
4 Sacha Geiser
5 Cosmin Dragomir
6 Hannes Henz
8 Lard Buurman
9 Simon Menges
12 David Matthiessen
17 Christine Peter
18 Nürnberger Nachrichten
20 Eric Schiller
21 Heiner Leiska
26 Walter Mair
33 Mitsuo Matsuoka
34 Ib Sørensen
35 Bruno Klomfar
36 fhs Treppen GmbH
37 François Bertin
38 Christian Richters
39 Richard Bryant / Arcaid
40 Hisao Suzuki
41a Jens Weber
43b Iwan Baan
45 Ivar Mjell
46 Roman Keller
48 Iwan Baan
50c nach: Schöck Bauteile GmbH, Planungshandbuch Treppen
51 Eva Schönbrunner

Rubrikeinführende Fotos

Seite 4: Heydar Aliyev Center, Baku (AZ) 2012, Zaha Hadid Architects
Foto: Hufton + Crow
Seite 6: House NA, Tokio (JP) 2010, Sou Fujimoto Architects
Foto: Iwan Baan
Seite 54: Hotel in Obanazawa (JP) 2006, Kengo Kuma & Associates
Foto: Dacio Ano
Seite 94: Galeriegebäude in London (GB) 2015, Caruso St John Architects
Foto: Sabine Drey
Seite 93: Kulturzentrum auf den Azoren, Ribera Grande (PT) 2014, Menos é Mais Arquitectos
Foto: José Campos
Seite 116: Wohnhaus in Tokio (JP) 2007, Claus en Kaan Architecten mit Atelier IMAMU
Foto: Tomio Ohashi

Sachregister

Personenregister